抗日战争时期
细菌战与防疫战
文献集

张宪文 吕晶 —— 主编

国家出版基金项目
NATIONAL PUBLICATION FOUNDATION

吕晶 陈中夏 汪沛 编

中国藏细菌战与卫生防疫档案

[三]

江苏人民出版社

图书在版编目(CIP)数据

中国藏细菌战与卫生防疫档案. 三 / 吕晶，陈中夏，汪沛编. -- 南京 : 江苏人民出版社，2025.3.
(抗日战争时期细菌战与防疫战文献集 / 张宪文，吕晶主编). -- ISBN 978-7-214-29643-6

Ⅰ. K265.606

中国国家版本馆 CIP 数据核字第 2024UG6155 号

抗日战争时期细菌战与防疫战文献集

主　　编　张宪文　吕　晶

书　　名　中国藏细菌战与卫生防疫档案(三)
编　　者　吕　晶　陈中夏　汪　沛
责任编辑　李晓爽
装帧设计　刘葶葶
责任监制　王　娟
出版发行　江苏人民出版社
地　　址　南京市湖南路1号A楼，邮编：210009
照　　排　江苏凤凰制版有限公司
印　　刷　苏州市越洋印刷有限公司
开　　本　718毫米×1000毫米　1/16
印　　张　26.5　插页4
字　　数　390千字
版　　次　2025年3月第1版
印　　次　2025年3月第1次印刷
标准书号　ISBN 978-7-214-29643-6
定　　价　138.00元

国家社会科学基金抗日战争研究专项工程项目
2021年度国家出版基金资助项目
“十四五”国家重点出版物出版专项规划项目

总 序

人类使用生物武器的历史由来已久，古代战场上“疫病与战争”的关系对现代战争产生了深远的影响。20世纪以来，随着微生物学和医学等学科的长足发展，通过生物技术人为制造病菌，在军事上削弱并战胜敌军成为重要的战争手段。第二次世界大战时，德、日、美等国均开始研制和使用生物战剂。当时，主要以细菌、老鼠和昆虫为传播媒介。30年代起，日本违背国际公约，在中国东北等地组建细菌部队，针对我国平民实施大规模细菌战。为真实记录这段历史，南京大学牵头组织20余位海内外学者，承担了国家社科基金抗日战争研究专项工程之“日军细菌战海内外史料整理与研究”项目，经过多年艰苦工作，先期推出11卷“抗日战争时期细菌战与防疫战文献集”（简称“文献集”）。

关于抗日战争时期的细菌战与防疫战，既有的研究基本以收集七三一等细菌部队的罪证为主，以之批判侵华日军细菌战暴行的残虐与反人类。在此基础之上，部分学者分别从社会学、心理学、医学、军事学等角度开展跨学科研究，有力地推动了该领域研究的发展。而日本对华细菌战的推行者，并不仅限于臭名昭著的七三一，还包括荣一六四四、甲一八五五、波八六〇四和冈九四二〇等细菌部队，形成了一个完整严密的研究与实战体系。

“文献集”以日本在二战期间发动细菌战为中心，全面发掘梳理战前、战时与战后各阶段所涉及的细菌战战略与战术思想、人体实验、细菌武器攻击，以及战后调查与审判的相关史料。“文献集”以中日两国史料为主，兼及苏联等相关国家或地区的史料,对已发现的重要史料尽可能完整地收录,辅以必要的简介和点评,最大程度地保持史料的原始面貌和可利用性。

"文献集"将细菌战研究置于全球视野之下,从多方视角进行实证分析探讨。一方面追踪七三一等细菌部队隐秘开展的活体实验,深入挖掘其所从事的日常业务,深刻理解军国主义时代日本医学的"双刃剑"性质;另一方面关注国民政府战时在卫生防疫方面的应对策略,以及中日双方开展的攻防战。同时,不能忽视战后美苏两国因各自利益所需,对战时日军在华细菌战罪行的隐匿与揭露,包括1949年末苏联组织军事法庭,针对日军在战争期间准备和使用细菌武器罪行的审判材料,以及美国基于对日军细菌战参与人员长达四年的问讯记录而形成的《桑德斯报告》《汤普森报告》《费尔报告》和《希尔报告》等第三方史料。

"文献集"立足于对日军在华细菌战核心部队、重要事件和关键问题等史实的具体呈现。此次出版的11卷由史料丛编和调研报告组成,其中史料丛编为"文献集"的主体部分,包括几个方面:(1)日本防卫省防卫研究所、国立公文书馆和战伤病者史料馆等机构所藏档案,亚洲历史资料中心的数字资料,以及各类非卖品文献、旧报刊、细菌部队老兵证言等资料;(2)受害国中国当时医疗卫生、传染病调查,以及受到细菌武器攻击后的应对情况方面的资料,考察选收中国大陆重要省份和台北"国史馆"、台北档案管理局的相关史料;(3)苏联时期及部分当代俄罗斯出版的关于细菌战、细菌武器、生化战历史和科学史专题的俄文史料及文献著作;(4)英国、澳大利亚等国家档案馆馆藏有关日本战争罪行的档案。

具体而言,中方史料主要包括日渐被学界关注的国民政府针对日军细菌武器攻击的调查与应对,涉及战时防疫联合办事处、中央卫生署、省卫生处、防疫委员会、医疗防疫队和军方防疫大队等一系列国民政府防疫机构以及中国红十字会总会的相关档案,还有60余种近代报刊中关于抗战前后细菌战与传染病知识的科普与传播、日军具体投放细菌行为的报道,以及战时各地疫情与防疫信息等方面的内容;此外,20世纪50年代新中国审判日本战犯,获得日军甲一八五五部队等部官兵回忆投放细菌及从事人体实验罪行的供词，这些战犯口述笔供中的细菌战相关情报，具有较高的史料价值。

日方史料围绕日本细菌战作战指挥系统、细菌战战略思想、在中国相关地区的细菌武器攻击、以往研究较少涉及的两支重要的细菌部队（荣一六四四部队和冈九四二〇部队）等核心问题，吸纳小川透、近食秀大、山内忠重等细菌部队军医发表的研究报告和学术论文，重新整理、翻译内海寿子、镰田信雄、三尾丰、千田英男、天野良治、沟渊俊美、鹤田兼敏、丸山茂等多名细菌部队老兵证言。其中细菌部队卫生防疫研究报告不仅揭示战时中国地区疫情传播的实相，也反映这些细菌部队的研究课题之侧重所在。尤其是从军事医学、微生物学角度去看，这几支细菌部队依据所在地区特点，“因地制宜”地开展相应研究，为后期作战做了较为充足的准备，由此不难窥见日军细菌战战略的意图和布局。

第三方史料，主要系统地介绍和引进苏联和俄罗斯有关生化战和细菌战的文献资料，包括苏联早期引进的细菌战研究著作、伯力审判材料、《真理报》所刊登关于伯力审判的内容、朝鲜战争中美军生化战报告及其与日本侵华生化战有关的材料、苏联和俄罗斯关于生化战的研究与引进成果、俄安全局档案分局 2021 年解密的日军生化战档案、俄国内对于解密材料的新闻报道等。这些资料呈现了苏联和俄罗斯在历史上与生化战和细菌战之间的关系，以及苏、俄军方及科学界对其认知、研究、防范的变化过程，为中国史学界提供了生化战和细菌战研究的另一视角。

“文献集”另一组成部分是课题组当下采集到的口述资料，即 2018 年前后在浙江衢州江山等县村对当地“烂脚老人”进行田野调查，形成的“日军细菌战创伤记忆口述调研实录”。依据老人证言和地方史志的对照，从时间序列和空间分布上分析，不难发现“烂脚病”的出现与日军细菌战之间有密切关联。在日军实施细菌战之前，衢州等地从未有过此病及相关记载，而在细菌战之后，此病在这些地区频繁出现，且出现病例最多的村落与日军曾经控制的浙赣铁路线高度重合。课题组保存了日本在华细菌战的底层受害者的声音，将受害者的个人记忆与文本文献有机结合，从而在证据链上达到最大程度的充分性、多样性和丰富性。

“文献集”得以顺利出版,首先感谢国家社科基金抗日战争研究专项工程和国家出版基金的支持,在编写和出版过程中得到抗日战争研究专项工程学术委员会各位专家的悉心指导,也感谢中央档案馆、中国第二历史档案馆和台北“国史馆”等合作单位的支持与帮助。课题组相信本系列图书的出版,或将有利于提升抗战时期细菌战与防疫战研究的深度与广度。

“文献集”全面揭露日本发动细菌战的罪行,并非为了渲染仇恨,而是为了维护人类尊严和世界和平,助力中华民族伟大复兴和人类命运共同体建设,以史为鉴,面向未来。兹值“文献集”出版前夕,爰申数语,敬以为序。

目　录

导 言

日军对华细菌战，是在战争结束近 80 年的今天仍留在中日两国面前亟待解决的历史问题之一。中日学者利用双方资料研究，取得了一些共识，同时也有相当的分歧，尤其是在中国某些地区疫情的突然爆发和蔓延究竟是自然因素引起还是日军使用细菌武器攻击所致等关键问题上，学者间的看法难以一致。除了日方尽可能公布日军防疫给水部队军方文件等核心史料，中方也需要提供更为丰富的民国时期卫生防疫方面的档案，以期多角度、多层次地认识这段历史。

抗战时期中国的疫病流行严重，各种疫病交叉流行，致死率甚高，有的疫病发生与具体战争行为密切关联，呈现典型的战时特征。造成疫情加剧的原因复杂而多元，一方面战争带来的饥馑造成民众抵抗力降低，生存环境恶化使得人们更加容易染疫，加之难民流徙和军队调动引起传染病大范围传播，各种疫情频发，可谓当时的大背景。另一方面，日本入侵给中国刚刚起步的现代卫生防疫体系建设带来巨大的破坏。地方割据，行政管理效力受减，加大了疫情防控的难度。但最为重要的因素则是，日军利用自然环境（如：气候、自然灾害、自然疫源地等）和社会环境（如：地方病、交通、城乡环境卫生等）作掩护实施细菌战，直接导致疫情大面积流行。抗战爆发前后，日军开始试验各种疫菌威力，伺机在战场上发动细菌战。进入相持阶段，鉴于细菌战具有杀伤力强大、成本低廉的特性，又兼具重创中国军民士气、降低中国军队战斗力、折损中国政府威信等多重效果，日军为打破战争僵局，调整作战策略,公然违反1925年《日内瓦议定书》规定,同时使用了细菌(生物)和毒气(化学)两种大规模杀伤性武器。各类毒菌的散播致使鼠疫、霍乱等疫病的致病菌肆意扩散,施用毒气更是带来严重致命的卫生问题,不仅威胁民众生命安全、耗损中国军队作战能力、扰乱中国社会秩序,更严重污染生态环境,导致传染病不断复发,影响延续至今。

以往细菌战研究以战争史视角为主,集中在日本侵略者实施细菌战史实和罪证的溯源考证,或从不同区域出发,或从不同传染病种入手,揭示了细菌战导致中国抗战时期疫病横行及其后果。

随着研究的推进,对日本侵华细菌战的研究不能只着眼于“受害研究”或地区性个案研究,还应看到在战争状态下,民国时期卫生防疫工作的整体概貌与公共卫生应急反应与发展轨迹。疾病在和平时期从港口或边境传入,而在抗战时期的某一天突然被空投细菌造成蔓延,是战时的一个新的且更大的威胁。国民政府在其统治区为对抗这种威胁,建立了发行《疫情旬报》等简报的“战时防疫联合办事处”,以及中央的“卫生署”,地方的“省卫生处”“防疫委员会”“医疗防疫队”,军方的“防疫大队”等一系列国民政府的防疫机构。当各省、市、县遭到日军细菌战攻击,地方卫生防疫机构发出预警、隔离病患开展救治,并设法围堵疫源,防止扩散。中央迅速派出相关专家组亲赴实地调查灾患缘起,掌控疫疠变化,防堵疫情扩散,优化了战时全国卫生防疫体系,在防范日军对华实施大规模细菌战时起到了重要作用,从而存续中国对日抗战的整体战力。而普通民众逐渐接触报刊宣传画和普及性读物介绍细菌战的基础知识,防疫卫生的观念也得到进一步的传播。对细菌战内涵的进一步深化,拓宽了该研究领域的外延。

基于以上研究思路,我们对中国大陆及台湾地区的档案馆进行了资料摸排查阅和搜集整理工作。2016年以来,课题组成员先后走访了中央档案馆、中国第二历史档案馆、台北“国史馆”、台北档案管理局、台湾“中央研究院”近代史所档案馆、浙江省档案馆、吉林省档案馆、湖南省档案馆、福建省档案馆、江西省档案馆、广东省档案馆、广西壮族自治区档案馆、内蒙古自治区档案馆、贵州省档案馆、上海市档案馆、重庆市档案馆、广州市档案馆、贵阳市档案馆及浙江省内市县档案馆等二十余家档案部门，经历了档案馆在新冠疫情期间无法正常对外开放、各家档案馆开放进度和程度不同、档案利用政策调整等各种困难，在课题组全体同人的努力下，终于编就五卷《中国藏细菌战与卫生防疫档案》。

《中国藏细菌战与卫生防疫档案》侧重 1937 年至 1945 年全国抗战期间的档案资料，但考虑到战时传染病潜伏的后发性及战后继续开展法定传染病调查统计等因素，收录时间延伸至 1949 年，并吸纳日本侵华细菌战战犯在 20 世纪 50 年代接受中方调查的材料。五卷资料集中为档案馆藏民国档案和民国报刊，根据这批史料涉及的内容和性质，大致分为卫生防疫体系建立与行政管理、细菌战及各类传染病调查、疫情报告制度与传染病数据统计、传染病预防与疫病救治、细菌战知识科普与社会宣传等五个专题，全方位地展示在日军侵华过程中，进行细菌武器试验和实施攻击的情况下，中国从中央到地方的应对之策，医疗卫生专业人员、官员和民众，以及外籍专家深入调查、组织预防、开展救治的过程。包括了两岸存档机构藏有的行政院、军事委员会、卫生署、军医署、中国红十字会总会等部门下发的关于卫生防疫、细菌战调查、应对措施等方面的行政公文，中央地方协力对抗细菌战的往来文件，日军遗留“特别移送”档案，关于“细菌武器”知识的科普报道，以及战后日本战犯有关所犯细菌战罪行的亲笔供词等。对了解日军细菌武器攻击下的实况、战时卫生机构的运作、战争因素对卫生防疫的影响、战时防疫联动机制对卫生防疫的促进及“细菌战”知识教育宣传提升民众卫生意识等问题提供了全面的资料。

其中，本分卷为《中国藏细菌战与卫生防疫档案（三）》，主要围绕全国抗战前后细菌战与传染病知识的科普与传播、日军具体投放细菌行为的报道以及战时各地疫情与防疫信息等方面内容展开，涉及近代报刊史料 60 余种。本卷内容为读者呈现了细菌战与防疫知识在这一时期的宣传脉络与引介程度，并从时间与空间的维度展示了反战防疫资讯的流播路径、相关工作的动态图像及舆论报道的基本面向，对读者进一步理解细菌战背景下的知识传播与群众心理、战时公共卫生体系的构建与运作等方面史实具有重要意义。

史料实证的前提是要有真实、可靠、翔实的史料作支撑。研究者从各个角度出发,尽可能获取研究所涉及的各类资料,以进行甄别和利用。编者则是多维度、全景式地去搜集、整理这些档案资料并选编成册,供学界应用,也希望这些档案史料的出版、流通,能够带来更多对细菌战与防疫卫生等议题的深入研究。

凡　例

一、《中国藏细菌战与卫生防疫档案》(以下简称《中国档案》)共五卷,按不同专题分卷编排,收集、整理当时全国范围的档案、报刊等资料,依照原件录入,以浙江、湖南、江西、福建四省为主要范围。所选史料均在文后注明出处来源。

二、本《中国档案》采用规范简体字横排形式,尽量保持原文体例,但为兼顾当下阅读习惯与规范,对部分行文格式略作调整。

三、本《中国档案》尽可能忠于原本,对于因时代原因或作者语言习惯所形成的特定用词,如委靡(萎靡)、豫防(预防)、曝露(暴露)等,或表意不清但无从判断的,均保留原貌。对于无对应简体字或因原文所述内容要求须以其他字体形式出现者,仍沿用原字体。对于明显文字错讹或字迹漫漶但可大致确定者,径为校正。对于字迹模糊、破损以致无法辨认者,以□标示。

四、原文无标点或仅有简单句读者,一律改为新式标点。原文标点不当或与现代通行标点使用规范不符者,则对其作部分改动。

五、内文日期采用公元纪年。部分统计数字与函电文号、发文日期,改以阿拉伯数字呈现。

六、部分表格为配合排版,样式略有更动。部分附图、附表,原件即无。其中内容重复或与主题无关部分,编者则略加删节。

第一章　各类疫情综合性统计报表

一、各省疫情旬报

军委会办公厅秘书处呈湖南、浙江、福建三省鼠疫疫情旬报

（1942年3月21日）

一、鼠疫

甲、湖南

湖南常德过去从未闻有鼠疫发现之报告，卅一年十一月四日敌机在常德上空散播谷麦、絮片、毡棉及其他不明颗粒状物多件，继于十一日突告发现鼠疫，此后则继续有类似腺鼠疫患者发生。直至十一月二十三日发现之一病例，由战时卫生人员训练所检验学组主任陈文贵医师经尸体解剖，细菌培养及动物接种等试验证实，常德鼠疫至此乃告确定。综计自十一月十一日至十二月底共发现患者八例，三十一年一月十三日又发现一例，迄今未再继续发现。唯据卫生署派驻该地指导防治工作之外籍专员伯力士检验鼠族之报告，三十年十二月十四日至本年一月三日检验老鼠三十五只，无疫鼠发现。本年一月三十日至卅一日检验老鼠二十四头，染疫者五头。二月一日至十五日检验老鼠五十四头，染疫者十三头。是知，常德鼠疫业已染及鼠族矣。

自常德鼠疫发现后，有关各方曾传电报卫生署、军医署及中国红十字会总会救护总队除调派人员前往防治外，湖南省卫生处第六战区及第九战区

卫生防疫主管人员亦分赴该地指导防治事宜。至参加常德实施工作人员计有第六战区司令长官部卫生处处长兼兵站卫生处处长陈立楷、战时卫生人员训练所检验学组主任陈文贵、卫生署医疗防疫总队第二大队长石茂年、卫生署医疗防疫第十四队湖南卫生处主任技正邓一韪、工程师刘厚坤、中国红十字会总会救护总队第二中队及七三一队、军政部第九防疫大队第三中队、第四防疫大队第一中队、湖南省巡回卫生第三队、常德广德医院。此外,湖南省卫生处处长张维、卫生署外籍专员伯力士博士亦于十二月中旬赶往指导一切。该地自卅年十一月下旬成立临时防疫处,由湖南省第四区行政督察专员欧冠兼任处长。第六、九战区兵站卫生处、卫生署及中国红十字会总会救护队等派往常德协助防治鼠疫主管人员则分任委员,下设总务、财务、宣传、情报、纠察、补给及防疫七股,又留验所及隔离病院各一所,分由各有机关负责主持。

乙、浙江

(一)疫情:

衢县:衢县鼠疫自廿九年冬季初次发现,流行数星期即趋消灭。三十年三月间再度流行后,截至同年十二月底止,共计发现患者一六零例,死亡一五一例。其间此三月至七月流行较为剧烈,七月以后虽然有多量疫鼠发现,病例发现极少。本年一月至二月十日无新病例发现,仅发现疫鼠三只耳。兹将三十年度鼠疫患者人数及疫鼠数目分别列表如下:

衢县染疫鼠数按月统计表

月份	检验鼠数	阳性		疑似	
		数目	百分数	数目	百分数
4	648	16	2.5		
5	381	19	5.0		
6	98	24	24.5		
7	137	20	14.6	13	9.5
8	187	16	8.5	12	6.4

续表

月份	检验鼠数	阳性		疑似	
		数目	百分数	数目	百分数
9	389	21	5.7	30	8.1
10	331	17	5.1	15	4.5
11	249	16	6.4	36	14.4
12	168	4	2.4	12	1.2

浙江衢县鼠疫患病人数按月统计表　卅年度

月别	病例数目	死亡数目
1	0	
2	0	
3	59	59
4	40	40
5	36	30
6	19	16
7	3	3
8	1	1
9	0	
10	0	
11	2	2
12	0	
统计	160	151

义乌:义乌自三十年十月间鼠疫突告发生,一时流行颇为猖獗,查其来源,极有由衢县传去之可能。至十二月底共计发现患者一四五例,死亡一一九例,迄今仍在继续流行中。兹将本年一月至三月间发现患者人数列表如下:

义乌三十一年一、二月鼠疫病例数一览表

月别	日别	患病人数	死亡人数	备考
1	1—5	1	0	疫鼠一只
1	6—10	0	0	
1	11—15	2	1	
1	16—20	3	1	
1	21—25	1	0	
1	26—31	3	1	
2	1—5	1	2	
2	6—10	0	0	
2	11—15	0	0	
2	16—20	4	3	
2	21—25	0	0	
2	26—28	0	0	
3	1—5	0	0	
总计		15	8	

东阳：东阳城邻义乌，三十年十一月二十五日境内乡民吴良乡发现鼠疫，查其来源则系由义乌传入，辗转流行于乡间各村镇。自三十年十一月二十五日至十二月底止，共计发现患者共四十一例，其中死亡四十例。三十一年一月份发现死亡十九例，最初发现于该县八里头等少数村落，继续扩大，逐渐染及蒋林桥、厦程里、葛塘、魏山殿里坞畲店、冶金店里、歌山、林头等地。最近据浙江省卫生处二月十二日电东阳郭宅亦有鼠疫发现。

（一）防治经过

浙江自衢县三十年三月间再度发现鼠疫后，除浙江省卫生处防疫队外，卫生署医疗防疫队第四路大队、医疗防疫队第十七队、军政部第四防疫分队（三十年底结束，并入第二防疫大队第四中队）、中国红十字会总会救护总队医务、闽省卫生处派往之防疫技术人员卫生署外籍专员伯力士、卫生工程师过基同等相继前往协同防堵。目前浙省防治鼠疫工作之分配，衢县方面则由卫生署医疗防疫队第四路大队大队长周振负责；义乌、东阳方面则由浙江省卫生处调派之专门人员负责以专责成。

丙、福建

福建鼠疫已有四十余年之历史，抗战以来境内各县仍迭有流行。三十年度曾经发现地点计有水吉、仙游、政和、南安、漳浦、龙溪、长泰、莆田、永春、德化、长汀、永安、罗源、连江、松溪、南平、邵武、建瓯、建阳、顺昌、平和等廿一县，患者五二九例，死亡三三二例。本年一月六日永安城内又告发县鼠疫病例数人。又据福建同安县卫生院报告，一月十八日据该县第二区马卷分院报称该区振南乡彭厝发生鼠疫，死亡约二十余人。

查福建鼠疫既成地方性传染病流行又如是频繁，对于防治机构自有相当基础。该省除设有防疫队外，尚有永安、沙县、南平三个防疫所，并各附设防疫医院，以防治鼠疫为主要对象。中央方面除按年补助防治药材外，并派有卫生署医疗防疫队及军政部防疫队协助地方防治工作。

（台北档案管理局 B5018230601/0029/803/6355）

湖南省三月中旬疫情旬报第 2 号

（1942 年 3 月 28 日）

甲、湖南省

疫情：卫生署外籍专员伯力士博士二月份检验常德鼠族及鼠蚤报告如下：

（一）鼠族：检验老鼠一六八只，计沟鼠六八、家鼠八九、小鼠十一。经发现疫鼠三十二只，计沟鼠九、家鼠二一、小鼠二。

（二）鼠蚤：寻获鼠蚤三三九个，计印度鼠蚤六、欧洲鼠蚤二七一、盲蚤六一、猫蚤一。

（三）疫鼠：疫鼠发现地点在城区各地，实际均已波及。

（台北“国史馆”028－040000－0240）

浙江省三月下旬疫情旬报第3号

(1942年3月下旬)

一、鼠疫

甲、浙江省

(一)义乌:义乌鼠疫本年一月至二月患者十五例、死亡八例;三月一日至十日吴无患者及死亡;三月十一日至二十日患者三例、死亡二例、在治一例。

(二)东阳:东阳自本年二月上旬至三月二十日止未曾发现鼠疫患者及死亡。

(台北档案管理局B5018230601/0029/803/6355)

浙江、湖南、福建三省疫情旬报第4号

(1942年4月11日)

一、鼠疫

甲、浙江

疫情:义乌鼠疫,据省卫生处电告,三月廿一日至十五日发现患者一例;二十六日至卅一日新患者三例,死亡二例。

乙、湖南

疫情:常德鼠疫本年度仅于一十三日发现鼠疫一例后,迄至三月中旬无新病例发现,但自三月下旬起又复继续流行,计三月廿四、廿八日及四月二、三、七、八等日各发现病例一人,皆为男性之民众。

防治情形:

(一)卫生署曾分电第六、九两战区司令长官及湘川两省府,并代电川、黔、桂省卫生处、卫生署医疗防疫总队部及黔江、安顺、马场坪、相梓、毕节各公路卫生站注意检疫。

(二)为各地防疫人员实地见习,防治鼠疫实施工作起见,常德成立鼠疫见习班已于三月十七日开班。

丁、福建

疫情:

(一)据福建省政府四月电告,本省鼠疫复萌,近来发现地点计有龙溪、莆田、永安、金门、云霄、平潭、章浦、古田、南安、建阳等县,据医疗防疫队第

十八巡回医防队三月下旬电称：古田县鼠疫流行严重。

（台北档案管理局 B5018230601/0029/803/6355）

湖南、浙江、福建三省疫情旬报第5号

（1942年4月中旬）

一、鼠疫

甲、湖南省

疫情：常德自三月下旬鼠疫又开始流行后，截至四月八日止，染疫民众死亡六人。四月十日发现肺型女性病例一人，嗣据卫生署医疗防疫总队第二大队长石茂年电告十三日死女一，十四日死民男一，十五日死女一，十七日死民男二、病民男二、女一（内有疑似肺鼠疫一），十八日病民男一，死女一。

防治情形：

（一）卫生署鉴于常德鼠疫严重，除饬驻常德各防疫人员一体注意加紧防治外，复派卫生署防疫处处长兼本处主任委员容启荣偕同来渝述职之湖南卫生处处长张维于四月廿四日启程前往常德疫区分别督导主持防治事宜。

（二）医疗防疫总队第二大队长石茂年已电调驻芷江第四防疫医院一部分，及驻贵州黄平之第十巡回医防队全队到常工作。

乙、浙江省

疫情：

（一）衢县：衢县自本年一月至三月迄未发现鼠疫病例，但疫鼠仍不断发现，计一月份发现四只、二月份九只、三月份（至廿六日止）十五只。根据卫生署医疗防疫总队第四大队长周振电告，四月十一日又发现鼠疫一例。

（二）义乌：义乌鼠疫四月一日至五日新患者死亡一例，旧患者治愈一例，六日至十日新患者死亡一例。

（三）东阳：三月下旬疫死四人，四月一日至六日歌山发现新患者二人死亡，西宅新患者二人。

戊、福建省

卫生署医防十八队二月间代电，闽莆田县鼠疫流行发现病例十数起。

（台北档案管理局 B5018230601/0029/803/6355）

湖南、浙江两省疫情旬报第6号

(1942年4月下旬)

一、鼠疫

甲、湖南省

疫情:

(一)常德:四月十一日发现鼠疫,死民一;十二日肺型鼠疫,死民一、败血型死民一,关于常德鼠族及鼠蚤原检验情形见附表。

(二)桃源:据常德三十余公里之桃源县于四月三十日鼠族亦已染疫,业经证实正在防治中。

防治情形:

(一)卫生署黔派防疫处处长容启荣偕同湘卫生处处长张维前往常德督导鼠疫防治工作,业于四月廿六日由渝搭机飞桂林,三十日已抵东阳,定于五月三日赴湘潭转往常德。

(二)湖南第四区行政督察专员兼常德防疫处处长张元祜四月一日代电,常德鼠疫流行除日夜督饬加紧防治外,并订有各项防治实施办法(1)挨户施行鼠疫苗预防注射。(2)火葬疫死尸体。(3)厉行交通检疫。(4)输出货物严密消毒。(5)价收死鼠。(6)每周举行清洁大扫除。(7)举行宣传周。(8)临时派军警组织卫生警察。

丁、浙江省

(一)义乌鼠疫自四月十一日至十五日,十六至二十日,二十一至二十五日疫患及死亡均无。

(二)东阳四月十一至十五日疫患及死亡均无。

卫生署专员伯力士博士常德鼠族及鼠蚤检验统计表

甲、鼠族部分

鼠别	检验只数	染疫只数	染疫鼠百分率	疑似疫鼠只数
沟鼠	194	19	9.8	22
家鼠	531	157	29.6	39

续表

鼠别	检验只数	染疫只数	染疫鼠百分率	疑似疫鼠只数
小鼠	85	5	5.9	15
共计	810	181	22.4	76

乙、鼠蚤部分

蚤别	寻获只数	蚤类百分数
印度鼠蚤	37	2.2
(东亚种)欧洲鼠蚤	1419	82.4
欧洲鼠蚤	23	1.3
盲蚤	242	14.1
人蚤	1	
共计	1 722	100.0

丙、染疫鼠族之地点

染疫地点	检验只数	染疫只数	备考
关庙街	375	96	关庙街为敌机散播异物而最初染疫之地区
□河街(东)	106	23	
救济院	115	14	
北门	105	26	
广德医院	95	21	
西门	12	1	
城外	2		
共计	810	181	

附注：

(一) 本月份鼠族繁殖力甚高,经检查之雌鼠多怀有孕或新近生产者。

(二) 本月份下半月,尤其于最后数日染疫鼠族经检查结果较隔月显然增多。

(三) 印度鼠蚤百分率虽然低,但可信该项鼠蚤必有较多数存在之地区,缘所寻获之37只印度鼠蚤中至少有15只系于三月十一日一天中所搜集。

(台北档案管理局 B5018230601/0029/803/6355)

湖南、浙江、福建三省疫情旬报第8号

(1942年5月中旬)

一、鼠疫

甲、湖南省

卫生署防疫处处长兼本处主任委员容启荣五月十五日自常德来电:常德五月一、三、十日鼠疫各死一人,七日死二人,五日及十一日无新病例,恐有漏报。

乙、浙江省

(一)浦江:据浙江省卫生处五月十五日电告,浦江城区发生鼠疫。

(二)义乌:五月一日至五日及六至十日鼠疫患者及死亡均无。

(三)东阳:五月六至十日鼠疫患者及死亡均无。

丁、福建省

军政部第二防疫大队第三中队五月一日电告,漳州(龙溪)鼠疫已稍杀,兴田驻军附近发现肺鼠疫。

(台北档案管理局B5018230601/0029/803/6355)

湖南、福建两省疫情旬报第9号

(1942年5月下旬)

一、鼠疫

甲、湖南省

(一)桃源:桃源漆家河莫林乡五月下旬发现肺鼠疫,死亡十六人,现有患者十人。

(二)湖南全省防空司令部六月一日电,据报四月廿五日敌机八架在湘乡首善柳沟尾塘等处投下透明状物甚多,内系黑色小颗粒,并投下腐败禾草样小束,两端用纱布缭缚。

(三)附四月份常德鼠疫检验情形。

防治情形:

(一)以常德地方管辖系统与目前疫势,决暂就常德已有机构加强组织,仍由霍总司令秉承上峯就近督导派员协助,联同军民力量加紧防治。

（二）常德鼠疫既达桃源、常桃外围，极应严格检疫，拟由湘省政府即设湘西防疫处，下辖常德、桃源两分处及各检疫站所等，以便统一指挥。

乙、福建省

军政部第二防疫大队第三中队五月廿六日电告，漳洲先后发生肺鼠疫三人，五月十三日□□师辎重营士兵发生肺鼠疫一例，诊断确定，已送隔离医院。

附：

常德鼠疫检验情形

伯力士　四月份

甲、病人部分

四月份鼠疫患者共八人，另有尸体十一具，经检验证实亦为鼠疫病例。此十九例中，计腺鼠疫九人、败血形鼠疫八人、肺鼠疫二人。

乙、鼠族部分

鼠别	检验只数	染疫只数	染疫鼠百分率	备考
沟鼠	72	20	27.8	另有沟鼠四只有染疫嫌疑
家鼠	256	134	52.3	另有家鼠十四只染疫嫌疑
小鼠	31	5	16.1	另有小鼠二只鼠疫嫌疑
共计	359	159	44.3	另有染疫嫌疑只老鼠二十只

丙、鼠蚤部分

蚤别	寻获只数	蚤类百分数	备考
印度鼠蚤	1	0.1	
（东亚种）欧洲鼠蚤	741	67.4	
欧洲鼠蚤	3	0.3	
盲蚤	352	32.0	
人蚤	2	0.2	

续表

蚤别	寻获只数	蚤类百分数	备考
共计	1 099	100.0	

附注:本月二十八日及廿九日检验桃源鼠族二只(由桃源运常德),结果经证实一只染疫,另有一只有染疫嫌疑。

(台北档案管理局 B5018230601/0029/803/6355)

湖南六月上中旬疫情旬报

(1942 年 6 月上旬至中旬)

一、鼠疫

甲、湖南省

疫情:桃源县鼠疫自五月十日至月底止,先后疫死十六人。首例李佑生五月四日自常德来桃源莫林乡李家,数日后即发病(何日发病不详)五月十日死亡。此后即染及其家属、邻居、亲友,患者均系肺鼠疫。最后一例,五月三十日死亡,临沣县据调查尚无疫症染及。

防治情形:

(一) 卫生署呈奉行政院核发湖南省临时防治鼠疫费柒拾万元,并以紧急命令先发四十万元以应急需。

(二) 卫生署防疫处容处长偕陈立楷、张维两处长于五月卅一日至桃源督导防治鼠疫,并促成立桃源防疫处。

(三) 桃源莫林乡第三、七、十保在严密监视下,已成立隔离病院及留验所,并分别在漆家河、大申乡、罗家店成立防疫委员会及检疫站。

二、鼠疫

疫情:常德六月二日疫死一例,桃源县六月上旬未发现新病例。

防治情形:军政部第四防疫大队第一中队鉴于桃源鼠疫自五月三十日以后未再发现新病例,即于六月十四日离莫林乡。

(台北档案管理局 B5018230601/0029/803/6355)

福建省六月下旬疫情旬报第12号

（1942年6月下旬）

一、鼠疫

甲、福建省

（一）建瓯：六月廿八日发现鼠疫二例死亡。

（二）惠安：六月上旬该县山腰场鼠疫流行，日死数十人。

丙、湖南省

疫情：

（一）六月十五日鼠疫死亡一例。

（二）六月份无病例发现。

防治情形：军政部第九防疫大队六月二日电告，关于常德疫势严重，奉命已派三中队于 五月廿八日由长沙出发赴常德，业于三十日抵达该地。

（台北档案管理局B5018230601/0029/803/6355）

浙江、福建两省疫情旬报第21号

（1942年9月下旬）

甲、浙江省

庆元县自二十七年即开始发现鼠疫，嗣即呈地方性病之存在，年来迭有疫鼠及疑似患者发生。顷据浙江省卫生处九月廿一日电告，该县之八都（居闽交通公路在线）发生鼠疫，当即派省医防队柯队长率队前往协助防治中。

乙、福建省

惠安县山腰乡前爆发县鼠疫，经该县卫生院报告自六月上旬至中旬先后发生腺鼠疫十六例，死亡十二例，经防治后当即扑灭。

（台北档案管理局B5018230601/0029/803/6355）

江西省疫情旬报第24号

（1942年10月下旬）

江西省卫生处电告，该省广丰县发现鼠疫，经第六中心卫生院涂片检验有类似鼠疫杆菌，但未经动物试验，疫势颇为严重，城内外交通业已封锁，自下旬已调派第六中心卫生院院长及省防疫总队人员驰往防治。

(台北档案管理局 B5018230601/0029/803/6355)

湖南省疫情旬报第25号

(1942年11月)

一、湖南省:

常德鼠疫自本年七月以后即无病例发现,至九月底似呈平息状态,十月十二日湘西防疫处技术顾问伯力士博士检验该地疫区鼠族报告:"数日来疫鼠自百分之十五增至百分之二十五,疫势有呈再发之微。"旋于十一月中旬迭据湘西防疫处、卫生署医疗防疫总队第二大队电告,常德县属之新德乡石公桥,距城四十五华里于十一月六日发现腺鼠疫,至十五日已死亡二十人,并经伯力士博士检验鼠类涂片证实。二十四日至二十七日石公桥又续发现患者四例,死亡二例。此外,镇德桥亦发现患者一例,死亡八例。卫生署第二医防大队于发现鼠疫后,即派队前往防治,顷以该方面疫势严重,施大队长毅轩会同伯力士博士率第二批人员又赶往督导一切。至该方面之防治工作,业已成立隔离病院;疫区已逐沟隔离,准备将居民迁移至镇德桥。地方棉花为大宗,出产多输往湘西一带,极易将鼠类带出传染堪虞,现正由湘西防疫处拟订管制办法,以杜蔓延。

(台北档案管理局 B5018230601/0029/803/6355)

湖南、福建两省疫情旬报第26号

(1942年12月上旬)

一、湖南常德鼠疫之再发之防治经过

本年一月间常德城内关庙街胡姓子于城内染疫,回新德乡石公桥(距县城四十五华里)之家后发病死亡,继之其家中女工亦染疫致死。曾经卫生署医疗防疫总队第十四巡回医防队派队往处所调查以后即未再发,更未见有疫鼠。直至十月二十四日该地有突告发现第一鼠疫病例,此后几每日均有死亡,至十一月廿四日止共计发现三十五例,死亡三十一例。此外,距石公桥十华里之镇德桥于十一月廿日亦告发现死亡二例,至廿五日止共死亡九例。综计以上两处共发现四十四例，死亡四十例，住隔离病院治疗中有四例。经湘西防疫处派往人员调查结果，知在未发现病例前即已有死鼠发现，惜民众未谙疫鼠死亡之先兆，酿此流行惨剧。按自七月以后，常德城内过去之疫区近月来疫鼠虽渐增高，然尚无病例发现之报告，唯乡间已告流行。是知，疫区已呈逐渐向外扩大之势。

防治经过：十一月四日湘西防疫处即调派各项防疫人员携带一批药材前往，在石公桥、镇德桥两处分设防疫临时办事处，并在石公桥设隔离分院，并由当地驻军协助推进工作。现在该地之防疫单位，计有卫生署医疗防疫总队第二大队所属之第十及十四巡回医防队、第二卫生工程队、第二细菌检验队、军政部第九防疫大队第三中队、红十字会总会救护总队第五二二队常德中心卫生院、湘西防疫处之医防总队及隔离分院等九单位，在防疫专家伯力士博士指导之下，从事工作者计有三十余人。此外，卫生署第十五巡回医防队、军政部第四防疫大队第一中队亦相继赶往疫区协防。

二、福建鼠疫

（一）永吉：该县小胡镇十二月五日发现军人鼠疫患者一例。

（二）古田县：据县属陆鹤十公里之西洋十一月下旬发现鼠疫，已由第□□兵站医院会同当地卫生机关防治中。

（三）浦城县：据账济委员会副委员长屈映光十一月十九日电：自于浙赣战事发生后，浦城顿居后方要道，军队、难民、学生广集于此，近又发生鼠疫，急需设法扑灭，已由闽省账济会拨款购药防治。

（台北档案管理局 B5018230601/0029/823/6355）

浙江、湖南两省疫情旬报第 27 号

（1943 年 1 月 5 日）

一、浙江庆元、龙泉两县本年鼠疫流行情形

（一）发现情形

浙江省之庆元县与闽省之政和、松溪接壤，二十八年即已传入鼠疫，继之，其临县之龙泉亦告发现。直至三十年底该两县境内虽未形成剧烈之流行，然亦不断有疑似病例发现，且染疫鼠族迄未绝迹于乡间，经过相当时日

迭有死鼠发生。兹将两县本年发现情形述如下：

庆元县于本年上半年在防疫人员严密防范之下，续无发现。七月下旬县属之安仁乡八都村居民杨某家中先有死鼠，继之杨某染疫死亡，此后该村中即不断有患者发现，至十月中旬共计患者廿二人。此外，有吴某者九月中旬在八都村染疫返城后发病死亡。同时黄新乡黄坛村亦发现三例，死亡两例，十月下旬竹口区曹田镇疫死三例。综计该县境内先后染疫者三十人。

龙泉县之小梅镇本年五月下旬至七月下旬居民中发现疑似鼠疫死亡六人，治疗一人。十月中旬又发现先后有疑似患者三例，其中死亡二例。

(二) 防治经过

去年(三十年)省卫生处已派有临时防疫队专任龙泉、庆元一带鼠疫防治工作，本年该队改组为省医疗防疫队第二分队。五月间该地鼠疫既告发生，适值浙东战事之转移，省医防队乃移驻龙泉，防疫力量立即增强，经努力防治后乃暂告敛迹。至十一月间又有病例发现，除仍继续防治外，并于城区设检疫站实施检疫工作，以杜蔓延。至庆元县鼠疫除由省医防队偕同卫生院加紧工作外，另由该县筹款设置防疫专责机关，并据呈省政府核给防疫经费及大量疫苗，以利工作。顷据该省卫生处处长孙立裳电告，定于十二月六日亲往龙泉督导一切。

二、浙江衢县鼠疫之余势

本年敌寇侵扰浙赣衢县城区一度失陷，闻敌人亦曾从事鼠疫防治工作，自经我方收复后，省卫生处乃派医防队队长柯主光前往查勘，据报尚无鼠疫患者发现，唯防疫工作仍有继续加紧实施之必要。十一月九日该县地方当局电报，行政督察专员公署所在地发现死鼠，经卫生院镜检有可疑之鼠疫杆菌，疫病复发至为可虑。省医防队队长柯主光当率一部防疫人员再赴该县协助防治，并谋恢复临时防疫机构，加强充实卫生机关以利防治。

三、湖南常德鼠疫之继续发现

卫生署专员湘西防疫处技术顾问伯力士博士十二月十六日电告，常德县石公桥、镇德桥两处鼠族中疫势仍继续流行。十二月十三日石公桥又发现鼠疫患者一例，现在治疗中。镇德桥疫区前经驻军协助封锁，近以军队突然调动，无形又开放，卫生鼠已电请第□战区兵站卫生处陈立恺处长设法补救，又军政部第四防疫大队第一中队已奉命携带防疫器材开往常德协防，已于十一月二十一日到达石公桥疫区开始工作。

（台北档案管理局 B5018230601/0029/803/6355）

江西、福建两省疫情旬报第1号

（1943年3月上旬）

闽赣鼠疫之继续流行

（一）江西广丰

甲、流行情形

三十一年十月廿八日广丰县卫生院报告，县东街发现疑似腺鼠疫一例，当由上饶第六中心卫生院派徐课长学璇、何技佐凯增驰往该县调查防治。十月二十九日后于该县东街附近发现一女尸，经取肝液涂抹标本，显微镜下发现革兰姆氏阴性，类似鼠疫杆菌(限于设备未作细菌检验及动物试验)。同日于北门口乌林街又发现一例，经作涂抹于本当即检出与前者同样之类似鼠疫杆菌，此后乃于该县城内继有病例发现。前后计十月份发现六例，一月份四例，十二月份一例，共计十一例，除一例以磺苯胺噻唑治愈外，其余均告死亡。最后一例系十二月一日自十二月二日至今始终未按有新病例发现之报告。

乙、防治经过

自该县发现鼠疫后，江西省卫生处除派第六中心卫生院一部人员前往调查防治外，该院刘院长任涛及省防疫总队黄专员枢随即率领省医防第二中队赶往增防，当与该县主管当局及有关各机关会商紧急防治办法。爰即成立临时防疫处，由县政府自赈款项下拨借万元以充经费，严密封锁疫区，并于疫区附近设隔离病院及留验所，更于西南城门设检验疫站强迫实施预防注射，统制中西医药，组织疫情搜查队随时出动寻查病例，以期疫情报告迅速准确。经此次紧急处置后，该县疫势于这段期间乃告阻遏。

（二）江西上饶

甲、流行情形

三十一年十一月广丰鼠疫流行之时，上饶亦随之发生腺鼠疫。首例系于十一月二日发现,最后一例发生于十一月廿一日流行,共二十日,先后疫死十九例,内经显微镜检验查出类似鼠疫杆菌者十一例。自十一月二十二日至本年二月底止,未据报有新病例发现。

乙、防治经过

上饶鼠疫发现之始,也适第六中心卫生院刘任涛及大部人员正在广丰督导防治鼠疫工作,闻报后乃及遄返,即会同当地军警机关积极实施防治,乃将北门村金龙岗箭道街、东门等处疫区封锁,并将病人及其家属分别隔离留验,成立临时防疫处以专责成。省卫生处处长方颐积亦鉴于疫势严重,一度亲往督导一切,经严密处理后,疫势未致扩大。

当广丰、上饶鼠疫流行之时,本处为求迅速阻止疫势蔓延起见,曾于卅一年十二月十二日召开委员会决定防治方针。除军政部第二防疫处科长蔡谦于十二月二十二日前往闽北上饶一带调查疫情概况,现尚未返署。又医疗防疫总队为调整驻闽浙赣一带所属巡回医防队,俾增强防疫实力起见,乃派技术组主任胡克成于卅一年十二月底前往江西整理,部署一切。

(三) 福建闽北

甲、永吉:永吉鼠疫自卅一年十一月十九日开始发现,至十二月十六日止,计有染疫军人五例,其中死亡三例。自十二月十六日以后,驻该地之部队中未再有发现。

乙、南平:南平东门外黄墩村发现死鼠,经派员前往检验据暴死鼠解剖内脏涂片发现显革兰姆氏阴性两极染色之杆菌。该地鼠族中染疫者尚多,但尚未波及居民,为防范该地鼠疫复发起见,卫生署地十六巡回医防队已自建瓯调驻该地。

(台北档案管理局 B5018230601/0029/803/6355)

湖南、浙江两省疫情旬报第2号

(1943年4月6日)

鼠疫疫势之沉寂及继续管制检况

一、湖南常德:三十一年一月至七月,该县城区先后发现鼠疫三十六例,死亡三十例,八月份以后即无病例发现。不幸自十月份起,该县属之石公桥、镇德桥又先后发现流行，计石公桥发现患者三十一人内死亡二十九人，镇德桥患者九人内死亡七人。经该地防疫人员之努力防治后，自十二月份至今未再有新病例发现。湘西防疫处鉴于春令将屈为防疫势复炽起见，除镇德桥、石公桥二疫区经常派员实施预防工作外，并于一月八日派员赴该二疫区厉行毒鼠工作，以清疫源。至常德城区各旧有疫区亦于卅一年十一月廿四日召集各有关保甲长等由伯力士顾问宣讲毒鼠步骤及工作要点后，当于十二月二十五日至三十日按照计划实施。又湘西防疫处三月三日电告，定于日内再石公桥、镇德桥二区内施行春季普遍预防注射，以策安全。

三、浙江龙庆一带：龙泉、庆元两县年来鼠疫迭有发现，卅一年一月至十一月份龙泉县共发现腺鼠疫八十一例，庆元县共一百二十四例，经浙江省政府拨款督饬分设临时防疫处加紧防治后，疫势日渐平息，奈该两县鼠疫年来已成为地方性病之存在，疫源不易根绝。本年一月上旬又有发现，计龙泉疫死一人，庆元患者三人，死亡二人，以后即未见有新病例发现。

四、浙江义乌：去年一月至四月该县发现鼠疫二十四例，自入夏以至于今，该地即沦陷于敌。据浙江省卫生处电告，去冬该县又有鼠疫流行，据报死亡一零六人，惟以该地既告沦陷，流行详情无法探悉，防治工作亦无从实施。

（台北档案管理局 B5018230601/0029/803/6355）

浙江、福建两省疫情旬报第 7 号

（1943 年 9 月 9 日）

一、鼠疫

甲、浙江省

（一）云和：据省卫生处八月十六日电，云和河上村保育院自六日起迄今先后发现死鼠十五只，镜检有可疑鼠疫杆菌，并施行动物接种。

（二）龙泉：浙省府黄主席八月十七日电告，本省龙泉鼠疫猖獗，泰和亦发现可疑死鼠。

乙、福建省

（一）福建省卫生处报告，卅二年一月至六月止已收到各县市鼠疫疫情如下:仙游患者十六例,死亡十三例;永定患者一二九例,死亡一二零例;南平四三例,死亡三三例;建阳死亡二例;莆田二二二例,死亡二零二例;福州市三六八例,死亡三四八例;同安二四例,死亡十四例;南安二零例,死亡十五例;晋江一六九例,死亡一四零例;浦城死亡一二例;罗源五例,死亡四例;安溪八例,死亡七例;建瓯五例,死亡四例。共十三县一零三三例,死亡九一七例。

(二)夏道:据驻南平□□军六月廿八日电,夏道鼠疫流行,居民死亡多人。

(三)福州—晋江:省卫生处七月廿五日电,本省鼠疫已报疫情详病例一零三三人,死亡九一七人。现福州、晋江疫势仍炽。复据该处八月二日电称,据报永吉县池墩保大湖,鼠疫甚炽。

另悉:卫生署鉴于闽省鼠疫之严重,历史之悠久,且甚猖獗,已派外籍专员伯力士、医防第四大队长施毅轩前往主持,训防治鼠疫人员,充实防治力量,以除此隐患。此外,本旬未接其他传染病之报告。

(台北档案管理局 B5018230601/0029/803/6355)

浙江、湖南、江西、福建四省疫情旬报第10号

(1944年1月7日)

本年鼠疫蔓延概况

一、各地鼠疫蔓延概况

乙、浙江省

浙、闽两省地壤相接,福建鼠疫虽蔓延四十余年,然浙江鼠疫之传染史无记述。二十七年冬季,浙省庆元鼠疫突形爆发,实由闽北传入,似无疑。间此,为该省染疫之首次报告,二十八年龙泉继之染疫,二十九年鄞衢两县突染流行,其传染来源据传与敌机散播异物有关。三十年金华及义乌、东阳、江山等县字三十一年夏季以后因战局关系,除庆元、龙泉、衢县外,其他各地疫情均无法覆悉,至庆元、龙泉两地鼠族经已染疫,鼠疫显已形成地方性。本年一至三月份两县续有鼠疫病例发生,庆元自四月至今疫势已杀,龙泉七月以后则又形独□,八月上旬自云和县之河上村保育院更发现死鼠十

五只□……。该县城区鼠族亦告传染病发现首例鼠疫病例，十一月九日浙江省卫生处电报该地鼠疫于居民及鼠类内续有发现，而丽水县之碧湖镇及宣平之溪口等处亦有死鼠发生，至该省因战事交通之变迁，亦是乃自南向北日趋蔓延。综计本年庆元、龙泉、云和三地先后共发生三一例死亡十六例。丽水、宣屏两县尚无鼠疫病例发生之报告。

丙、湖南省

湖南、湘西过去无鼠疫发生之记载，即华北、华南鼠疫流行炽盛之时亦未曾波及。惟自三十年十一月间敌机到达常德上空低飞投掷谷类及碎布等异物，数日后常德即发生鼠疫，经各专家之详细调查，根据各项事实之引证，咸认传染来源是敌机投掷异物所致。三十一年该城仍继续发现，全年共计七十六例，死亡六十六例。本年一月至八月份该县迄未发现病例，至十月六日湘省卫生处电告常德境内之周家店发现鼠疫患者三例。至该地传染情况如何，以湘北战事复起，未获续报。桃源县自三十一年五月发现肺鼠疫十六例后，迄今未再有病例发生之报告。

戊、江西省

江西省光泽县地接闽境，卅年四月电告鼠疫流行，经调查结果认为系由闽北传入，患者三六例，死亡三零例，以后未续发现。同年六月上饶亦发现鼠疫，病人证实一例，系由浙江衢县传入。卅一年冬季由于浙赣战役进行之际，上饶、广丰又告发生，两城共计患者五十例，幸不久即行消灭。本年一至九月份，赣省境内尚无发现，惟十月十三日光泽急又报告发现鼠疫，患者一人，并经证实据卫生署医防总队第四大队大队长施毅轩电，称十月廿二日有疑似鼠疫患者二人死亡，二十七日又发现六人死亡。十月以后之疫情尚无续报。

二、防治经过

甲、浙江省：龙泉、庆元二县鼠疫由浙省卫生处一良防疫总队负责防治；云和县自河上村保育院发现疫鼠后，乃在该地卫生防疫机构监视下，将该保育院建筑彻底焚毁，以清疫源。孰意于十月五日该县内又告发现疫鼠，并发现第一例鼠疫病人，除由省卫生处督饬该地防疫机关实施紧急预防措置外，并将疫区居民全部移送留验所,以策安全。卫生署医疗防疫总队第六巡回医防队已奉派于十一月二十三日抵云和协助防治。

乙、福建省:福建省鼠疫防治机构原有相当基地,除经常设置防疫队外,并于永安、沙县、南平三县各设防疫所一所,每所附设防疫医院,以防治鼠疫为主要对象。此外,尚有卫生署医防总队第四大队及军政部第二防疫大队第三中队协助防治。本年八月间,卫生署鉴于该省鼠疫流行严重,特派外籍专员伯力士博士暨医防总队第四大队长施毅轩前往主持,训练鼠疫防治人员,以充实防疫力量。

丙、湖南省:湖南常德自发生鼠疫后,即由中央、地方军民防疫机构联合组织湘西防疫处任防治常、桃一带鼠疫之专责,经常派有防疫人员在城乡各地实施防治工作。今春为策安全起见,曾在石公桥、镇德桥二疫区加紧实施毒鼠预防注射等工作。最近因战事关系,防治工作暂告停顿。

(台北档案管理局 B5018230601/0029/803/6355)

二、浙江省疫情统计报告

(一)浙江省1944年度防疫工作实施情况报告

浙江省1944年度防疫工作实施纲要

一、择定主要之防治对象,积极推进工作

以鼠疫、霍乱、斑疹伤寒为防治之主要对象,并防范其他各种法定传染病之发生,制止其流行,切实办理本省地方病如疟疾、薑片虫病、钩虫病、住血吸虫病等之防治工作。

二、调整及充实各级防疫机构

将省医疗防疫队扩充改组为省医疗防疫大队,下置二个巡回卫生工作队。另设传染病院二所,一驻永嘉,一驻省会,并设法充实各县防疫机构。省县统力合作,期宏成效。

三、发动地方财力宽筹防疫经费

防疫经常经费以受整个预算分配之牵制,固属无法尽量增列,惟各县应针对疫病之发生及地方病之分布情形,拟订防治计划,并应依照浙江省各县防疫实施通则之规定，就地方自行临时筹措经费，以资挹注。

四、切实办理传染病及地方病之调查研究工作

各级卫生机关对于传染病病例之发生以及传染来源，务须详尽调查，依照规定方法登记填表转报，并应就居民健康状况调查、学校学生体格检查、壮丁检查等所得资料，着手研究各该地区传染病及特殊地方病之流行情形，再就统计结果订定方案实施防治。

五、严密疫情报告

各县县政府、各级卫生机关应依照传染病预防条例疫情报告办法暨浙江省各县防疫实施通则之各项规定，严密疫情报告。县政府尤应严密户口调查登记，严防居民之隐匿疫情。

六、充实检诊设备，慎重疫病诊断

各级卫生机关已有之检诊设备，应继续设法充实，以适合现代疾病诊断之要求。各县卫生院应尽量置备必要之检验设备，其能力确有困难者，亦应与当地设备比较完善之公私立医院诊所等切实联系合作，克负是项检验任务，或取具检体妥送省卫生试验所核办。

七、切实办理隔离留验消毒及实施交通检疫

各级卫生医疗机关均应添置隔离病室。鼠疫流行县份及有霍乱发生之县份，更应加强其配备以便随时收治传染病人，并应办理同居人接触嫌疑人等之留验工作，切实施行消毒，尤须依照非常时期交通检疫实施办法，必要时设置检疫站，认真办理交通检疫以杜疫势之蔓延。

八、普遍施行预防接种工作，遏制疫病流行

各级卫生医疗机关应普遍施行种痘及鼠疫预防注射、霍乱伤寒预防注射。各县所需购用痘苗、疫苗经费，应就地方临时筹集之防疫经费内动支，对人民施行接种以不取费用为原则。

九、厉行环境卫生改善

各级卫生机关对于环境卫生方面，如饮水、厕所、垃圾清除、食物贮藏、房屋、道路等应随时派员视察，并指导改善，尤应利用保甲组织举行清洁竞赛，以唤起民众之注意。对于灭蝇、灭虱、灭蚤、抗鼠等工作，更应详细计划，

分期实施。

十、扩大防疫宣传

规定防疫宣传为各级卫生机关卫生宣传之主要工作，按季节宣传各种传染病预防之意义。对于抗鼠运动、春季种痘运动、夏令卫生运动，更应扩大举行。

十一、增产及掌握防疫用品以利供应

充实省卫生试验所生物制品、部门设备，增加痘苗、霍乱疫苗等产量，并开始制造鼠疫疫苗。省卫生处医药器材经理委员会应尽量利用流动资金，从事防疫药品器材之购贮与分配。接近游击区县份并应利用环境，竭力设法抢运，期能掌握相当数量之防疫药品器材，以利供应。

附表格：

龙泉县1943年度鼠疫防治工作统计表(一)

龙泉县1943年度鼠疫防治工作统计表(二)

龙泉县1943年度鼠疫防治工作统计表(三)

鼠疫病人死亡经过日数统计表(1943年10月13日—12月31日)

鼠疫病人治疗经过日数统计表(1943年10月26日—12月31日)

收集死鼠及其他报告表

收集死鼠之蚤数报告表

云和灭鼠消毒工作统计表(1943年10月上旬至12月下旬)

云和鼠疫预防注射人数统计表(1943年10月15日至12月终)

云和防疫宣传工作统计表(1942年10月至12月)

浙江省1943年度鼠疫病人统计表

云和鼠疫疫情分类统计报告表

云和鼠疫患者腺肿比较表(1944年1月10日止)

云和城区及附近鼠疫患者治疗死亡统计表(1943年10月10日至1944年1月10日)

庆元县1943年度鼠疫防治工作统计表

龙泉县 1943 年度鼠疫防治工作统计表(一)

项目		月份	一	二	三	四	五	六	七	八	九	十	十一	十二	合计
检诊及调查	病例检诊	鼠疫阳性			2	2		1	25	71	213	49	29		302
		其他疾病	63	55	78	64	96	53	106	67	84	56	79	83	884
	调查在家死亡人数	鼠疫阳性	1					1	11	8	6	1	2		30
		其他死亡	3	6	14	8	5	4	17	6	7	9	5	12	96
隔离治疗	隔离人数				2	2		1	25	71	213	49	29		390
	治疗人数					2		1	14	56	197	45	24		359
	死亡人数				2				11	15	16	4	5		53
鼠蚤检验	收集死鼠数		6	4	42	418	523	318	203	114	251	231	134	193	2 437
	疫鼠数		2		12	174	196	262	114	91	189	84	72	51	1 247
	鼠族分类	沟鼠			38%	41%	34%	36%	40.0%	29%	35%	40.0%	37%	35%	
		家鼠			32%	27%	32%	29%	25%	31%	30.0%	29%	37%	35%	
		小家鼠			27%	28%	25%	30.0%	28%	31%	32%	24%	24%	30.0%	
		其他			3%	4%	9%	5%	7%	9%	3%	7%	2%	2%	
	蚤分类	印度鼠蚤			21%	23%	26%	25%	43%	59%	74%	28%	27%	25%	
		瓯州鼠蚤			28%	29%	28%	31%	26%	21%	12%	29%	32%	25%	
		人蚤			10.0%	23%	19%	20.0%	14%	11%	5%	21%	26%	20.0%	
		小鼠 x 蚤			31%	21%	20.0%	21%	15%	5%	9%	9%	13%	23%	
		猫蚤			4%	4%	7%	3%	2%	4%	/	3%	2%	3%	

续表

项目		月份	一	二	三	四	五	六	七	八	九	十	十一	十二	合计
灭鼠消毒		捕获活鼠蚤		141	194	129	167	254	278	89	210	157	129	345	2 087
		氰气消毒户数	1	1	3	2	4	3	104	633	424	168	204	91	1 638
		氰气消毒间数	3	4	17	11	21	10	619	1 912	1 802	703	823	301	6 226
		硫黄消毒户数							74	182	138	84	119	55	652
		硫黄消毒间数							74	183	179	87	125	59	707
		石灰消毒户数	3	17	23	58	79	12	184	703	442	208	251	100	2 088
		石灰消毒间数	19	74	101	59	84	13	191	705	541	342	274	110	2 513
		洒灭蚤剂户数			3			2	104	48	104	184	24	30	499
		洒灭蚤剂间数			18			7	619	214	503	493	101	128	2 083
		封闭鼠穴户数	14	16	21	4	14	3	104	633	424	168	204	91	1 696
		封闭鼠穴个数	67	84	52	16	13	15	781	2 324	2 714	706	1 011	384	8 167
		焚鼠只数	6	145	236	547	690	572	481	203	461	382	263	535	4 524
		掩埋尸体数	1		2			1	22	23	22	5	7		83
	材料消耗	氰化钙(市斤)	0.1	0.1	0.2	0.1	0.2	0.1	1	134	15	5	6	2	432
		硫黄(市斤)							50	130	97	56	112	45	328
		石灰(市斤)	4	10	20	30	50	10	150	607	482	284	252	100	1 999
		灭蚤剂(市斤)			0.3			0.5	35	17	34	62	55	7	1 613

续表

项目		月份	一	二	三	四	五	六	七	八	九	十	十一	十二	合计
环境卫生改善	房屋防鼠建筑改善	拆除天花板户数				117	305						412	410	1 244
		拆除天花板间数				434	1 132						1 836	1 644	5 046
		拆除天花板平方尺数				21 734	15 432						201 340	20 762	47 862
		拆除地板户数				110	303						510	420	1 343
		拆除地板间数				325	794						1 932	1 311	4 862
		拆除地板平方尺数				17 500	46 432						270 562	275 963	626 395
		拆除夹墙户数				98	292						414	350	1 154
		拆除夹墙间数				108	411						561	483	1 564
		拆除夹墙平方尺数				11 346	64 381						193 715	174 651	449 296
环境卫生改善	食物储藏指导改善户数		150	308	410	294	305	705	640	780	375	640	500	580	5 687
	清洁检查次数		2	3	2	3	3	3	3	3	3	3	3	3	34
	大扫除次数		2	1	2	1	2	1	2	2	2	2	2	2	21
	清除垃圾斤数		2 000	3 500	2 800	5 000	4 100	7 800	11 500	9 000	6 500	5 500	6 000	8 000	71 700
单验	鼠疫患者接触人留验人数				14	8		10	111	251	784	192	108		1 478
	检疫站可疑患者留验人数					13	17	16	21	12	21	34	15	19	168

续表

项目			一	二	三	四	五	六	七	八	九	十	十一	十二	合计
交通检疫	检疫站检查卡车辆数				410	732	694	590	772	841	759	528	784	893	7 003
	检疫站检查运货板车辆数				1 051	2 308	3 103	2 848	4 053	4 465	3 984	3 016	5 961	4 087	35 870
	检疫站检查人力车辆数				1 809	1 051	2 387	1 910	1 025	2 087	2 514	1 469	2 105	1 980	18 336
	检疫站检查客货旅运船只数				2 365	3 050	2 943	3 151	3 064	2 905	2 145	2 584	3 010	3 110	28 336
预防注射	疫区	二次以上人数	216	194	235	1 213	1 349	3 784	6 794	5 789	3 017	2 010	893	647	26 141
		一次注射人数	58	106	197	1 151	808	1 152	2 461	1 579	897	848	572	225	8 887
	其他地区	二次以上人数	114	308	250	430	560	791	2 184	596	1 120	1 391	287	302	8 333
		一次注射人数	115	148	111	493	484	531	875	901	608	731	305	410	5 712
	检疫站注射人数				2 501	3 934	5 064	6 781	5 139	628	503	741	852	793	27 076
防疫宣传	演讲次数		3	15	4	15	15	7	7	6	5	3	6	3	89
	听讲人数		2 500	1 100	3 000	10 000	10 000	5 000	5 000	5 000	4 000	3 000	5 000	2 000	65 500
	家庭访问户数				30	76	950	350	350	415	484	352	90	102	2 393
	制贴标语人数		150		250	250				600		500			1 750
	制贴图画幅数				25	25	60	60	25	30	30	30	30	30	545
	印发传单张数				5 000			15 000			15 000				35 000
说明	1. 该县三月份起城区发现鼠疫遂于通云和公路线上之临江站(离城十五里)设置检疫站办理交通检疫。 2. 一月份发现病例及疫鼠系在该县查川镇。														

龙泉县1943年度鼠疫防治工作统计表(二)

镜检＼次数	总数	阳性数	疑似数	阳性百分数	阴性数	备注
血片	677	14		2.068	663	
淋巴腺穿刺涂片	7	2		28.557	5	
痰涂片	37	2	1	5.405	34	
皮肤分泌物	1	0	0	0	1	
总计	722	18	1	2.49	703	

本表自九月三日—十二月三十一日止。

龙泉县1943年度鼠疫防治工作统计表(三)

镜检＼次数	总数	阳性数	疑似数	阳性数	百分性阳数	备注
肝脏穿刺涂片	31	14		17	45.16	
脾穿刺涂片	5	2		3	40	
心穿刺涂片	1	1		0	100	
胆穿刺涂片	2	0		2		
痰涂片	2	2		0	100	
口腔液涂片	1	1		0		
鼻液涂片	1	1		0		
总计	43	21		22	48.84	

本表自十月十三日—十二月三十一日止。

鼠疫病人死亡经过日数统计表

(1943 年 10 月 13 日—12 月 31 日)

经过日数	人数
1	
2	4
3	15
4	12
5	5
6	5
7	5
8	2
9	1
10	1
11	1
12	
13	
14	1
15	
16	1

本表自十月十三日—十二月三十一日止。

鼠疫病人治疗经过日数统计表

(1943 年 10 月 26 日—12 月 31 日)

经过日数	人数	日数	人数
1		31	
2		32	
3	1	33	
4	1	34	
5	1	35	

续表

经过日数	人数	日数	人数
6	3	36	
7	4	37	
8	2	38	
9	4	39	
10	4	40	
11	6	41	
12	6	42	
13	4	43	1
14	4	44	
15	2		
16	1		
17	3		
18			
19	1		
20	1		
21	2		
22	1		
23			
24			
25			
26			
27	1		
28			
29			
30			

本表自十月二六日—十二月[illegible]一日止。

收集死鼠及其他报告表

种类	检验总数	阳性数	阴性数	阳性百分数
沟鼠	152	112	40	73.68
家鼠	476	406	70	85.29
小鼠	8	7	1	87.5
兔子	14	13	1	92.85
猪	1	0	1	
鸭	6	0	6	
鹅	1	0	1	
麻雀	2	0	2	
总计	660	538	122	81.51

本表自九月十五日—十二月三十一日止。

收集死鼠之蚤数报告表

种类	印度蚤	欧洲蚤	育蚤	人蚤	猫蚤	总数
数目	71	26	4	22		1.23
百分数	57.72	21.13	3.25	17.88		
剖检鼠疫样阳性数	34	13	0	0		47

云和灭鼠消毒工作统计表

(1943年10月下旬至12月下旬)

月份及旬别 / 项目	十月			十一月			十二月			合计
	上旬	中旬	下旬	上旬	中旬	下旬	上旬	中旬	下旬	
消毒户数			51	25	37	16	16	21	18	184
消毒房间数			218	99	116	83	111	113	97	837

续表

项目＼月份及旬别		十月			十一月			十二月			合计
		上旬	中旬	下旬	上旬	中旬	下旬	上旬	中旬	下旬	
封锁交通鼠穴数				4 252	1 022	1 529	2 122	805	1 143	856	11 729
薰蒸鼠穴数				574	319	255	188	130	371	204	2 041
拆除地板面积（平方尺）				1 985	589	1 550	2 241	798	493	647	8 303
拆除天花板面积（平方尺）				1 104	2 808	3 366	3 536	35	1 120	708	12 677
拆除夹墙面积（平方尺）				914	972	797	531	30	213	424	3 881
焚毁垃圾担数				40	37	45	33	41	39	42	277
消毒时捕鼠数目				63	20	78	17	14	16	23	289
材料消耗	氰化钙 公分			2 305	1 160	988	734	488	908	673	7 256
	灭蚤剂 唡			300	120	120	100	120	120	110	990
	石灰 市斤			1 557	328	900	1 110	234	1 230	1 110	6 469

云和鼠疫预防注射人数统计表

（1943年10月15日至12月终）

项别＼月份	十月	十一月	十二月	合计
第一次	2 876	5 437	6 762	15 075
第二次	1 184	2 929	5 683	9 796
第三次	3 795	2 365	3 784	9 944

云和防疫宣传工作统计表

（1943年10月至12月）

项别＼月份	十月	十一月	十二月	合计
防疫演讲次数	10	10	15	35
听讲人数估计	5 500	6 000	14 000	25 500
家庭访问户数	213	516	798	1 527
印发预防鼠疫十要张数	2 000	3 000	1 000	6 000
绘制大幅图画幅数	5	5	10	20
制贴标语张数	500			500
印发其他有关防疫传单张数	5 000		2 000	7 000

浙江省1943年度鼠疫病人统计表

流行时期＼患死人数＼县别			龙泉		庆元		云和		景宁		永嘉		青田		松阳		丽碧湖水				合计	
			患	死	患	死	患	死	患	死	患	死	患	死	患	死	患	死			患	死
32年	1月	上旬	1	1	3	3															4	4
	1月	中旬																				
	1月	下旬																				
	全月	共计	1	1	3	3															4	4
	2月	上旬																				
	2月	中旬			2	0															2	
	2月	下旬			0	1																1
	全月	共计			2	1															2	1
	3月	上旬				1																1
	3月	中旬																				
	3月	下旬	2	2	4	3															6	5
	全月	共计	2	2	4	4															6	6
	4月	上旬	1		1	1															2	1
	4月	中旬	1																		1	

续表

流行时期 \ 患死人数 \ 县别			龙泉		庆元		云和		景宁		永嘉		青田		松阳		丽碧湖水				合计	
			患	死	患	死	患	死	患	死	患	死	患	死	患	死	患	死			患	死
	4月	下旬																				
	全月	共计	2		1	1															3	1
	5月	上旬																				
	5月	中旬																				
	5月	下旬																				
	全月	共计																				
	6月	上旬																				
	6月	中旬																				
	6月	下旬	2	1																	2	1
	全月	共计	2	1																	2	1
	7月	上旬	5	5																	5	5
	7月	中旬	13	6																	13	6
	7月	下旬	18	11																	18	11
	全月	共计	36	22																	36	22
	8月	上旬	15	6	2																17	6
	8月	中旬	23	6	7	4															30	10
	8月	下旬	41	11	18	14															59	25
	全月	共计	79	23	28	18															107	41
	9月	上旬	57	9	14	10															71	19
	9月	中旬	77	8	4	3															81	11
	9月	下旬	85	5	9	3															94	8
	全月	共计	219	22	27	16															246	38
	10月	上旬	31	1			1														32	1
	10月	中旬	13	2			1	1									1	1			15	4
	10月	下旬	6	2			2										2	2			10	4

续表

流行时期 \ 患死人数 \ 县别			龙泉		庆元		云和		景宁		永嘉		青田		松阳		丽碧湖水				合计	
			患	死	患	死	患	死	患	死	患	死	患	死	患	死	患	死			患	死
	全月	共计	50	5			4	1									3	3			57	9
	11月	上旬	12	2	6	4	7	1									6	6			31	13
	11月	中旬	8	1	3	2	31										8	9			50	12
	11月	下旬	11	4	1	1	19	16	1	1							10	7			42	29
	全月	共计	31	7	10	7	57	29	1	1							24	20			123	64
	12月	上旬					23	8			1						5	2			29	10
	12月	中旬					3	6									13	6			16	12
	12月	下旬					19	7			3	1	5	5	1	1	15	3			43	17
	全月	共计					45	21			4	1	5	5	1	1	33	11			88	39
全年		总计	422	83	75	50	106	51	1	1	4	1	5	5	1	1	60	34			674	226

云和鼠疫疫情分类统计报告表

次序		发现起讫日期	类别	单位	小计	合计	备考
款	项	15/9　31/12	死鼠送验数	头		636	
			检验阳性	头	525		
			检验阴性	头	111		
			死鼠发现处数	处		286	
			经检验为疫鼠	处	174		
			检验为非疫鼠	处	112		
		13/　31/12	人患鼠疫数	人			
			病死在家之尸体检验为鼠疫	人	21	103	
			不及送院死亡	人	9		
			送院后死亡数	人	21		
			进院后治愈	人	42		
			进院后在治疗中	人	10		

云和鼠疫患者腺肿比较表

（1944 年 1 月 10 日止）

种类	人数	%
无淋巴腺肿	23	19.9
颌下淋巴腺肿	12	10.3
腋窝下淋巴腺肿	16	13.8
腹股沟淋巴腺肿	62	53.4
颌下及腋窝下淋巴腺肿	1	0.86
颌下及腹股沟淋巴腺肿	1	0.86
腋窝下及腹股沟淋巴腺肿	1	0.86
合计	116	100

云和城区及附近鼠疫患者治疗死亡统计表

（1943 年 10 月 10 日至 1944 年 1 月 10 日）

病类	人数	占全病例%	受治疗人数	受治疗治愈数	占受治愈%	受治疗死亡数	占受治疗%	未受治疗人数	未受治疗患死数	占未受治疗%	全死亡数	占全病例%
腺鼠疫	92	79.3	78	56	71	22	29	14	14	100	36	39.1
肺鼠疫	3	2.6	2	1	50	1	50	1	1	100	2	66.6
原发性败血性鼠疫	21	18.1	5	2	40	3	60	16	16	100	19	90.4
合计	116	100	85	59	69.5	26	305	31	31	100	57	49.1

庆元县1943年度鼠疫防治工作统计表

项目 \ 月份			一	二	三	四	五	六	七	八	九	十	十一	十二	合计
检诊及调查	病检例诊	鼠疫阳性		1	1					18	15		7		42
		其他疾病	21	17	30	28	31	29	34	23	32	97	102	56	500
	调查在家死亡人数	鼠疫死亡	3	1	3	1				10	12		3		33
		其他死亡	6	9	11	6	7	6	4	11	5	14	11	7	97
隔离治疗	隔离人数			1	1					18	15		7		42
	治疗人数			1						10	11		3		25
	死亡人数				1					8	4		4		17
鼠蚤检验	收集死鼠数		115	93	87	21	24	25	37	103	114	29	127	34	809
	疫鼠数		63	45	62	7	21	19	27	64	52	25	84	16	485
	鼠疫分类	沟鼠	32%	28%	40%	35%	27%	46%	29%	25%	33%	31%	29%	36%	
		家鼠	24%	29%	30%	29%	27%	31%	30%	34%	34%	27%	31%	32%	
		小家鼠	29%	21%	25%	24%	28%	20%	29%	24%	29%	29%	25%	23%	
		其他	15%	22%	5%	10%	16%	9%	10%	17%	4%	13%	15%	9%	
	蚤分类	印度鼠蚤	37%	29%	43%	34%	21%	24%	19%	41%	48%	36%	39%	27%	
		欧洲鼠蚤	25%	34%	21%	21%	36%	32%	34%	25%	24%	21%	29%	32%	
		人蚤	21%	23%	18%	21%	26%	31%	30%	20%	21%	25%	36%	30%	
		小鼠盲蚤	10%	12%	13%	16%	11%	10%	11%	11%	7%	15%	3%	8%	
		猫蚤	7%	2%	5%	6%	6%	3%	6%	3%		7%	3%	3%	

续表

项目		月份	一	二	三	四	五	六	七	八	九	十	十一	十二	合计
灭鼠消毒		捕获活鼠数		64	78	81	69	104	115	106	87	95	107	128	1 034
		氰气消毒户数			4	14	3			83	74	51	69	47	345
		氰气消毒间数			20	43	12			306	323	201	311	167	1 383
		硫黄消毒户数													
		硫黄消毒间数													
		石灰消毒户数	6	12	15	11	39	37	41	64	71	114	118	72	600
		石灰消毒间数	20	49	60	46	168	123	190	274	313	489	525	301	2 558
		洒灭蚤剂户数			3	17	2			64	78	61	70	53	348
		洒灭蚤剂间数			18	54	11			248	366	271	328	191	1 487
		封闭鼠穴户数			27	64	19			394	362	208	344	204	1 622
		封闭鼠穴个数			29	71	23			414	406	251	389	267	1 850
		焚鼠只数	115	157	165	102	93	129	152	209	201	124	234	162	1 843
		掩埋尸体数	9	3	7	2	3	1	1	4	21	18	13	3	85
	材料消耗	氰化钙(市斤)			0.4	0.6	0.2			10	10	13	22	15	71.2
		硫　黄([redacted])													
		石　灰([redacted])	15	37	58	40	130	100	150	250	300	400	450	250	2 180
		灭蚤剂([redacted])			2	5	1			25	30	24	34	20	141

续表

项目		月份	一	二	三	四	五	六	七	八	九	十	十一	十二	合计
环境卫生改善	房屋防鼠建筑改善	拆除天花板户数			12	34	45	50	78	134	206	223	340	179	1 301
		拆除天花板间数			53	120	163	171	184	306	560	784	1 041	706	4 088
		拆除天花板平方尺数			7 950	16 871	20 301	24 502	23 894	45 900	71 483	111 024	156 150	91 431	569 506
		拆除地板户数			16	54	66	67	103	168	212	284	363	192	1 525
		拆除地板间数			58	118	171	184	201	294	579	812	1 002	815	4 234
		拆除地板平方尺数			8 490	17 572	25 417	30 874	35 628	44 100	81 060	135 410	210 379	148 021	737 105
		拆除夹墙户数			13	35	51	58	91	151	206	198	362	184	1 341
		拆除夹墙间数			14	37	61	63	104	173	212	201	379	191	1 435
		拆除夹墙平方尺数			1 820	3 950	6 758	7 743	15 410	20 418	30 147	28 106	56 009	25 407	195 768
	食物储藏指导改善户数		54	150	250	128	307	412	315	310	450	415	418	618	3 827
	清洁检查次数		2	2	2	3	3	3	3	3	2	2	2	2	29
	大扫除次数		1	1	1	2	2	2	2	2	1	1	1	1	17
	清除垃圾斤数		1 010	980	614	1 174	2 168	3 500	4 780	6 543	8 914	9 010	8 500	8 450	55 643
单验	鼠疫患者接触人留验人数			11	16					94	101		43		265
	检疫站可疑患者留验人数														

续表

项目		月份	一	二	三	四	五	六	七	八	九	十	十一	十二	合计
交通检疫	检疫站检查卡车辆数														
	检疫站检查运货板车辆数														
	检疫站检查人力车辆数														
	检疫站检查客货旅运船只数														
预防注射	疫区	二次以上人数			284	173	186	390	247	596	632	794	515	264	4 081
		一次注射人数			112	189	136	451	151	306	428	410	154	142	2 479
	其他地区	二次以上人数			1 149	586	1 347	697	890	1 561	2 101	479	511	684	10 005
		一次注射人数			305	214	397	612	751	688	451	310	256	184	4 168
	检疫站注射人数														
防疫宣传	演讲次数		15	10	18	16	15	20	21	15	25	14	10	10	189
	听讲人数		5 000	3 000	6 000	5 000	5 000	7 000	8 000	5 000	8 000	3 000	3 000	3 000	61 000
	家庭访问户数		64	73	50	89	71	105	218	254	206	181	154	160	1 625
	制贴标语人数				100	100			200		500				900
	制贴图画幅数				50	25			50		50			25	200
	印发传单张数				2 000	3 500			5 000		1 500			1 500	13 500
说明															

（浦江县档案馆 L02－4－151）

（二）浙江省各县市疫情报告统计表

浙江省各县市补报疫情报告统计表

县市别	报告日期		霍乱		伤寒		赤痢		斑疹伤寒		回归热		疟疾		天花		白喉		猩红热		流行性脑脊髓膜炎		鼠疫		黑热病		统计	
	月	旬	患	死	患	死	患	死	患	死	患	死	患	死	患	死	患	死	患	死	患	死	患	死	患	死	患	死
昌化	8	上											21														1 107	
昌化	8	中					4	1					17														21	1
昌化	8	下											21														21	
象山	9	中					5						7														12	
象山	9	下											7														7	
上虞	8	上					3						6														9	
上虞	9	下			1		3						5														9	
松阳	9	上											11														11	
松阳	9	中											19														19	
松阳	9	下											12														12	
温岭	9	中			2								3														5	
温岭	9	下			3								3														6	
安吉	9	下											60														60	
海盐	9	中			1		1						13														15	
遂安	9	上					3						12														15	
遂安	9	中					1						20														21	

续表

县市别	报告日期		霍乱		伤寒		赤痢		斑疹伤寒		回归热		疟疾		天花		白喉		猩红热		流行性脑脊髓膜炎		鼠疫		黑热病		统计	
	月	旬	患	死	患	死	患	死	患	死	患	死	患	死	患	死	患	死	患	死	患	死	患	死	患	死	患	死
遂安	9	下			1		3						11														15	
建德	8	上					4						12														16	
建德	8	中					3		2				9														14	
建德	8	下					1						4														5	
建德	9	上					2						15														17	
建德	9	中											6														6	
建德	9	下											7														7	
桐庐	8	中			1		3						7														11	
桐庐	8	下			1		1						14														16	
龙游	7	上											7														7	
龙游	7	中											11														11	
龙游	7	下											7														7	
龙游	8	上											10														10	
龙游	8	中											5														5	
龙游	8	下											16														16	
龙游	9	上											14														14	

1947年

县市别	报告日期		霍乱		伤寒		赤痢		斑疹伤寒		回归热		疟疾		天花		白喉		猩红热		流行性脑脊髓膜炎		鼠疫		黑热病		统计	
	月	旬	患	死	患	死	患	死	患	死	患	死	患	死	患	死	患	死	患	死	患	死	患	死	患	死	患	死
龙游	9	中											13														13	
龙游	9	下											11														11	
定海	8	下			1		11						45														57	
乐清	9	中					1						2														3	
乐清	9	下					2						3														5	
宣平	8	上					12	3					9	2													21	5
宣平	8	中					9	4					16	2													25	6
宣平	8	下					7	3					6														13	3
宣平	9	上					2						2														4	
宣平	9	中					1						3														4	
义乌	8	中					2						3														5	
东阳	9	中					4						2														6	
东阳	9	下					3						4														7	
临安	9	下											19				1										20	
杭州	9	上											4														4	

续表

县市别	报告日期		霍乱		伤寒		赤痢		斑疹伤寒		回归热		疟疾		天花		白喉		猩红热		流行性脑脊髓膜炎		鼠疫		黑热病		统计	
	月	旬	患	死	患	死	患	死	患	死	患	死	患	死	患	死	患	死	患	死	患	死	患	死	患	死	患	死
省立杭州医院	9	中											4				1										5	
省立杭州医院	9	下											1														1	
金华	9	上					1						6														7	
省立金华医院	9	中					5						2														7	
省立金华医院	9	下			2		6						2														10	
嘉善	9	中											1														1	
嘉善	9	下											4														4	
开化	7	下											10														10	
开化	9	上											14														14	
开化	9	中											11														11	
开化	9	下											9														9	
新昌	9	上			2		3						13														18	

续表

县市别	报告日期		霍乱		伤寒		赤痢		斑疹伤寒		回归热		疟疾		天花		白喉		猩红热		流行性脑脊髓膜炎		鼠疫		黑热病		统计	
	月	旬	患	死	患	死	患	死	患	死	患	死	患	死	患	死	患	死	患	死	患	死	患	死	患	死	患	死
新昌	9	中			1		2						8														11	
新昌	9	下			2		1						5								3						11	
磐安	8	上											7														7	
磐安	8	下											2														2	
汤溪	3	下											6														6	
肖山	4	上											3		2												5	
肖山	4	下																										
肖山	8	中											4														4	
肖山	8	下																										
肖山	9	中																										
金华	5	上											26														26	
金华	5	中											12														12	
金华	5	下											10														10	
武康	4	中											3														3	
德清	5	下					4						21														25	
总计					18		113	11	2				718	4	2		2				3						858	15

浙江省各县市疫情报告统计表

（1947 年度 10 月份上旬）

病名／患死人数／县市别	黄热病		霍乱		天花		斑疹伤寒		鼠疫		赤痢		白喉		猩红热		流行性脑脊髓膜炎		回归热		伤寒		疟疾		黑热病		统计	
	患	死	患	死	患	死	患	死	患	死	患	死	患	死	患	死	患	死	患	死	患	死	患	死	患	死	患	死
余杭											2												6				8	
新登											2										2		2				6	
分水																							6				6	
临安																			1		1		16				18	
於潜											2												17				19	
昌化																							17				17	
杭县											2												5				7	
安吉																							76				76	
长兴											3												9				12	
吴兴											1												2				3	
德清											3												21				24	

续表

病名 / 患死人数 / 县市别	黄热病		霍乱		天花		斑疹伤寒		鼠疫		赤痢		白喉		猩红热		流行性脑脊髓膜炎		回归热		伤寒		疟疾		黑热病		统计	
	患	死	患	死	患	死	患	死	患	死	患	死	患	死	患	死	患	死	患	死	患	死	患	死	患	死	患	死
武康																							1				1	
绍兴																												
肖山																												
余姚					5	1					8	1	2		1		2		1		8	2	22				49	4
上虞							1				3												6				10	
新昌																					1		7				8	
义乌																							2				2	
磐安											1												11				12	
金华																							6				6	
宣平																							6	1			6	1
汤溪											47												85				132	
武义											12												9				21	

续表

病名 患死人数 县市别	黄热病		霍乱		天花		斑疹伤寒		鼠疫		赤痢		白喉		猩红热		流行性脑脊髓膜炎		回归热		伤寒		疟疾		黑热病		统计	
	患	死	患	死	患	死	患	死	患	死	患	死	患	死	患	死	患	死	患	死	患	死	患	死	患	死	患	死
衢县											2		1										24				27	
遂安																							9				9	
江山											4												10				14	
常山											2		1		1								27				31	
龙游																							5				5	
鄞县							1				24		3				1				6		24				59	
慈溪											4										1		11				16	
定海											7												2				9	
镇海																					1		4				5	
奉化											1												8				9	
象山																							10				10	
宁海											11												73				84	

续表

病名／患死人数／县市别	黄热病		霍乱		天花		斑疹伤寒		鼠疫		赤痢		白喉		猩红热		流行性脑脊髓膜炎		回归热		伤寒		疟疾		黑热病		统计	
	患	死	患	死	患	死	患	死	患	死	患	死	患	死	患	死	患	死	患	死	患	死	患	死	患	死	患	死
天台																												
临海																					1		4				5	
黄岩																							3				3	
仙居													1	1													1	1
温岭																					2		1				3	
三门																							11				11	
永嘉																											0	
平阳											3												9				12	
瑞安			1																								1	
乐清											1												4				5	
泰顺																							105				105	
玉环																							4				4	

续表

病名/患死人数/县市别	黄热病		霍乱		天花		斑疹伤寒		鼠疫		赤痢		白喉		猩红热		流行性脑脊髓膜炎		回归热		伤寒		疟疾		黑热病		统计	
	患	死	患	死	患	死	患	死	患	死	患	死	患	死	患	死	患	死	患	死	患	死	患	死	患	死	患	死
丽水																							2				2	
龙泉							1				7												24				32	
遂昌																							222	1			222	1
景宁																							15				15	
缙云													1	1									7				8	1
庆元																							9				9	
松阳																							15				15	
云和																							36				36	
嘉兴											10										2		5				17	
海盐											5												11				16	
平湖																							2				2	
桐乡											2										1		6				9	

续表

病名 / 患死人数 / 县市别	黄热病		霍乱		天花		斑疹伤寒		鼠疫		赤痢		白喉		猩红热		流行性脑脊髓膜炎		回归热		伤寒		疟疾		黑热病		统计	
	患	死	患	死	患	死	患	死	患	死	患	死	患	死	患	死	患	死	患	死	患	死	患	死	患	死	患	死
海宁											7												18				25	
富阳											1		1										4				6	
桐庐											2												4				6	
建德											4												10				14	
淳安																							13				13	
浦江																											0	
寿昌																							3				3	
崇德											4												9				13	
嘉善																												
永康											2												3				5	
杭州市					2						20		9								8		9				48	
总计			1		9	1	3				229	1	19	2	2		3		2		36	2	1 325	2			1 629	8

浙江省各县市疫情报告统计表

（1947 年度 10 月份中旬）

病名／患死人数／县市别	黄热病		霍乱		天花		斑疹伤寒		鼠疫		赤痢		白喉		猩红热		流行性脑脊髓膜炎		回归热		伤寒		疟疾		黑热病		统计	
	患	死	患	死	患	死	患	死	患	死	患	死	患	死	患	死	患	死	患	死	患	死	患	死	患	死	患	死
余杭											1										1		5				7	
新登																					2		4				6	
分水																							5				5	
临安													1										16				17	
於潜											3												20				23	
昌化																							17				17	
杭县											2												6				8	
安吉																							34				34	
长兴											2						1						11				14	
吴兴																							5				5	
德清											4												20				24	

续表

病名 / 患死人数 / 县市别	黄热病		霍乱		天花		斑疹伤寒		鼠疫		赤痢		白喉		猩红热		流行性脑脊髓膜炎		回归热		伤寒		疟疾		黑热病		统计	
	患	死	患	死	患	死	患	死	患	死	患	死	患	死	患	死	患	死	患	死	患	死	患	死	患	死	患	死
武康																			1				1				2	
绍兴											6												5				11	
肖山																												
余姚					6	2					6						3	1	2		6		23				46	3
上虞											3										1		12				16	
新昌							2												2		3		7				14	
东阳																												
义乌																							6				6	
磐安																							6				6	
金华																							4				4	
宣平											1	1											2				3	1
汤溪											62												78				140	

续表

病名/患死人数/县市别	黄热病		霍乱		天花		斑疹伤寒		鼠疫		赤痢		白喉		猩红热		流行性脑脊髓膜炎		回归热		伤寒		疟疾		黑热病		统计	
	患	死	患	死	患	死	患	死	患	死	患	死	患	死	患	死	患	死	患	死	患	死	患	死	患	死	患	死
武义											6												7				13	
衢县																							123				123	
开化																							4				4	
遂安											4												14				18	
江山											4												10				14	
常山											3												29				32	
龙游																							6				6	
鄞县											27		3		2						7		25				64	
慈溪											1												5				6	
定海											4		1				1						7				13	
镇海																					2		6				8	
奉化																							11				11	

续表

县市别＼患死人数＼病名	黄热病		霍乱		天花		斑疹伤寒		鼠疫		赤痢		白喉		猩红热		流行性脑脊髓膜炎		回归热		伤寒		疟疾		黑热病		统计	
	患	死	患	死	患	死	患	死	患	死	患	死	患	死	患	死	患	死	患	死	患	死	患	死	患	死	患	死
象山																					1		9				10	
宁海											14												69				83	
天台																					1		4				5	
临海											3										1						4	
黄岩											1																1	
仙居																							6				6	
温岭																							3				3	
三门																							7				7	
平阳											2												6				8	
乐清																					1		2				3	
泰顺																							78				78	
玉环																							5				5	

续表

病名 / 患死人数 / 县市别	黄热病		霍乱		天花		斑疹伤寒		鼠疫		赤痢		白喉		猩红热		流行性脑脊髓膜炎		回归热		伤寒		疟疾		黑热病		统计	
	患	死	患	死	患	死	患	死	患	死	患	死	患	死	患	死	患	死	患	死	患	死	患	死	患	死	患	死
丽水																							22				22	
龙泉											3												22				25	
遂昌																							198				198	
缙云													1										6				7	
景宁																							9				9	
庆元																							11				11	
松阳																							18				18	
云和																							28				28	
嘉兴											8										6		14				28	
海盐											1		1								1		15				18	
平湖																							1				1	
崇德											3										2		2				7	

续表

病名 / 患死人数 / 县市别	黄热病		霍乱		天花		斑疹伤寒		鼠疫		赤痢		白喉		猩红热		流行性脑脊髓膜炎		回归热		伤寒		疟疾		黑热病		统计	
	患	死	患	死	患	死	患	死	患	死	患	死	患	死	患	死	患	死	患	死	患	死	患	死	患	死	患	死
桐乡																							9				9	
海宁											6										1		10				17	
富阳											1												2				3	
桐庐											2										1		11				14	
建德																							6				6	
淳安																							3				3	
浦江											3												3				6	
寿昌																							3				3	
嘉善																							1				1	
永康											1												2				3	
杭州市											26		4								7		16				53	
总计					6	2	2				213	1	11		2		5	1	5		44		1 135				1 423	4

浙江省各县市疫情报告统计表

（1947 年度 10 月份下旬）

病名 / 患死人数 / 县市别	黄热病		霍乱		天花		斑疹伤寒		鼠疫		赤痢		白喉		猩红热		流行性脑脊髓膜炎		回归热		伤寒		疟疾		黑热病		统计	
	患	死	患	死	患	死	患	死	患	死	患	死	患	死	患	死	患	死	患	死	患	死	患	死	患	死	患	死
余杭											1										3		7				11	
新登																					1		4				5	
分水																							3				3	
临安													1						1				10				12	
於潜																							5				5	
昌化																							28				28	
杭县											3												4				7	
安吉																							34				34	
长兴											2												8				10	
吴兴																							5				5	
德清											4												34				38	

续表

县市别 \ 病名 患死人数	黄热病		霍乱		天花		斑疹伤寒		鼠疫		赤痢		白喉		猩红热		流行性脑脊髓膜炎		回归热		伤寒		疟疾		黑热病		统计	
	患	死	患	死	患	死	患	死	患	死	患	死	患	死	患	死	患	死	患	死	患	死	患	死	患	死	患	死
武康																							4				4	
绍兴																							3				3	
肖山																											0	
余姚					4						5	2	3	1	1		1		3		5	1	29	1			51	5
上虞																							15				15	
新昌							1												1		3		5				10	
义乌																	1						4				5	
金华																							15				15	
宣平																							3				3	
汤溪											56												94				150	
武义											10												1				11	
衢县																							256				256	

续表

病名/患死人数/县市别	黄热病		霍乱		天花		斑疹伤寒		鼠疫		赤痢		白喉		猩红热		流行性脑脊髓膜炎		回归热		伤寒		疟疾		黑热病		统计	
	患	死	患	死	患	死	患	死	患	死	患	死	患	死	患	死	患	死	患	死	患	死	患	死	患	死	患	死
开化																							6				6	
遂安							2				5										2		18				27	
江山											4										1		8				13	
常山											4												16				20	
龙游																							8				8	
鄞县											19		2	1					1		5		28				55	1
慈溪																							15				15	
定海											5		1										4				10	
镇海											1										1		2				4	
奉化																							7				7	
象山																							13				13	
宁海											8												59				67	

续表

病名 / 患死人数 / 县市别	黄热病		霍乱		天花		斑疹伤寒		鼠疫		赤痢		白喉		猩红热		流行性脑脊髓膜炎		回归热		伤寒		疟疾		黑热病		统计	
	患	死	患	死	患	死	患	死	患	死	患	死	患	死	患	死	患	死	患	死	患	死	患	死	患	死	患	死
天台																					1		6				7	
临海											1												4				5	
黄岩																												
仙居																							10				10	
温岭											1												2				3	
三门																							8				8	
永嘉																												
平阳											1												8				9	
瑞安																												
乐清											2										1		3				6	
玉环																							3				3	
丽水											1												4				5	

续表

病名 / 患死人数 / 县市别	黄热病		霍乱		天花		斑疹伤寒		鼠疫		赤痢		白喉		猩红热		流行性脑脊髓膜炎		回归热		伤寒		疟疾		黑热病		统计	
	患	死	患	死	患	死	患	死	患	死	患	死	患	死	患	死	患	死	患	死	患	死	患	死	患	死	患	死
龙泉											6												20				26	
遂昌																							82				82	
缙云																							4				4	
景宁																					1		9				10	
庆元																							7				7	
松阳																							10				10	
云和																							26				26	
嘉兴											10												23				33	
海盐											3	1	1	1					1		1		10				16	2
平湖																							1				1	
桐乡																							8				8	
海宁											3												9				12	
富阳																					1		3				4	

续表

病名 患死人数 县市别	黄热病		霍乱		天花		斑疹伤寒		鼠疫		赤痢		白喉		猩红热		流行性脑脊髓膜炎		回归热		伤寒		疟疾		黑热病		统计	
	患	死	患	死	患	死	患	死	患	死	患	死	患	死	患	死	患	死	患	死	患	死	患	死	患	死	患	死
桐庐											4								1				9				14	
建德							4																18				22	
淳安																							4				4	
浦江																							5				5	
寿昌																			2				3				5	
崇德											3										2		6				11	
嘉善																							2				2	
永康											2												2				4	
磐安																							14				14	
杭州市											10	1	15	3							9		15				49	4
总计					4		7				174	4	23	6	1		2		10		37	1	1 093	1			1 351	12
逐月累计			226	37	1 775	330	166	5	182	77	3 443	66	247	15	80	3	933	195	179	3	1 429	28	31 295	63			40 505	822

浙江省各县市疫情报告统计表

（1947 年度 11 月份上旬）

病名／患死人数／县市别	黄热病		霍乱		天花		斑疹伤寒		鼠疫		赤痢		白喉		猩红热		流行性脑脊髓膜炎		回归热		伤寒		疟疾		黑热病		统计	
	患	死	患	死	患	死	患	死	患	死	患	死	患	死	患	死	患	死	患	死	患	死	患	死	患	死	患	死
余杭																					2		7				9	
新登																					3		5				8	
分水																							5				5	
临安																			2				12				14	
於潜																							11				11	
昌化																							14				14	
杭县																					1	1	4				5	1
安吉																							32				32	
长兴											1										2		2				5	
吴兴																							5				5	
德清											2												12				14	
武康																												

续表

病名 患死人数 县市别	黄热病		霍乱		天花		斑疹伤寒		鼠疫		赤痢		白喉		猩红热		流行性脑脊髓膜炎		回归热		伤寒		疟疾		黑热病		统计	
	患	死	患	死	患	死	患	死	患	死	患	死	患	死	患	死	患	死	患	死	患	死	患	死	患	死	患	死
绍兴																							1				1	
余姚					6	3					9	2	3								6	1	22				46	6
上虞											2												10				12	
新昌											3								1		5		14				23	
东阳																												
义乌											2												3				5	
磐安																							11				11	
金华																							12				12	
永康											2												1				3	
宣平																							5				5	
汤溪											42												60				102	
武义											11										4		9				24	
衢县																							73				73	
开化																							6				6	

续表

县市别 \ 患死人数 \ 病名	黄热病		霍乱		天花		斑疹伤寒		鼠疫		赤痢		白喉		猩红热		流行性脑脊髓膜炎		回归热		伤寒		疟疾		黑热病		统计	
	患	死	患	死	患	死	患	死	患	死	患	死	患	死	患	死	患	死	患	死	患	死	患	死	患	死	患	死
遂安											2												5				7	
江山											4										1		9				14	
常山																							19				19	
鄞县					2						13		3						1		5		12				36	
慈溪											3												8				11	
定海					1						1												1				3	
镇海																							1				1	
奉化											2												9				11	
象山																							10				10	
天台																							3				3	
仙居																							4				4	
温岭																					2		3				5	
三门																							2				2	
永嘉																												

续表

病名 / 患死人数 / 县市别	黄热病		霍乱		天花		斑疹伤寒		鼠疫		赤痢		白喉		猩红热		流行性脑脊髓膜炎		回归热		伤寒		疟疾		黑热病		统计	
	患	死	患	死	患	死	患	死	患	死	患	死	患	死	患	死	患	死	患	死	患	死	患	死	患	死	患	死
平阳																							5				5	
瑞安																												
乐清																							4				4	
泰顺																							32				32	
玉环													1										1				2	
分水																							3				3	
遂昌																							47				47	
缙云																							3				3	
景宁											1												3				4	
庆元																							8				8	
松阳																							17				17	
云和																							20	1			20	1
嘉兴											15										9		33				57	
海盐											1	1									1		9				11	1

续表

病名 / 患死人数 / 县市别	黄热病		霍乱		天花		斑疹伤寒		鼠疫		赤痢		白喉		猩红热		流行性脑脊髓膜炎		回归热		伤寒		疟疾		黑热病		统计	
	患	死	患	死	患	死	患	死	患	死	患	死	患	死	患	死	患	死	患	死	患	死	患	死	患	死	患	死
平湖																							4				4	
崇德											1												11				12	
桐乡											1												3				4	
海宁											3												9				12	
富阳																							8				8	
桐庐											1												4				5	
建德							1				2												8				11	
淳安																							8				8	
浦江											2												1				3	
嘉善																												
杭州市											6		10								5		12				33	
总计					9	1	1				132	3	17						4		46	2	675	1			884	7

浙江省各县市疫情报告统计表

(1947 年度 11 月份中旬)

县市别＼患死人数＼病名	黄热病		霍乱		天花		斑疹伤寒		鼠疫		赤痢		白喉		猩红热		流行性脑脊髓膜炎		回归热		伤寒		疟疾		黑热病		统计	
	患	死	患	死	患	死	患	死	患	死	患	死	患	死	患	死	患	死	患	死	患	死	患	死	患	死	患	死
余杭																					1		8				9	
新登											2												4				6	
分水																							4				4	
临安													1						2				7				10	
於潜																							3				3	
昌化																							3				3	
杭县																					2		3				5	
安吉																							35				35	
长兴																					1		5				6	
吴兴											3												4				7	
德清																							9				9	
武康																							2				2	

续表

病名 / 患死人数 / 县市别	黄热病		霍乱		天花		斑疹伤寒		鼠疫		赤痢		白喉		猩红热		流行性脑脊髓膜炎		回归热		伤寒		疟疾		黑热病		统计	
	患	死	患	死	患	死	患	死	患	死	患	死	患	死	患	死	患	死	患	死	患	死	患	死	患	死	患	死
绍兴											1																1	
余姚					3						7	1	1		1		2	1	1		7	1	25	1			47	4
上虞																							7				7	
新昌																					3	1	11				14	1
东阳																												
磐安																							3				3	
金华																							7				7	
永康											2												1				3	
宣平																							4				4	
汤溪											39												54				93	
武义											4										2		7				13	
衢县																							65				65	
遂安											3										3		6				12	

续表

病名 患死人数 县市别	黄热病		霍乱		天花		斑疹伤寒		鼠疫		赤痢		白喉		猩红热		流行性脑脊髓膜炎		回归热		伤寒		疟疾		黑热病		统计	
	患	死	患	死	患	死	患	死	患	死	患	死	患	死	患	死	患	死	患	死	患	死	患	死	患	死	患	死
江山							1				2												7				10	
常山																							15				15	
鄞县					2						8		3		1						6		15				35	
慈溪											2												8				10	
定海											2		1										2				5	
镇海																					1		3				4	
奉化											1												12				13	
象山																							7				7	
天台											1												3				4	
仙居																							6				6	
温岭																							4				4	
三门													1										2				3	
永嘉									1																		1	
平阳																							8				8	

续表

病名 / 患死人数 / 县市别	黄热病		霍乱		天花		斑疹伤寒		鼠疫		赤痢		白喉		猩红热		流行性脑脊髓膜炎		回归热		伤寒		疟疾		黑热病		统计	
	患	死	患	死	患	死	患	死	患	死	患	死	患	死	患	死	患	死	患	死	患	死	患	死	患	死	患	死
乐清																							3				3	
泰顺																							69				69	
玉环																												
丽水																							3				3	
龙泉																							25				25	
遂昌																							31				31	
缙云																							3				3	
景宁											1												4				5	
庆元																							6				6	
松阳																							14				14	
云和																							30				30	
嘉兴											14										3		37				54	
海盐											1										1		14				16	
平湖																							2				2	

续表

病名 / 患死人数 / 县市别	黄热病		霍乱		天花		斑疹伤寒		鼠疫		赤痢		白喉		猩红热		流行性脑脊髓膜炎		回归热		伤寒		疟疾		黑热病		统计	
	患	死	患	死	患	死	患	死	患	死	患	死	患	死	患	死	患	死	患	死	患	死	患	死	患	死	患	死
桐乡																							1				1	
海宁																							7				7	
富阳																							6				6	
桐庐											1												3				4	
建德							1				1												7				9	
淳安																							2				2	
浦江																							5				5	
兰溪									19	9																	19	9
嘉善																												
瑞安																												
杭州市											1		10	2							3		9				23	2
总计					5		2		20	9	96	1	17	2	2		2	1	5		33	2	648	1			830	16

浙江省各县市疫情报告统计表

（1947 年度 11 月份下旬）

病名 患死人数 县市别	黄热病		霍乱		天花		斑疹伤寒		鼠疫		赤痢		白喉		猩红热		流行性脑脊髓膜炎		回归热		伤寒		疟疾		黑热病		统计	
	患	死	患	死	患	死	患	死	患	死	患	死	患	死	患	死	患	死	患	死	患	死	患	死	患	死	患	死
余杭																					1		7				8	
新登																							5				5	
分水																							3				3	
於潜																							3				3	
昌化																							4				4	
杭县																					2	1	4				6	1
安吉					6																		16				22	
长兴																					1	1	3				4	1
吴兴																							7				7	
德清											1												13				14	
武康																							1				1	
绍兴											2												2				4	

续表

病名 / 患死人数 / 县市别	黄热病		霍乱		天花		斑疹伤寒		鼠疫		赤痢		白喉		猩红热		流行性脑脊髓膜炎		回归热		伤寒		疟疾		黑热病		统计	
	患	死	患	死	患	死	患	死	患	死	患	死	患	死	患	死	患	死	患	死	患	死	患	死	患	死	患	死
余姚					4						4		2		1		1				5		21				38	
上虞											2												1				3	
新昌							2														3		9				14	
东阳																												
金华																							12				12	
永康											1												2				3	
宣平																							3				3	
兰溪									10	3																	10	3
汤溪											40												58				98	
武义											16												31				47	
衢县																							79				79	
遂安											4										2		12				18	
江山							1				1		1										11	1			14	1

续表

病名 患死人数 县市别	黄热病		霍乱		天花		斑疹伤寒		鼠疫		赤痢		白喉		猩红热		流行性脑脊髓膜炎		回归热		伤寒		疟疾		黑热病		统计	
	患	死	患	死	患	死	患	死	患	死	患	死	患	死	患	死	患	死	患	死	患	死	患	死	患	死	患	死
常山													1										10				11	
慈溪											3												8				11	
定海																							4				4	
镇海																					2		1				3	
奉化																							5				5	
象山																							8				8	
天台											1												2				3	
仙居																							2				2	
温岭													1								2		2				5	
三门																												
平阳																							6				6	
乐清																							3				3	
泰顺																			1				80				81	

续表

病名 患死人数 县市别	黄热病		霍乱		天花		斑疹伤寒		鼠疫		赤痢		白喉		猩红热		流行性脑脊髓膜炎		回归热		伤寒		疟疾		黑热病		统计	
	患	死	患	死	患	死	患	死	患	死	患	死	患	死	患	死	患	死	患	死	患	死	患	死	患	死	患	死
玉环																												
丽水																												
龙泉											8												8				16	
遂昌																							32				32	
缙云																							5				5	
景宁																							3				3	
庆元																							5				5	
松阳																							18				18	
云和																							16				16	
嘉兴																							21				21	
海盐																							10				10	
平湖																							2				2	
崇德											2												4				6	
桐乡																							1				1	

续表

病名 / 患死人数 / 县市别	黄热病		霍乱		天花		斑疹伤寒		鼠疫		赤痢		白喉		猩红热		流行性脑脊髓膜炎		回归热		伤寒		疟疾		黑热病		统计	
	患	死	患	死	患	死	患	死	患	死	患	死	患	死	患	死	患	死	患	死	患	死	患	死	患	死	患	死
海宁											1												10				11	
富阳																							1				1	
建德																							7				7	
淳安																	12	1									12	1
浦江																							9				9	
嘉善																							3				3	
永嘉									1	1																	1	1
瑞安																												
桐庐											2												3				5	
杭州市											3		10	2							4		6				23	2
总计					10		3		11	4	91		15	2	1		13	1	1		22	2	602	1			769	10
逐月累计			226	37	1 799	331	172	5	203	90	20 902	70	2 756	19	53	3	948	199	189	3	1 530	34	3 322				32 978	846

浙江省各县市疫情报告统计表

（1947 年度 12 月份上旬）

病名 / 患死人数 / 县市别	黄热病		霍乱		天花		斑疹伤寒		鼠疫		赤痢		白喉		猩红热		流行性脑脊髓膜炎		回归热		伤寒		疟疾		黑热病		统计	
	患	死	患	死	患	死	患	死	患	死	患	死	患	死	患	死	患	死	患	死	患	死	患	死	患	死	患	死
余杭																					1		9				10	
新登																					2		11				13	
分水																							4				4	
临安																			1				11				12	
於潜																							2				2	
昌化																							3				3	
杭县																							1				1	
安吉																							8				8	
长兴																	2	2			1		2				5	2
吴兴																							1				1	
德清											1												11				12	
绍兴											1												1				2	

续表

病名/患死人数/县市别	黄热病		霍乱		天花		斑疹伤寒		鼠疫		赤痢		白喉		猩红热		流行性脑脊髓膜炎		回归热		伤寒		疟疾		黑热病		统计	
	患	死	患	死	患	死	患	死	患	死	患	死	患	死	患	死	患	死	患	死	患	死	患	死	患	死	患	死
诸暨																	34										34	
余姚					10	1					2		1		1		1				2		8				25	1
新昌							1												1		2		6				10	
磐安																							1				1	
兰溪																												
永康											1		1										2				4	
汤溪											15												32				47	
武义											4										1		7	1			12	1
衢县																							76				76	
开化																							7				7	
江山							1				1												7				9	
鄞县					5	1					5		5				2				3		7				27	1

续表

病名 / 患死人数 / 县市别	黄热病		霍乱		天花		斑疹伤寒		鼠疫		赤痢		白喉		猩红热		流行性脑脊髓膜炎		回归热		伤寒		疟疾		黑热病		统计	
	患	死	患	死	患	死	患	死	患	死	患	死	患	死	患	死	患	死	患	死	患	死	患	死	患	死	患	死
定海											2												2				4	
镇海											1																1	
奉化											2												12				14	
象山																							5				5	
天台																												
三门																												
平阳																							4				4	
乐清					2																1		10	1			13	1
泰顺																							78				78	
玉环																							1				1	
丽水																							3				3	
龙泉																							14				14	

续表

病名 / 患死人数 / 县市别	黄热病		霍乱		天花		斑疹伤寒		鼠疫		赤痢		白喉		猩红热		流行性脑脊髓膜炎		回归热		伤寒		疟疾		黑热病		统计	
	患	死	患	死	患	死	患	死	患	死	患	死	患	死	患	死	患	死	患	死	患	死	患	死	患	死	患	死
金华											1												2				3	
遂昌																							34				34	
景宁																							2				2	
上虞											4												1				5	
龙游																							9				9	
永嘉																												
瑞安													2										4				6	
松阳																							7				7	
云和																							22				22	
嘉兴											5												6				11	
嘉善																							6				6	
海盐											1										2		8				11	
平湖																							2				2	

续表

病名 / 患死人数 / 县市别	黄热病		霍乱		天花		斑疹伤寒		鼠疫		赤痢		白喉		猩红热		流行性脑脊髓膜炎		回归热		伤寒		疟疾		黑热病		统计	
	患	死	患	死	患	死	患	死	患	死	患	死	患	死	患	死	患	死	患	死	患	死	患	死	患	死	患	死
崇德																					2						2	
桐乡																							3				3	
海宁																							8				8	
富阳																							1				1	
桐庐																							4				4	
建德																					2		12				14	
淳安											2												3				5	
浦江											3												2				5	
杭州市											3		3				4				2	1	10				22	1
缙云																												
常山																							2				4	
东阳																												
总计					17	2	2				54		14		1		43	2	2		21	1	494				648	7

浙江省各县市疫情报告统计表

（1947 年度 12 月份中旬）

病名 / 患死人数 / 县市别	黄热病		霍乱		天花		斑疹伤寒		鼠疫		赤痢		白喉		猩红热		流行性脑脊髓膜炎		回归热		伤寒		疟疾		黑热病		统计	
	患	死	患	死	患	死	患	死	患	死	患	死	患	死	患	死	患	死	患	死	患	死	患	死	患	死	患	死
余杭																					1		9				10	
新登																							5				5	
分水																							3				3	
临安																							8				8	
於潜																							3				3	
昌化																							1				1	
杭县																							2				2	
安吉																					9						9	
长兴																	2				1		5				8	
吴兴																							1				1	
绍兴											1												1				2	

续表

病名 / 患死人数 / 县市别	黄热病		霍乱		天花		斑疹伤寒		鼠疫		赤痢		白喉		猩红热		流行性脑脊髓膜炎		回归热		伤寒		疟疾		黑热病		统计	
	患	死	患	死	患	死	患	死	患	死	患	死	患	死	患	死	患	死	患	死	患	死	患	死	患	死	患	死
诸暨																												
余姚					16	1					1						2				1		12				32	1
上虞											1																1	
新昌							1	1			1										1		7				10	1
东阳																												
磐安																												
金华											1												3				4	
兰溪																												
永嘉											2												1				3	
汤溪											16												32				48	
武义							2														3	1	4				9	1
开化																							7				7	

续表

病名 / 患死人数 / 县市别	黄热病		霍乱		天花		斑疹伤寒		鼠疫		赤痢		白喉		猩红热		流行性脑脊髓膜炎		回归热		伤寒		疟疾		黑热病		统计	
	患	死	患	死	患	死	患	死	患	死	患	死	患	死	患	死	患	死	患	死	患	死	患	死	患	死	患	死
江山																					1		8				9	
常山																							4				4	
龙游																							11				11	
鄞县					3						1		2	1			1				2		6				15	1
慈溪											1												9				10	
定海																							1				1	
镇海																							2				2	
奉化											3												8				11	
象山																							6				6	
宁海																							7				7	
天台																							2				2	
三门																							2				2	

续表

病名 患死人数 县市别	黄热病		霍乱		天花		斑疹伤寒		鼠疫		赤痢		白喉		猩红热		流行性脑脊髓膜炎		回归热		伤寒		疟疾		黑热病		统计	
	患	死	患	死	患	死	患	死	患	死	患	死	患	死	患	死	患	死	患	死	患	死	患	死	患	死	患	死
永嘉																												
平阳																							6				6	
瑞安																							7				7	
乐清					1						1												7				9	
玉环																												
丽水																							4				4	
龙泉																							15				15	
遂昌																							31				31	
缙云																												
景宁																												
松阳																							15				15	
云和																							7				7	

续表

病名／人数／县市别	黄热病		霍乱		天花		斑疹伤寒		鼠疫		赤痢		白喉		猩红热		流行性脑脊髓膜炎		回归热		伤寒		疟疾		黑热病		统计	
	患	死	患	死	患	死	患	死	患	死	患	死	患	死	患	死	患	死	患	死	患	死	患	死	患	死	患	死
嘉兴																							11				11	
嘉善																												
海盐																							11				11	
平湖																							2				2	
崇德											4												8				12	
桐乡																							4				4	
富阳																							2				2	
桐庐																							5				5	
淳安																							1				1	
浦江																					1		5				6	
杭州市											2		4				1				4		6				17	
总计					20	1	3	1			34		6	1			6		1		24	1	318				412	4

浙江省各县市疫情报告统计表

（1947 年度 12 月份下旬）

县市别＼患死人数＼病名	黄热病		霍乱		天花		斑疹伤寒		鼠疫		赤痢		白喉		猩红热		流行性脑脊髓膜炎		回归热		伤寒		疟疾		黑热病		统计	
	患	死	患	死	患	死	患	死	患	死	患	死	患	死	患	死	患	死	患	死	患	死	患	死	患	死	患	死
萧山					2	2																					2	2
诸暨																												
余姚					25						4		1				1				2		14				47	
上虞																							5				5	
新昌							1												1		2		4				8	
东阳																												
磐安																							3				3	
金华											1												2				3	
兰溪																					2	1					2	1
永康											1												2				3	
汤溪											9												22				31	
武义							3				5										6		15				29	

续表

县市别＼患死人数＼病名	黄热病		霍乱		天花		斑疹伤寒		鼠疫		赤痢		白喉		猩红热		流行性脑脊髓膜炎		回归热		伤寒		疟疾		黑热病		统计	
	患	死	患	死	患	死	患	死	患	死	患	死	患	死	患	死	患	死	患	死	患	死	患	死	患	死	患	死
衢县																							36				36	
开化																							5				5	
江山							3				1										1		25				30	
常山																							5				5	
龙游																							10				10	
鄞县					3						4		2				1				2		5				17	
慈溪																							3				3	
定海											1												3				4	
镇海																												
奉化											1										1		3				5	
象山																							4				4	
天台																							1				1	
三门																							1				1	

续表

县市别＼患死人数＼病名	黄热病		霍乱		天花		斑疹伤寒		鼠疫		赤痢		白喉		猩红热		流行性脑脊髓膜炎		回归热		伤寒		疟疾		黑热病		统计	
	患	死	患	死	患	死	患	死	患	死	患	死	患	死	患	死	患	死	患	死	患	死	患	死	患	死	患	死
永嘉																												
平阳																							8				8	
瑞安																							4				4	
乐清											1										1		8				10	
泰顺																							69				69	
玉环																							2				2	
丽水																							1				1	
龙泉																							12				12	
遂昌																							15				15	
缙云																												
景宁																							4				4	
松阳																							14				14	
云和																							9				9	

续表

县市别＼患死人数＼病名	黄热病		霍乱		天花		斑疹伤寒		鼠疫		赤痢		白喉		猩红热		流行性脑脊髓膜炎		回归热		伤寒		疟疾		黑热病		统计	
	患	死	患	死	患	死	患	死	患	死	患	死	患	死	患	死	患	死	患	死	患	死	患	死	患	死	患	死
嘉兴																					1		4				5	
嘉善																							2				2	
海盐											1										1		13				15	
平湖																							8				8	
崇德																					2		3				5	
桐乡																							4				4	
海宁																							10				10	
富阳																							1				1	
桐庐																							3				3	
浦江																												
杭州市											1		2	1	2	2					3		4				12	3
总计					30	2	7				31		5	1	2	2	3		3		25	2	412				518	7

浙江省1947年1月份至11月份补报疫情旬报统计表

县名	月旬别		黄热病		霍乱		天花		斑疹伤寒		鼠疫		赤痢		白喉		猩红热		流行性脑脊髓膜炎		回归热		伤寒		疟疾		总计	
	患	死	患	死	患	死	患	死	患	死	患	死	患	死	患	死	患	死	患	死	患	死	患	死	患	死	患	死
宁海	1	上																							10		10	
宁海	1	中																							15		15	
宁海	1	下																							13		13	
宁海	5	下																	12				1		15		28	1
宁海	8	上											5												47		52	
宁海	8	中											4												71		75	
宁海	8	下											2												98		100	
诸暨	9	中																					10		20		30	
诸暨	9	下																					30		20		50	
诸暨	10	上																					30				30	
诸暨	10	中																					10				10	
诸暨	10	下																					20				20	

续表

县名	月旬别		黄热病		霍乱		天花		斑疹伤寒		鼠疫		赤痢		白喉		猩红热		流行性脑脊髓膜炎		回归热		伤寒		疟疾		总计	
	患	死	患	死	患	死	患	死	患	死	患	死	患	死	患	死	患	死	患	死	患	死	患	死	患	死	患	死
诸暨	11	上																					20				20	
诸暨	11	中																			8						8	
诸暨	11	下																	14								14	
遂安	6	中											6												12		18	
遂安	6	下											9												17		26	
遂安	7	上											4												21		25	
遂安	7	中											7												18		25	
遂安	7	下											5										4		14		23	
遂安	8	上											6								1				3		10	
遂安	8	中											7										1		9		17	
遂安	8	下											4										2		15		21	
吴兴	9	中																										

续表

县名	月旬别		黄热病		霍乱		天花		斑疹伤寒		鼠疫		赤痢		白喉		猩红热		流行性脑脊髓膜炎		回归热		伤寒		疟疾		总计	
	患	死	患	死	患	死	患	死	患	死	患	死	患	死	患	死	患	死	患	死	患	死	患	死	患	死	患	死
临海	11	上											1														1	
临海	11	中																							1		1	
临海	11	下											1										1				2	
永康	9	上											2								1				3		6	
永康	9	中											4												2		6	
永康	9	下											2												4		6	
萧山	9	上																							3		3	
萧山	9	中下																										
萧山	11	上																										
萧山	11	中下																										

浙江省 1947 年 1 月份至 11 月份补报疫情旬报统计表

县名	月旬别		黄热病		霍乱		天花		斑疹伤寒		鼠疫		赤痢		白喉		猩红热		流行性脑脊髓膜炎		回归热		伤寒		疟疾		总计	
	患	死	患	死	患	死	患	死	患	死	患	死	患	死	患	死	患	死	患	死	患	死	患	死	患	死	患	死
於潜	5	中																							5		5	
於潜	5	下																							1		1	
於潜	6	上																							3		3	
於潜	6	中																							2		2	
於潜	6	下																										
鄞县	11	下					2						5		2				1				3		6		19	
义乌	11	中											1												5		6	
义乌	11	下																							7		7	
兰溪	10	上											3												9		12	
兰溪	10	中											2												16		18	
兰溪	10	下											2												15		17	
兰溪	11	上																							6		6	

续表

县名	月旬别		黄热病		霍乱		天花		斑疹伤寒		鼠疫		赤痢		白喉		猩红热		流行性脑脊髓膜炎		回归热		伤寒		疟疾		总计	
	患	死	患	死	患	死	患	死	患	死	患	死	患	死	患	死	患	死	患	死	患	死	患	死	患	死	患	死
兰溪	11	中																							6		6	
兰溪	11	下																							2		2	
龙游	11	上																							9		9	
龙游	11	中																							14		14	
龙游	11	下																							10		10	
崇德	2	上											5												4		9	
海盐	2	上																							11		11	
海盐	3	上																					2		14		16	
海盐	3	中																							13		13	
海盐	3	下																		2					14		14	2
杭州市省立杭州医院	10	上																							4		4	

续表

县名	月旬别		黄热病		霍乱		天花		斑疹伤寒		鼠疫		赤痢		白喉		猩红热		流行性脑脊髓膜炎		回归热		伤寒		疟疾		总计	
	患	死	患	死	患	死	患	死	患	死	患	死	患	死	患	死	患	死	患	死	患	死	患	死	患	死	患	死
杭州市省立杭州医院	10	中																										
杭州市省立杭州医院	10	下													1												1	
杭州市省立杭州医院	11	上																							1		1	
杭州市省立杭州医院	11	中																										
杭州市省立杭州医院	11	下																							2		2	
总计							2						87		3				27	3	10		134		610		873	3

浙江省各县市疫情报告统计表

（1948 年度 1 月份上旬）

病名 患死人数 县市别	黄热病		霍乱		天花		斑疹伤寒		鼠疫		赤痢		白喉		猩红热		流行性脑脊髓膜炎		回归热		伤寒		疟疾		黑热病		统计	
	患	死	患	死	患	死	患	死	患	死	患	死	患	死	患	死	患	死	患	死	患	死	患	死	患	死	患	死
新登																							2				2	
分水																							4				4	
临安																			1				4				5	
於潜																							4				4	
昌化																							1				1	
杭县																					1		3				4	
安吉																							7				7	
德清																							5				5	
绍兴																												
诸暨																	10				10		20				40	
余姚					28	3					1						1				3	1	15				48	4
嵊县																												

续表

病名 患死人数 县市别	黄热病		霍乱		天花		斑疹伤寒		鼠疫		赤痢		白喉		猩红热		流行性脑脊髓膜炎		回归热		伤寒		疟疾		黑热病		统计	
	患	死	患	死	患	死	患	死	患	死	患	死	患	死	患	死	患	死	患	死	患	死	患	死	患	死	患	死
上虞																							7				7	
新昌																					2		4				6	
磐安																							1				1	
金华																							8				8	
兰溪																												
汤溪																							3				3	
武义											3	1											2	1			5	2
江山																							8				8	
慈溪											2												2				4	
定海																							7				7	
镇海																							2				2	
象山																							6				6	
天台																												

续表

病名 患死人数 县市别	黄热病		霍乱		天花		斑疹伤寒		鼠疫		赤痢		白喉		猩红热		流行性脑脊髓膜炎		回归热		伤寒		疟疾		黑热病		统计	
	患	死	患	死	患	死	患	死	患	死	患	死	患	死	患	死	患	死	患	死	患	死	患	死	患	死	患	死
温岭					1																		5				6	
三门																							1				1	
平阳																							2				2	
瑞安																					1		11				12	
乐清											1												9				10	
泰顺																							64				64	
玉环																												
丽水																							8				8	
龙泉																					1		17				18	
遂昌																							17				17	
景宁																							3				3	
松阳																							5				5	
云和																							11				11	

续表

病名 / 患死人数 / 县市别	黄热病		霍乱		天花		斑疹伤寒		鼠疫		赤痢		白喉		猩红热		流行性脑脊髓膜炎		回归热		伤寒		疟疾		黑热病		统计	
	患	死	患	死	患	死	患	死	患	死	患	死	患	死	患	死	患	死	患	死	患	死	患	死	患	死	患	死
嘉兴																							6				6	
嘉善																												
海盐																					3		8				11	
平湖																							6				6	
崇德																							3				3	
桐乡																							3				3	
富阳																							2				2	
桐庐																					1		3				4	
建德																							4				4	
浦江																							8				8	
寿昌																							1				1	
杭州市					1								5	1			1				1		3				11	1
总计					30	3					7	1	5	1			12		1		23	1	312	1			390	7

浙江省各县市疫情报告统计表

（1948 年度 1 月份中旬）

病名 患死人数 县市别	黄热病		霍乱		天花		斑疹伤寒		鼠疫		赤痢		白喉		猩红热		流行性脑脊髓膜炎		回归热		伤寒		疟疾		黑热病		统计	
	患	死	患	死	患	死	患	死	患	死	患	死	患	死	患	死	患	死	患	死	患	死	患	死	患	死	患	死
新登																							2				2	
分水																							4				4	
临安																			2				4				6	
於潜																												
昌化																							2				2	
杭县																					1		1				2	
安吉																							9				9	
德清																							7				7	
绍兴																												
余姚					43	2					1		1	1			2		1		1		16				65	3
嵊县																												

续表

病名 / 患死人数 / 县市别	黄热病		霍乱		天花		斑疹伤寒		鼠疫		赤痢		白喉		猩红热		流行性脑脊髓膜炎		回归热		伤寒		疟疾		黑热病		统计	
	患	死	患	死	患	死	患	死	患	死	患	死	患	死	患	死	患	死	患	死	患	死	患	死	患	死	患	死
新昌							1				1										1		3				6	
磐安																							6				6	
金华																							6				6	
兰溪											1												4				5	
汤溪																							4				4	
武义											2	1									2		3	3			7	4
江山																					2		7				9	
定海																												
镇海					2																		4				6	
象山																							5				5	
温岭																					2		3				5	
三门																							1				1	

续表

病名 患死人数 县市别	黄热病		霍乱		天花		斑疹伤寒		鼠疫		赤痢		白喉		猩红热		流行性脑脊髓膜炎		回归热		伤寒		疟疾		黑热病		统计	
	患	死	患	死	患	死	患	死	患	死	患	死	患	死	患	死	患	死	患	死	患	死	患	死	患	死	患	死
平阳																							3				3	
瑞安																					2		8				10	
泰顺																							50				50	
玉环																												
丽水																							3				3	
遂昌																							14				14	
景宁																							2				2	
庆元																							3				3	
松阳																							4				4	
云和																							14				14	
嘉兴																					1		1				2	

续表

病名 患死人数 县市别	黄热病		霍乱		天花		斑疹伤寒		鼠疫		赤痢		白喉		猩红热		流行性脑脊髓膜炎		回归热		伤寒		疟疾		黑热病		统计	
	患	死	患	死	患	死	患	死	患	死	患	死	患	死	患	死	患	死	患	死	患	死	患	死	患	死	患	死
海盐																					1		10				11	
平湖																							3				3	
崇德											2										3		4				9	
桐乡																							3				3	
富阳											1												1				2	
桐庐					7	2																	4				11	2
浦江																							3				3	
寿昌																												
杭州市											1		4	1			2						1				8	1
总计					52	4	1				9	1	5	2			4		3		16		222	3			312	10

浙江省各县市疫情报告统计表

(1948 年度 1 月份下旬)

县市别 \ 患死人数 \ 病名	黄热病		霍乱		天花		斑疹伤寒		鼠疫		赤痢		白喉		猩红热		流行性脑脊髓膜炎		回归热		伤寒		疟疾		黑热病		统计	
	患	死	患	死	患	死	患	死	患	死	患	死	患	死	患	死	患	死	患	死	患	死	患	死	患	死	患	死
新登																							2				2	
分水																							3				3	
临安																							5				5	
於潜							1																5				6	
昌化																							9				9	
杭县																							2				2	
安吉																							12				12	
德清																			1				5				6	
绍兴																												
嵊县																												
新昌							1														2		3				6	

续表

病名 患死人数 县市别	黄热病		霍乱		天花		斑疹伤寒		鼠疫		赤痢		白喉		猩红热		流行性脑脊髓膜炎		回归热		伤寒		疟疾		黑热病		统计	
	患	死	患	死	患	死	患	死	患	死	患	死	患	死	患	死	患	死	患	死	患	死	患	死	患	死	患	死
兰溪																												
汤溪																							3				3	
武义																												
江山							1																7				8	
定海																												
镇海											1										2		6				9	
象山																							4				4	
温岭					1						2										1		2				6	
三门																							1				1	
平阳																							1				1	
瑞安																					1		15				16	
玉环																							1				1	

续表

县市别＼患死人数＼病名	黄热病		霍乱		天花		斑疹伤寒		鼠疫		赤痢		白喉		猩红热		流行性脑脊髓膜炎		回归热		伤寒		疟疾		黑热病		统计	
	患	死	患	死	患	死	患	死	患	死	患	死	患	死	患	死	患	死	患	死	患	死	患	死	患	死	患	死
丽水																											0	
遂昌																							11				11	
景宁																							4				4	
庆元																							3				3	
松阳																							4				4	
云和																							13				13	
嘉兴					1																1		4				6	
平湖																							4				4	
崇德					1																		5				6	
桐乡																												
富阳											1												1				2	
建德																							2				2	

续表

病名/人数/县市别	黄热病		霍乱		天花		斑疹伤寒		鼠疫		赤痢		白喉		猩红热		流行性脑脊髓膜炎		回归热		伤寒		疟疾		黑热病		统计	
	患	死	患	死	患	死	患	死	患	死	患	死	患	死	患	死	患	死	患	死	患	死	患	死	患	死	患	死
浦江																												
寿昌																							1				1	
杭州					4	1					1		2				2				3	1	5				17	2
总计					7	1	3				5		2				2		1		10	1	143				173	2
奉化	1	上																	1		2		7		10			
奉化	1	中																			1		9		10			
奉化	1	下																					9		9			
衢县	1	上																					49		49			
衢县	1	中																					45		45			
衢县	1	下																					40		40			
泰顺	1	下																					43		43			
乐清	1	中																					2		2			

续表

病名 患死人数 县市别	黄热病		霍乱		天花		斑疹伤寒		鼠疫		赤痢		白喉		猩红热		流行性脑脊髓膜炎		回归热		伤寒		疟疾		黑热病		统计	
	患	死	患	死	患	死	患	死	患	死	患	死	患	死	患	死	患	死	患	死	患	死	患	死	患	死	患	死
乐清	1	下																		1			1		2	1		
长兴	1	上									1				1								5		7			
长兴	1	中													1								6		7			
长兴	1	下																					8		8			
金华省立医院	1	上																			1		1		2			
金华省立医院	1	中																	1		1		1		3			
金华省立医院	1	下																	1				2		3			
龙泉	1	中																					14		14			
余杭	1	上																					1		1			
余杭	1	中																					1		1			
余杭	1	下																										

续表

病名 / 患死人数 / 县市别	黄热病		霍乱		天花		斑疹伤寒		鼠疫		赤痢		白喉		猩红热		流行性脑脊髓膜炎		回归热		伤寒		疟疾		黑热病		统计	
	患	死	患	死	患	死	患	死	患	死	患	死	患	死	患	死	患	死	患	死	患	死	患	死	患	死	患	死
缙云	1	上																										
缙云	1	中																										
缙云	1	下																										
萧山	1	上																										
萧山	1	中																										
萧山	1	下																										
海宁	1	上																					6		6			
海宁	1	中																					7		7			
海宁	1	下																					7		7			
鄞县	1	上			6						2				2				1		1		10		22			
鄞县	1	中			7						3				4				3		3		15		35			
鄞县	1	下			11	3					3				4	1			2		4		7		31	4		
孝丰	1	上																					2		2			

续表

病名 / 患死人数 / 县市别	黄热病		霍乱		天花		斑疹伤寒		鼠疫		赤痢		白喉		猩红热		流行性脑脊髓膜炎		回归热		伤寒		疟疾		黑热病		统计	
	患	死	患	死	患	死	患	死	患	死	患	死	患	死	患	死	患	死	患	死	患	死	患	死	患	死	患	死
孝丰	1	中																					4		4			
孝丰	1	下																					5		5			
义乌	1	上																					1		1			
义乌	1	下																					1		1			
武康	1	上																					2		2			
武康	1	中																					3		3			
武康	1	下																					4		4			
杭州省立杭州医院	1	上																					2		2			
杭州省立杭州医院	1	中																					2		2			
杭州省立杭州医院	1	下																					6		6			
东阳	1	上			2																		9		11			

续表

病名 患死人数 县市别	黄热病		霍乱		天花		斑疹伤寒		鼠疫		赤痢		白喉		猩红热		流行性脑脊髓膜炎		回归热		伤寒		疟疾		黑热病		统计	
	患	死	患	死	患	死	患	死	患	死	患	死	患	死	患	死	患	死	患	死	患	死	患	死	患	死	患	死
东阳	1	中			1																		7		8			
东阳	1	下			1																		4		5			
诸暨	1	中																	10				72		82			
诸暨	1	下																	11				45		56			
宣平	1	上																			1		2		3			
宣平	1	中																					3		3			
宣平	1	下																					2		2			
建德	1	上																					13		13			
建德	1	中																					6		6			
建德	1	下																					6		6			
总计					13	3					9				12	1			30	1	14		497		575	5		

浙江省各县市疫情报告统计表

（1948 年度 2 月份上旬）

病名 患死人数 县市别	黄热病		霍乱		天花		斑疹伤寒		鼠疫		赤痢		白喉		猩红热		流行性脑脊髓膜炎		回归热		伤寒		疟疾		黑热病		统计	
	患	死	患	死	患	死	患	死	患	死	患	死	患	死	患	死	患	死	患	死	患	死	患	死	患	死	患	死
余杭																							2				2	
新登																					3		2				5	
分水																							3				3	
临安																							7				7	
於潜																							1				1	
昌化																							12				12	
杭县											2										2		5				9	
孝丰																							2				2	
长兴													1	1							2		4				7	1
德清																							2				2	
绍兴																												

续表

病名 患死人数 县市别	黄热病		霍乱		天花		斑疹伤寒		鼠疫		赤痢		白喉		猩红热		流行性脑脊髓膜炎		回归热		伤寒		疟疾		黑热病		统计	
	患	死	患	死	患	死	患	死	患	死	患	死	患	死	患	死	患	死	患	死	患	死	患	死	患	死	患	死
诸暨																												
新昌																					1		3				4	
东阳					3																		5				8	
磐安																							1				1	
金华																							1				1	
兰溪																												
永康											1																1	
宣平																							1				1	
武义											4	1											6				10	1
衢县																							23				23	
江山																					1		6				7	
龙游																							10				10	

续表

病名 / 患死人数 / 县市别	黄热病		霍乱		天花		斑疹伤寒		鼠疫		赤痢		白喉		猩红热		流行性脑脊髓膜炎		回归热		伤寒		疟疾		黑热病		统计	
	患	死	患	死	患	死	患	死	患	死	患	死	患	死	患	死	患	死	患	死	患	死	患	死	患	死	患	死
鄞县					6						4		2				5				3		9				29	
慈溪																							6				6	
定海																							1				1	
镇海																					2		5				7	
奉化																					1		6				7	
温岭					2																1		3				6	
三门																							1				1	
平阳																							2				2	
乐清																							2				2	
泰顺																							31				31	
玉坏																												

续表

病名 / 患死人数 / 县市别	黄热病		霍乱		天花		斑疹伤寒		鼠疫		赤痢		白喉		猩红热		流行性脑脊髓膜炎		回归热		伤寒		疟疾		黑热病		统计	
	患	死	患	死	患	死	患	死	患	死	患	死	患	死	患	死	患	死	患	死	患	死	患	死	患	死	患	死
丽水													1														1	
龙泉																							9				9	
遂昌																							6				6	
缙云																												
景宁																												
庆元																							2				2	
松阳																							5				5	
云和																							6				6	
嘉兴																							4				4	
海盐																					1		11				12	
平湖																							5				5	

续表

病名 / 患死人数 / 县市别	黄热病		霍乱		天花		斑疹伤寒		鼠疫		赤痢		白喉		猩红热		流行性脑脊髓膜炎		回归热		伤寒		疟疾		黑热病		统计	
	患	死	患	死	患	死	患	死	患	死	患	死	患	死	患	死	患	死	患	死	患	死	患	死	患	死	患	死
崇德																					7		7				14	
桐乡																							1				1	
海宁																							8				8	
富阳																							1				1	
桐庐					2																1		3				6	
建德																							5				5	
浦江																												
寿昌																							1				1	
杭州市					1	1					2						1	1					1				5	2
总计					14	1					13	1	4	1			6	1			25		237				299	4

浙江省各县市疫情报告统计表

（1948 年度 2 月份中旬）

病名／患死人数／县市别	黄热病		霍乱		天花		斑疹伤寒		鼠疫		赤痢		白喉		猩红热		流行性脑脊髓膜炎		回归热		伤寒		疟疾		黑热病		统计	
	患	死	患	死	患	死	患	死	患	死	患	死	患	死	患	死	患	死	患	死	患	死	患	死	患	死	患	死
余杭																												
新登																			1		1		5				7	
分水																							3				3	
临安																			1				4				5	
於潜																							3				3	
昌化																							18				18	
杭县											2										2		4				8	
安吉																							5				5	
孝丰					110	11																	2				112	11
长兴													1								2		5				8	

续表

病名 / 患死人数 / 县市别	黄热病		霍乱		天花		斑疹伤寒		鼠疫		赤痢		白喉		猩红热		流行性脑脊髓膜炎		回归热		伤寒		疟疾		黑热病		统计	
	患	死	患	死	患	死	患	死	患	死	患	死	患	死	患	死	患	死	患	死	患	死	患	死	患	死	患	死
德清											1												2				3	
绍兴																												
诸暨																												
新昌							1	1													2		3				6	1
东阳																							3				3	
磐安																							3				3	
金华																					2		2				4	
兰溪																												
永康											1												1				2	
宣平																							2				2	
武义											2												5				7	

续表

病名 患死人数 县市别	黄热病		霍乱		天花		斑疹伤寒		鼠疫		赤痢		白喉		猩红热		流行性脑脊髓膜炎		回归热		伤寒		疟疾		黑热病		统计	
	患	死	患	死	患	死	患	死	患	死	患	死	患	死	患	死	患	死	患	死	患	死	患	死	患	死	患	死
衢县																							19				19	
龙游																							7				7	
鄞县					11	2					3		3		1		5	1			2		9				34	3
慈溪																							1				1	
定海															1	1											1	1
镇海					4																		6				10	
奉化											2												11				13	
温岭																							5				5	
三门																												
平阳																							2				2	
东清																												

续表

病名 / 患死人数 / 县市别	黄热病		霍乱		天花		斑疹伤寒		鼠疫		赤痢		白喉		猩红热		流行性脑脊髓膜炎		回归热		伤寒		疟疾		黑热病		统计	
	患	死	患	死	患	死	患	死	患	死	患	死	患	死	患	死	患	死	患	死	患	死	患	死	患	死	患	死
泰顺																							33				33	
玉环																												
丽水																												
龙泉																												
遂昌																							2				2	
缙云																												
景宁																							3				3	
庆元																							6				6	
松阳																							6				6	
云和																							11				11	
嘉兴																							4				4	

续表

县市别＼患死人数＼病名	黄热病		霍乱		天花		斑疹伤寒		鼠疫		赤痢		白喉		猩红热		流行性脑脊髓膜炎		回归热		伤寒		疟疾		黑热病		统计	
	患	死	患	死	患	死	患	死	患	死	患	死	患	死	患	死	患	死	患	死	患	死	患	死	患	死	患	死
海盐																							7				7	
平湖																							6				6	
崇德																							9				9	
桐乡																							1				1	
富阳																							2				2	
桐庐					1																		4				5	
建德																							10				10	
浦江																												
杭州市					1	1							2				2				1		2				8	1
总计					127	14	1	1			11		6		2	1	7	1	2		12		226				394	17

浙江省各县市疫情报告统计表

（1948 年度 2 月份下旬）

县市别 \ 患死人数 \ 病名	黄热病		霍乱		天花		斑疹伤寒		鼠疫		赤痢		白喉		猩红热		流行性脑脊髓膜炎		回归热		伤寒		疟疾		黑热病		统计	
	患	死	患	死	患	死	患	死	患	死	患	死	患	死	患	死	患	死	患	死	患	死	患	死	患	死	患	死
余杭																							1				1	
新登																					2		4				6	
分水																							2				2	
临安													1										6				7	
於潜																												
昌化																							18				18	
杭县											1										2		3				6	
安吉																							3				3	
孝丰					2																		2				4	
长兴																					1	1	7				8	1

续表

病名/患死人数/县市别	黄热病		霍乱		天花		斑疹伤寒		鼠疫		赤痢		白喉		猩红热		流行性脑脊髓膜炎		回归热		伤寒		疟疾		黑热病		统计	
	患	死	患	死	患	死	患	死	患	死	患	死	患	死	患	死	患	死	患	死	患	死	患	死	患	死	患	死
德清																							4				4	
绍兴					3	1																					3	1
诸暨																												
新昌					1																1		5				7	
东阳																							3				3	
磐安																							3				3	
金华																					2		4				6	
兰溪													1										4				5	
永康																							1				1	
宣平											1										2		3				6	
武义											1		1									1	6				8	1

续表

病名 / 患死人数 / 县市别	黄热病		霍乱		天花		斑疹伤寒		鼠疫		赤痢		白喉		猩红热		流行性脑脊髓膜炎		回归热		伤寒		疟疾		黑热病		统计	
	患	死	患	死	患	死	患	死	患	死	患	死	患	死	患	死	患	死	患	死	患	死	患	死	患	死	患	死
衢县																							20				20	
龙游																							10				10	
鄞县					9	1					2		2				7	1			2		12				34	2
慈溪											2												3				5	
定海																												
镇海					3																		11				14	
奉化																							6				6	
温岭																							2				2	
三门																							1				1	
平阳																							1				1	
乐清																												

续表

病名／患死人数／县市别	黄热病		霍乱		天花		斑疹伤寒		鼠疫		赤痢		白喉		猩红热		流行性脑脊髓膜炎		回归热		伤寒		疟疾		黑热病		统计	
	患	死	患	死	患	死	患	死	患	死	患	死	患	死	患	死	患	死	患	死	患	死	患	死	患	死	患	死
泰顺																							12				12	
玉环																							1				1	
丽水																							1				1	
龙泉																							10				10	
遂昌																							10				10	
缙云																												
景宁																							5				5	
庆元																							4				4	
云和																							10				10	
嘉兴					1																1		11				13	
崇德																							8				8	

续表

县市别＼患死人数＼病名	黄热病		霍乱		天花		斑疹伤寒		鼠疫		赤痢		白喉		猩红热		流行性脑脊髓膜炎		回归热		伤寒		疟疾		黑热病		统计	
	患	死	患	死	患	死	患	死	患	死	患	死	患	死	患	死	患	死	患	死	患	死	患	死	患	死	患	死
桐乡																							1				1	
海宁											1												9				10	
富阳					3												1						1				5	
桐庐					1																1		10				12	
建德																							9				9	
浦江																							4				4	
寿昌											1												1				2	
杭州市					1								4				4	3					16				26	3
总计					24	2					9		9				12	4			14	2	268				336	8
逐月累计					178	20	1	1			47	1	28	1	2	1	37	7	2		81	3	1 228				1 604	34

浙江省各县市疫情报告统计表

（1948 年度 3 月份上旬）

病名 / 患死人数 / 县市别	黄热病		霍乱		天花		斑疹伤寒		鼠疫		赤痢		白喉		猩红热		流行性脑脊髓膜炎		回归热		伤寒		疟疾		黑热病		统计	
	患	死	患	死	患	死	患	死	患	死	患	死	患	死	患	死	患	死	患	死	患	死	患	死	患	死	患	死
余杭																							2				2	
新登																							5				5	
分水																							4				4	
临安					1						1												8				10	
昌化																							13				13	
杭县																					2		4				6	
安吉																							16				16	
孝丰					12	2																	2				14	2
长兴					2												3				2		5				12	
吴兴																												
德清																							6				6	
武康																							4				4	

续表

县市别 \ 患死人数 \ 病名	黄热病		霍乱		天花		斑疹伤寒		鼠疫		赤痢		白喉		猩红热		流行性脑脊髓膜炎		回归热		伤寒		疟疾		黑热病		统计	
	患	死	患	死	患	死	患	死	患	死	患	死	患	死	患	死	患	死	患	死	患	死	患	死	患	死	患	死
绍兴																												
萧山																												
诸暨					181	6											259	8									440	14
嵊县											1												1				2	
新昌							2														4		5				11	
东阳					5																		9				14	
义乌					3																						3	
磐安					5																		2				7	
金华											2												1				3	
兰溪																							3				3	
永康											1								1								2	
宣平											1										1		2				4	
武义					4						3		1										7				15	
衢县																							42				42	

续表

病名 / 患死人数 / 县市别	黄热病		霍乱		天花		斑疹伤寒		鼠疫		赤痢		白喉		猩红热		流行性脑脊髓膜炎		回归热		伤寒		疟疾		黑热病		统计	
	患	死	患	死	患	死	患	死	患	死	患	死	患	死	患	死	患	死	患	死	患	死	患	死	患	死	患	死
江山																							3				3	
常山											1												21				22	
龙游																							8				8	
鄞县					3						2		1				3				2		10				21	
慈溪											1												7				8	
定海																							1				1	
镇海																					2		8				10	
奉化											1										1		6				8	
象山																							5				5	
宁海					2																		10				12	
天台																							1				1	
临海																	3										3	
仙居																							5				5	
三门																							4				4	

续表

病名 / 患死人数 / 县市别	黄热病		霍乱		天花		斑疹伤寒		鼠疫		赤痢		白喉		猩红热		流行性脑脊髓膜炎		回归热		伤寒		疟疾		黑热病		统计	
	患	死	患	死	患	死	患	死	患	死	患	死	患	死	患	死	患	死	患	死	患	死	患	死	患	死	患	死
平阳																					3		2				5	
瑞安																												
永嘉																												
乐清																							4				4	
泰顺																							14				14	
玉环																												
丽水																	1						4				5	
龙泉																							12				12	
遂昌							1																14				15	
缙云																												
景宁																							5				5	
庆元																							3				3	
松阳																							5				5	
云和																							14				14	

续表

病名/患死人数/县市别	黄热病		霍乱		天花		斑疹伤寒		鼠疫		赤痢		白喉		猩红热		流行性脑脊髓膜炎		回归热		伤寒		疟疾		黑热病		统计	
	患	死	患	死	患	死	患	死	患	死	患	死	患	死	患	死	患	死	患	死	患	死	患	死	患	死	患	死
嘉兴													1										13				14	
海盐																					1		11				12	
平湖																							7				7	
崇德																					3		7				10	
桐乡																												
海宁																					1		4				5	
富阳																							1				1	
桐庐					1																1		15				17	
建德																							8				8	
浦江											1												3				4	
寿昌																							3				3	
杭州市					1								3	1							4		10		1		18	1
总计					220	8	3				15		6	1			269	8	1		27		289		1		831	17

浙江省各县市疫情报告统计表

（1948 年度 3 月份中旬）

病名 / 患死人数 / 县市别	黄热病		霍乱		天花		斑疹伤寒		鼠疫		赤痢		白喉		猩红热		流行性脑脊髓膜炎		回归热		伤寒		疟疾		黑热病		统计	
	患	死	患	死	患	死	患	死	患	死	患	死	患	死	患	死	患	死	患	死	患	死	患	死	患	死	患	死
余杭																							3				3	
新登																					4		7				11	
分水																							3				3	
临安																							10				10	
昌化																							18				18	
杭县					2																		3				5	
安吉																							16				16	
长兴					6	1											2	1			1		4				13	2
吴兴																							4				4	
德清																							11				11	

续表

病名/患死人数/县市别	黄热病		霍乱		天花		斑疹伤寒		鼠疫		赤痢		白喉		猩红热		流行性脑脊髓膜炎		回归热		伤寒		疟疾		黑热病		统计	
	患	死	患	死	患	死	患	死	患	死	患	死	患	死	患	死	患	死	患	死	患	死	患	死	患	死	患	死
武康																							4				4	
绍兴																												
萧山																												
诸暨					98	2											158	10									256	12
嵊县											2												1				3	
新昌							1														2		7				10	
东阳					3																		6				9	
义乌																							5				5	
磐安					3																		2				5	
金华																					1		1				2	
兰溪																							4				4	
永康													1										1				2	

续表

病名 / 患死人数 / 县市别	黄热病		霍乱		天花		斑疹伤寒		鼠疫		赤痢		白喉		猩红热		流行性脑脊髓膜炎		回归热		伤寒		疟疾		黑热病		统计	
	患	死	患	死	患	死	患	死	患	死	患	死	患	死	患	死	患	死	患	死	患	死	患	死	患	死	患	死
宣平											2												2				4	
武义					5						2		2								1		7	1			17	1
衢县																							57				57	
江山																							2				2	
常山																							4				4	
龙游																							12				12	
鄞县					5	1					3		3				5	1			3		5				24	2
慈溪																							8				8	
定海																							3				3	
镇海					2																4		8				14	
奉化											2												8				10	

续表

县市别 \ 患死人数 \ 病名	黄热病		霍乱		天花		斑疹伤寒		鼠疫		赤痢		白喉		猩红热		流行性脑脊髓膜炎		回归热		伤寒		疟疾		黑热病		统计	
	患	死	患	死	患	死	患	死	患	死	患	死	患	死	患	死	患	死	患	死	患	死	患	死	患	死	患	死
象山																							5				5	
宁海					4																		7				11	
天台																							2				2	
临海																	15										15	
仙居																							9				9	
三门																			1				4				5	
永嘉									1								1										2	
平阳																					1		7				8	
瑞安																												
乐清																							3				3	
泰顺																							1				1	

续表

病名 / 患死人数 / 县市别	黄热病		霍乱		天花		斑疹伤寒		鼠疫		赤痢		白喉		猩红热		流行性脑脊髓膜炎		回归热		伤寒		疟疾		黑热病		统计	
	患	死	患	死	患	死	患	死	患	死	患	死	患	死	患	死	患	死	患	死	患	死	患	死	患	死	患	死
玉环																							1				1	
丽水																							2				2	
龙泉																							40				40	
遂昌							1																13				14	
缙云																	1										1	
景宁																							4				4	
庆元																							1				1	
松阳																	14	4					9				23	4
云和																							14				14	
嘉兴																							9				9	
海盐																							9				9	

续表

病名 / 患死人数 / 县市别	黄热病		霍乱		天花		斑疹伤寒		鼠疫		赤痢		白喉		猩红热		流行性脑脊髓膜炎		回归热		伤寒		疟疾		黑热病		统计	
	患	死	患	死	患	死	患	死	患	死	患	死	患	死	患	死	患	死	患	死	患	死	患	死	患	死	患	死
平湖																							7				7	
崇德																					7		11				18	
桐乡																							1				1	
富阳					3	1																	6				9	1
桐庐							1														2		10				13	
建德																							8				8	
浦江																							1				1	
寿昌																							1				1	
杭州市					3						11		2										2				18	
总计					134	5	3		1		22		8				196	16	1		26		413	1			804	22

浙江省各县市疫情报告统计表

（1948 年度 3 月份下旬）

病名/患死人数/县市别	黄热病		霍乱		天花		斑疹伤寒		鼠疫		赤痢		白喉		猩红热		流行性脑脊髓膜炎		回归热		伤寒		疟疾		黑热病		统计	
	患	死	患	死	患	死	患	死	患	死	患	死	患	死	患	死	患	死	患	死	患	死	患	死	患	死	患	死
余姚																					1		8				9	
新登																							20				20	
分水																							4				4	
临安																			1				5				6	
昌化																							13				13	
杭县					9	5																	2				11	5
安吉																							19				19	
长兴					4		1										1				2	1	2				10	1
吴兴																							2				2	
德清											4												7				11	
武康																							2				2	

续表

病名 / 患死人数 / 县市别	黄热病		霍乱		天花		斑疹伤寒		鼠疫		赤痢		白喉		猩红热		流行性脑脊髓膜炎		回归热		伤寒		疟疾		黑热病		统计	
	患	死	患	死	患	死	患	死	患	死	患	死	患	死	患	死	患	死	患	死	患	死	患	死	患	死	患	死
绍兴																							1				1	
诸暨																							46				46	
嵊县					2						2												2				6	
新昌																					2		7				9	
庆阳																							3				3	
义乌					5																		15				20	
磐安					2																		2				4	
金华																							2				2	
兰溪																							3				3	
永康											1								1								2	
宣平																							5				5	
武义					9		1				6	1	1								2		10	2			29	3

续表

病名 / 患死人数 / 县市别	黄热病		霍乱		天花		斑疹伤寒		鼠疫		赤痢		白喉		猩红热		流行性脑脊髓膜炎		回归热		伤寒		疟疾		黑热病		统计	
	患	死	患	死	患	死	患	死	患	死	患	死	患	死	患	死	患	死	患	死	患	死	患	死	患	死	患	死
常山																							3				3	
衢县																							63				63	
江山																							4				4	
鄞县					6	2					2		4	1			4	1			2		4				22	4
定海																							2				2	
镇海					1																2		10				13	
奉化											3										1		12				16	
象山																					1		5				6	
宁海																							7				7	
天台																							1				1	
临海											1		1				2										4	
三门																							2				2	

续表

病名 / 患死人数 / 县市别	黄热病		霍乱		天花		斑疹伤寒		鼠疫		赤痢		白喉		猩红热		流行性脑脊髓膜炎		回归热		伤寒		疟疾		黑热病		统计	
	患	死	患	死	患	死	患	死	患	死	患	死	患	死	患	死	患	死	患	死	患	死	患	死	患	死	患	死
永嘉									2								1										3	
平阳																					1		9				10	
瑞安																												
泰顺																							3				3	
玉环																							3				3	
丽水																							4				4	
龙泉																	2						22				24	
遂昌																							12				12	
景宁																							7				7	
庆元																							2				2	
松阳																	4						18				22	
云和																							19				19	

续表

病名 / 患死人数 / 县市别	黄热病		霍乱		天花		斑疹伤寒		鼠疫		赤痢		白喉		猩红热		流行性脑脊髓膜炎		回归热		伤寒		疟疾		黑热病		统计	
	患	死	患	死	患	死	患	死	患	死	患	死	患	死	患	死	患	死	患	死	患	死	患	死	患	死	患	死
嘉兴																	2						24				26	
海宁																	2	1			3		12				17	1
平湖																							7				7	
崇德																					12		14				26	
桐乡																							1				1	
富阳					1																		4				5	
桐庐					1														1				9				11	
浦江											2												2				2	
寿昌																												
杭州市					2	1					4						1				3		10				20	1
总计					42	8	2		2		25	1	6	1			19	3	3		32	1	475	2			606	16
逐月累计					709	51	13	1	3		135	4	50	6	2	1	557	35	12		221	6	3 381	8	1		5 084	112

浙江省1948年度1月份至2月份补报疫情报告统计表

县名	报告日期		霍乱		天花		斑疹伤寒		鼠疫		白喉		猩红热		流行性脑脊髓膜炎		回归热		伤寒		赤痢		疟疾		总计	
	月	旬	患	死	患	死	患	死	患	死	患	死	患	死	患	死	患	死	患	死	患	死	患	死	患	死
兰溪	2	中			2																				2	
永康	1	上																			1				1	
永康	1	中																			1		1		2	
永康	1	下																								
桐庐	1	下			2														1				8		9	
淳安	1	上																					3		3	
淳安	1	中																					4		4	
淳安	1	下																	2				3		5	
龙游	1	上																					6		6	
龙游	1	中																					9		9	
龙游	1	下																					7		7	
上虞	1	中																					2		2	

续表

县名	报告日期		霍乱		天花		斑疹伤寒		鼠疫		白喉		猩红热		流行性脑脊髓膜炎		回归热		伤寒		赤痢		疟疾		总计	
	月	旬	患	死	患	死	患	死	患	死	患	死	患	死	患	死	患	死	患	死	患	死	患	死	患	死
上虞	1	下																					3		3	
上虞	2	上																								
上虞	2	中																					2		2	
上虞	2	下																							0	
平湖	2	下																					8		8	
海盐	1	下																	2				9		11	
海盐	2	下													3				1				12		16	
宁海	2	上			8																		26		34	
宁海	2	中			17	1																	23		40	1
宁海	2	下			13																		19		32	
武康	2	上																					2		2	
武康	2	中																					3		3	

续表

县名	报告日期		霍乱		天花		斑疹伤寒		鼠疫		白喉		猩红热		流行性脑脊髓膜炎		回归热		伤寒		赤痢		疟疾		总计	
	月	旬	患	死	患	死	患	死	患	死	患	死	患	死	患	死	患	死	患	死	患	死	患	死	患	死
武康	2	下																					1		1	
嵊县	2	中																			1				1	
嵊县	2	下																					7		7	
嘉善	1	中													1								1		2	
嘉善	2	下													3	1							1		4	1
嘉善	2	上																					3		3	
嘉善	2	中			1																				1	
嘉善	2	下													1								1		2	
淳安	2	上																			1				1	
淳安	2	中																			1				1	
淳安	2	下																					1		1	
萧山	2	上																								

续表

县名	报告日期		霍乱		天花		斑疹伤寒		鼠疫		白喉		猩红热		流行性脑脊髓膜炎		回归热		伤寒		赤痢		疟疾		总计	
	月	旬	患	死	患	死	患	死	患	死	患	死	患	死	患	死	患	死	患	死	患	死	患	死	患	死
萧山	2	中			1																				1	
萧山	2	下			2	1																	2		4	1
吴兴	12	上中下(无疫情)																								
磐安	1	下																					3		3	
临海	1	上																								
临海	1	中																								
临海	1	下																					2		2	
临海	2	中																					5	1	5	1
临海	2	上																								
临海	2	下																								
宁海	1	上																					31		31	
宁海	1	中																					28		28	
宁海	1	下																					45		45	

续表

县名	报告日期		霍乱		天花		斑疹伤寒		鼠疫		白喉		猩红热		流行性脑脊髓膜炎		回归热		伤寒		赤痢		疟疾		总计	
	月	旬	患	死	患	死	患	死	患	死	患	死	患	死	患	死	患	死	患	死	患	死	患	死	患	死
天台	2	中																								
天台	2	下																					1		1	
仙居	1	上																					2		2	
仙居	1	中																								
仙居	1	下																					1		1	
仙居	2	上																								
仙居	2	中																					3		3	
仙居	2	下																					3		3	
金华	2	中																					3		3	
金华	2	下																					5		5	
总计					46	2									8	1			6		5		299	1	364	4

浙江省各县市疫情报告统计表

（1948 年度 4 月份上旬）

病名／患死人数／县市别	黄热病		霍乱		天花		斑疹伤寒		鼠疫		赤痢		白喉		猩红热		流行性脑脊髓膜炎		回归热		伤寒		疟疾		黑热病		统计	
	患	死	患	死	患	死	患	死	患	死	患	死	患	死	患	死	患	死	患	死	患	死	患	死	患	死	患	死
余杭																							7				7	
新登																							9				9	
分水																							3				3	
临安											1										1		13				15	
昌化					1																		16				17	
杭县					3																		2				5	
安吉																							22				22	
长兴																							7				7	
吴兴																							3				3	
绍兴																												
诸暨					1						1												14				16	

续表

病名／患死人数／县市别	黄热病		霍乱		天花		斑疹伤寒		鼠疫		赤痢		白喉		猩红热		流行性脑脊髓膜炎		回归热		伤寒		疟疾		黑热病		统计	
	患	死	患	死	患	死	患	死	患	死	患	死	患	死	患	死	患	死	患	死	患	死	患	死	患	死	患	死
上虞																							3				3	
新昌											1												6				7	
东阳																					3		4				7	
义乌					3																		10				13	
磐安					4	1																	2				6	1
兰溪																							3				3	
永康											1												2				3	
宣平																							4				4	
武义					8						2		3		1								7	1			21	1
衢县																							55				55	
开化																							5				5	
江山																							6				6	

续表

病名 患死人数 县市别	黄热病		霍乱		天花		斑疹伤寒		鼠疫		赤痢		白喉		猩红热		流行性脑脊髓膜炎		回归热		伤寒		疟疾		黑热病		统计	
	患	死	患	死	患	死	患	死	患	死	患	死	患	死	患	死	患	死	患	死	患	死	患	死	患	死	患	死
常山																							14				14	
龙游																							8				8	
鄞县					2						3		2		1	1	3	1			2		4				17	2
慈溪																							4				4	
定海																												
镇海											1										2		4				7	
奉化					1						2												9				12	
象山																							5				5	
天台																							1				1	
黄岩											1																1	
仙居																							3				3	
温岭					3																		8				11	

续表

县市别 \ 病名 患死人数	黄热病		霍乱		天花		斑疹伤寒		鼠疫		赤痢		白喉		猩红热		流行性脑脊髓膜炎		回归热		伤寒		疟疾		黑热病		统计	
	患	死	患	死	患	死	患	死	患	死	患	死	患	死	患	死	患	死	患	死	患	死	患	死	患	死	患	死
三门					2	1											1	1					4				7	2
永嘉									1	1							1				1						3	1
平阳											1										1		6				8	
瑞安																												
泰顺																							11				11	
玉环																												
丽水																							2				2	
龙泉																	2						30				32	
遂昌							1														1		13				15	
青田																							5				5	
缙云																							3				3	

续表

病名 患死人数 县市别	黄热病		霍乱		天花		斑疹伤寒		鼠疫		赤痢		白喉		猩红热		流行性脑脊髓膜炎		回归热		伤寒		疟疾		黑热病		统计	
	患	死	患	死	患	死	患	死	患	死	患	死	患	死	患	死	患	死	患	死	患	死	患	死	患	死	患	死
景宁																												
庆元																							4				4	
松阳																							7				7	
云和																							65				65	
嘉兴											1												32				33	
嘉善																							2				2	
海盐																					2	1	9				11	1
平湖																							9				9	
崇德					1																7		8				16	
桐乡																							2				2	
海宁																							14				14	

续表

病名 / 患死人数 / 县市别	黄热病		霍乱		天花		斑疹伤寒		鼠疫		赤痢		白喉		猩红热		流行性脑脊髓膜炎		回归热		伤寒		疟疾		黑热病		统计	
	患	死	患	死	患	死	患	死	患	死	患	死	患	死	患	死	患	死	患	死	患	死	患	死	患	死	患	死
富阳											1												2				3	
建德																							7	1			7	1
淳安																							2				2	
浦江																												
寿昌																												
武康																							5				5	
嵊县											2												1				3	
金华																							4				4	
德清											2												7				9	
萧山																												
杭州市					3						9						1				6		3		1		23	
总计					32	2	1		1	1	29		5		2	1	8	2			26	1	520	2	1		625	9

浙江省各县市疫情报告统计表

（1948 年度 4 月份中旬）

病名/患死人数/县市别	黄热病		霍乱		天花		斑疹伤寒		鼠疫		赤痢		白喉		猩红热		流行性脑脊髓膜炎		回归热		伤寒		疟疾		黑热病		统计	
	患	死	患	死	患	死	患	死	患	死	患	死	患	死	患	死	患	死	患	死	患	死	患	死	患	死	患	死
余杭																							4				4	
新登																							18				18	
分水																							4				4	
临安											1												8				9	
昌化																							16				16	
杭县					1																1		2				4	
安吉																							13				13	
长兴					4	1					3												6				13	1
吴兴																							4				4	
绍兴																												
诸暨											1												10				11	

续表

县市别＼患死人数＼病名	黄热病		霍乱		天花		斑疹伤寒		鼠疫		赤痢		白喉		猩红热		流行性脑脊髓膜炎		回归热		伤寒		疟疾		黑热病		统计	
	患	死	患	死	患	死	患	死	患	死	患	死	患	死	患	死	患	死	患	死	患	死	患	死	患	死	患	死
上虞																							2				2	
新昌																	2	1			1		6				9	1
东阳																					1		4				5	
义乌																							12				12	
磐安																			1				1				2	
兰溪																							6				6	
永康											2								1				1				4	
宣平																	11	2					5				16	2
武义					4	1	1				2		1		1				1		3	1	10				23	2
衢县																							75				75	
开化																							5				5	
江山																							4				4	
																					1		10				11	
																							11				11	

续表

病名 / 患死人数 / 县市别	黄热病		霍乱		天花		斑疹伤寒		鼠疫		赤痢		白喉		猩红热		流行性脑脊髓膜炎		回归热		伤寒		疟疾		黑热病		统计	
	患	死	患	死	患	死	患	死	患	死	患	死	患	死	患	死	患	死	患	死	患	死	患	死	患	死	患	死
																							2				2	
																							3				3	
																					2		3				5	
奉化											1												7				8	
象山																					1		6				7	
天台																							2				2	
黄岩																							1				1	
仙居											1												3				4	
温岭																							6				6	
三门					2																		4				6	
永嘉									3	1																	3	1
平阳																					1		6				7	
瑞安																												
玉环																							1				1	

续表

病名 / 患死人数 / 县市别	黄热病		霍乱		天花		斑疹伤寒		鼠疫		赤痢		白喉		猩红热		流行性脑脊髓膜炎		回归热		伤寒		疟疾		黑热病		统计	
	患	死	患	死	患	死	患	死	患	死	患	死	患	死	患	死	患	死	患	死	患	死	患	死	患	死	患	死
丽水																							1				1	
龙泉																	1	1					86				87	1
遂昌							1										1						12				14	
青田																							5				5	
缙云																							5				5	
景宁																							5				5	
云和																							39				39	
嘉兴											1												16				17	
嘉善																							5				5	
海盐																		1			3		11				14	1
平湖																							8				8	
崇德											2										5		12				19	
桐乡																							1				1	
海宁											2												12				14	

续表

病名/患死人数/县市别	黄热病		霍乱		天花		斑疹伤寒		鼠疫		赤痢		白喉		猩红热		流行性脑脊髓膜炎		回归热		伤寒		疟疾		黑热病		统计	
	患	死	患	死	患	死	患	死	患	死	患	死	患	死	患	死	患	死	患	死	患	死	患	死	患	死	患	死
富阳																							1				1	
建德																							2				2	
淳安																							1				1	
浦江																												
寿昌																												
武康																							6				6	
嵊县											6												5				11	
金华																					1		3				4	
德清																							4				4	
萧山																												
杭州市					1						9		1				2	2			3	1	6		1		23	3
总计					12	2	2		3	1	31		2		1		17	7	2		23	2	527		1		621	12

浙江省各县市疫情报告统计表

（1948 年度 4 月份下旬）

病名／患死人数／县市别	黄热病		霍乱		天花		斑疹伤寒		鼠疫		赤痢		白喉		猩红热		流行性脑脊髓膜炎		回归热		伤寒		疟疾		黑热病		统计	
	患	死	患	死	患	死	患	死	患	死	患	死	患	死	患	死	患	死	患	死	患	死	患	死	患	死	患	死
余杭																							7				7	
新登																							5				5	
分水																							2				2	
临安																							11				11	
昌化																							14				14	
安吉																							12				12	
长兴					1						4										1		7				13	
吴兴																							1				1	
绍兴																												
新昌																	1				1		7				9	
义乌																							9				9	

续表

病名 患死人数 县市别	黄热病		霍乱		天花		斑疹伤寒		鼠疫		赤痢		白喉		猩红热		流行性脑脊髓膜炎		回归热		伤寒		疟疾		黑热病		统计	
	患	死	患	死	患	死	患	死	患	死	患	死	患	死	患	死	患	死	患	死	患	死	患	死	患	死	患	死
磐安																							3				3	
兰溪											1												5				6	
永康							1																1				2	
宣平																							6				6	
武义					1						6	1	3						2		8		17	2			37	3
衢县																							94				94	
江山																							6				6	
常山																							5				5	
慈溪											2												7				9	
定海																							2				2	
镇海																					2		3				5	
奉化					3						1												4				8	

续表

病名 / 患死人数 / 县市别	黄热病		霍乱		天花		斑疹伤寒		鼠疫		赤痢		白喉		猩红热		流行性脑脊髓膜炎		回归热		伤寒		疟疾		黑热病		统计	
	患	死	患	死	患	死	患	死	患	死	患	死	患	死	患	死	患	死	患	死	患	死	患	死	患	死	患	死
天台																												
黄岩																												
仙居																							2				2	
温岭																							7				7	
三门					2																		3				5	
永嘉																												
平阳											1										2		7				10	
瑞安																												
玉环											2												1				3	
丽水																							5				5	
龙泉																	1						77				78	
遂昌																			1				8				9	

续表

病名 / 患死人数 / 县市别	黄热病		霍乱		天花		斑疹伤寒		鼠疫		赤痢		白喉		猩红热		流行性脑脊髓膜炎		回归热		伤寒		疟疾		黑热病		统计	
	患	死	患	死	患	死	患	死	患	死	患	死	患	死	患	死	患	死	患	死	患	死	患	死	患	死	患	死
青田																							4				4	
缙云																							8				8	
景宁																							3				3	
云和																							117				117	
嘉兴																							21				21	
海盐																							4				4	
平湖																							6				6	
崇德																					7		8				15	
桐乡																							1				1	
海宁																					1		14				15	
富阳											1												6				7	
建德																							5				5	

续表

病名 患死人数 县市别	黄热病		霍乱		天花		斑疹伤寒		鼠疫		赤痢		白喉		猩红热		流行性脑脊髓膜炎		回归热		伤寒		疟疾		黑热病		统计	
	患	死	患	死	患	死	患	死	患	死	患	死	患	死	患	死	患	死	患	死	患	死	患	死	患	死	患	死
淳安																							4				4	
浦江																							3				3	
寿昌																							1				1	
杭州市											13						4	2			7		5				29	2
武康																							6				6	
嵊县											5												7				12	
德清																							3				3	
龙游																							12				12	
金华																							2				2	
萧山																												
总计					7		1				36	1	3				6	2	3		29		578	2			663	5
逐月累计					768	55	17	1	7	2	260	5	70	6	5	2	588	46	17		303	10	5 279	12	3		7 247	139

浙江省1948年度1月份至3月份补报疫情旬报统计表

县名	报告日期		霍乱		天花		斑疹伤寒		鼠疫		赤痢		白喉		猩红热		流行性脑脊髓膜炎		回归热		伤寒		疟疾		总计	
	月	旬	患	死	患	死	患	死	患	死	患	死	患	死	患	死	患	死	患	死	患	死	患	死	患	死
温岭	1	上			1																		11		12	
温岭	3	中			1																		9		10	
温岭	3	下																					7		7	
淳安	3	上																					2		2	
淳安	3	中																					1		1	
淳安	3	下																					1		1	
黄岩	1	上																					1		1	
黄岩	1	中									1														1	
黄岩	1	下																								
黄岩	2	上																								
黄岩	2	中			2						1														3	
黄岩	2	下																					2		2	
黄岩	3	上			3																1				4	

续表

县名	报告日期		霍乱		天花		斑疹伤寒		鼠疫		赤痢		白喉		猩红热		流行性脑脊髓膜炎		回归热		伤寒		疟疾		总计	
	月	旬	患	死	患	死	患	死	患	死	患	死	患	死	患	死	患	死	患	死	患	死	患	死	患	死
黄岩	3	中																								
黄岩	3	下									1										1				2	
建德	3	下																					24		24	
嘉善	3	上																								
嘉善	3	中																					2		2	
嘉善	3	下																					5		5	
上虞	3	上																			1		6		7	
上虞	3	中																					3		3	
上虞	3	下																			1	1	4		5	1
仙居	3	下																					5		5	
开化	1	上																					6		6	
开化	1	中																					7		7	
开化	1	下																					4		4	

续表

县名	报告日期		霍乱		天花		斑疹伤寒		鼠疫		赤痢		白喉		猩红热		流行性脑脊髓膜炎		回归热		伤寒		疟疾		总计	
	月	旬	患	死	患	死	患	死	患	死	患	死	患	死	患	死	患	死	患	死	患	死	患	死	患	死
开化	2	上																					5		5	
开化	2	中																					4		4	
开化	2	下																					2		2	
开化	3	上																					5		5	
开化	3	中																					3		3	
开化	3	下																					3		3	
青田	1	上																					3		3	
青田	1	中																					3		3	
青田	1	下																					3		3	
青田	2	上																					3		3	
青田	2	中																					1		1	

浙江省1948年度1月份至3月份补报疫情旬报统计表

县名	报告日期		霍乱		天花		斑疹伤寒		鼠疫		赤痢		白喉		猩红热		流行性脑脊髓膜炎		回归热		伤寒		疟疾		总计	
	月	旬	患	死	患	死	患	死	患	死	患	死	患	死	患	死	患	死	患	死	患	死	患	死	患	死
青田	2	下																					3		3	
青田	3	上																					3		3	
青田	3	中																					3		3	
青田	3	下																					4		4	
金华	3	上																					6		6	
金华	3	中																					7		7	
金华	3	下																					4		4	
萧山	3	下																					5		5	
龙游	3	下																					7		7	
缙云	3	下																					7		7	
绍兴省立医院	1	上									4												6		10	
绍兴省立医院	1	中									5												2		7	

续表

县名	报告日期		霍乱		天花		斑疹伤寒		鼠疫		赤痢		白喉		猩红热		流行性脑脊髓膜炎		回归热		伤寒		疟疾		总计	
	月	旬	患	死	患	死	患	死	患	死	患	死	患	死	患	死	患	死	患	死	患	死	患	死	患	死
绍兴省立医院	1	下									6												4		10	
绍兴省立医院	2	上																					2		2	
绍兴省立医院	2	中									1												1		2	
绍兴省立医院	2	下																					3		3	
绍兴省立医院	3	上			1						4												3		8	
绍兴省立医院	3	中									3												4		7	
绍兴省立医院	3	下									3												4		7	
总计					8						29										4	1	213		254	1

浙江省1948年度1月份至4月份补报疫情旬报统计表

县名	报告日期		霍乱		天花		斑疹伤寒		鼠疫		赤痢		白喉		猩红热		流行性脑脊髓膜炎		回归热		伤寒		疟疾		黑热病		统计	
	月	旬	患	死	患	死	患	死	患	死	患	死	患	死	患	死	患	死	患	死	患	死	患	死	患	死	患	死
余姚	4	上			2						2		1										8				13	
		中			3						1												12				16	
		下			1						3												15				19	
金华医院	4	下																					3				3	
遂安	1	上																					10				10	
		中																					7				7	
		下									2												8				10	
	2	上																					3				3	
		中									4												9				13	
		下									2												10				12	

续表

县名	报告日期		霍乱		天花		斑疹伤寒		鼠疫		赤痢		白喉		猩红热		流行性脑脊髓膜炎		回归热		伤寒		疟疾		黑热病		统计	
	月	旬	患	死	患	死	患	死	患	死	患	死	患	死	患	死	患	死	患	死	患	死	患	死	患	死	患	死
	3	上																					3				3	
		中									4												7				11	
		下																					11				11	
	4	上									3												12				15	
		中									4												10				14	
		下									2												7				9	
鄞县	4	中			3						2		1				3				3		5				17	
		下			3	1					2		3		1		3	1			3		4				19	2
临海	4	中											1						1								2	
		下															4	1					1				5	1

续表

县名	报告日期		霍乱		天花		斑疹伤寒		鼠疫		赤痢		白喉		猩红热		流行性脑脊髓膜炎		回归热		伤寒		疟疾		黑热病		统计	
	月	旬	患	死	患	死	患	死	患	死	患	死	患	死	患	死	患	死	患	死	患	死	患	死	患	死	患	死
瑞安	2	上																			2		15				17	
		中																					13				13	
		下																					7				7	
	3	上									3												9				12	
		中									3												9				12	
		下									1												17				18	
	4	上											2										6				8	
		中																			4						4	
		下																			2						2	
乐清	4	上			2																		3				5	
	中			1																		3				4		

续表

县名	报告日期		霍乱		天花		斑疹伤寒		鼠疫		赤痢		白喉		猩红热		流行性脑脊髓膜炎		回归热		伤寒		疟疾		黑热病		统计	
	月	旬	患	死	患	死	患	死	患	死	患	死	患	死	患	死	患	死	患	死	患	死	患	死	患	死	患	死
		下																					2				2	
泰顺	4	中																					13				13	
		下																					13				13	
诸暨											1												6				7	
庆元	4	中																					4				4	
		下																					3				3	
松阳	4	中															4						10				14	
		下															1						10				11	
杭县	4	下									2										1		3				6	
总计					15	1					31		8		1		15	2	1		15		291				387	3

浙江省各县市疫情报告统计表

（1948 年度 5 月份上旬）

县市别＼患死人数＼病名	黄热病		霍乱		天花		斑疹伤寒		鼠疫		赤痢		白喉		猩红热		流行性脑脊髓膜炎		回归热		伤寒		疟疾		黑热病		统计	
	患	死	患	死	患	死	患	死	患	死	患	死	患	死	患	死	患	死	患	死	患	死	患	死	患	死	患	死
余杭																							6				6	
新登																							2				2	
分水																							3				3	
临安											3										2		16				21	
杭县											2										1		2				5	
安吉																												
长兴											3						1						9				13	
吴兴																												
德清											1												4				5	
武康																							1				1	
绍兴																			2								2	
萧山					1																						1	

续表

病名 患死人数 县市别	黄热病		霍乱		天花		斑疹伤寒		鼠疫		赤痢		白喉		猩红热		流行性脑脊髓膜炎		回归热		伤寒		疟疾		黑热病		统计	
	患	死	患	死	患	死	患	死	患	死	患	死	患	死	患	死	患	死	患	死	患	死	患	死	患	死	患	死
诸暨																							5				5	
嵊县																					1		3				4	
新昌											2												4				6	
义乌																							17				17	
磐安																							5				5	
金华																					1		10				11	
兰溪											1												3				4	
永康											1												1				2	
宣平					2																		11				13	
武义					1		2				9	1	2		2						5		23	2			44	3
开化																							4				4	
遂安											3												15				18	
江山											1												7				8	

续表

病名／患死人数／县市别	黄热病		霍乱		天花		斑疹伤寒		鼠疫		赤痢		白喉		猩红热		流行性脑脊髓膜炎		回归热		伤寒		疟疾		黑热病		统计	
	患	死	患	死	患	死	患	死	患	死	患	死	患	死	患	死	患	死	患	死	患	死	患	死	患	死	患	死
常山											2										1		24	1			27	1
龙游																							11				11	
慈溪																					3		6				9	
定海																							2				2	
镇海																					1		3				4	
奉化											2										1		4				7	
象山																							5				5	
宁海					10																		18				28	
天台																							5				5	
黄岩																							2				2	
三门																							4				4	
永嘉																			1								1	
平阳																					1		4				5	

续表

病名 / 患死人数 / 县市别	黄热病		霍乱		天花		斑疹伤寒		鼠疫		赤痢		白喉		猩红热		流行性脑脊髓膜炎		回归热		伤寒		疟疾		黑热病		统计	
	患	死	患	死	患	死	患	死	患	死	患	死	患	死	患	死	患	死	患	死	患	死	患	死	患	死	患	死
乐清									1	2											2		3				2	3
泰顺																							11				11	
玉环																							3				3	
龙泉																							23				23	
遂昌																	1						9				10	
缙云																							8				8	
景宁																												
松阳																							8				8	
云和																							105				105	
嘉兴											1												11				12	
海盐																							5				5	
平湖																							2				2	
崇德																							12				12	

续表

县市别 \ 患死人数 \ 病名	黄热病		霍乱		天花		斑疹伤寒		鼠疫		赤痢		白喉		猩红热		流行性脑脊髓膜炎		回归热		伤寒		疟疾		黑热病		统计	
	患	死	患	死	患	死	患	死	患	死	患	死	患	死	患	死	患	死	患	死	患	死	患	死	患	死	患	死
桐乡																							4				4	
海宁											2												4				6	
富阳					2																		1				3	
桐庐																							4				4	
浦江																							11				11	
寿昌											3																3	
建德							1																5				6	
丽水																							3				3	
鄞县					3						3		2		1		2		1		2		4				18	
杭州市					2						9		2				1				4		2				20	
总计					18		3		7	2	45	1	4		2		3		3		23		491	3			599	6

附注：乐清鼠疫系疑似

浙江省各县市疫情报告统计表

(1948年度5月份中旬)

病名 患死人数 县市别	黄热病		霍乱		天花		斑疹伤寒		鼠疫		赤痢		白喉		猩红热		流行性脑脊髓膜炎		回归热		伤寒		疟疾		黑热病		统计	
	患	死	患	死	患	死	患	死	患	死	患	死	患	死	患	死	患	死	患	死	患	死	患	死	患	死	患	死
余杭																							7				7	
新登																							3				3	
分水																							2				2	
临安											6										1		18				25	
昌化																							17				17	
杭县					5	1																	1				6	1
安吉											3																3	
长兴					2						3										1	1	6				12	1
吴兴																							2				2	
德清																							8				8	
武康																							2				2	
织兴																							3				3	

续表

病名 患死人数 县市别	黄热病		霍乱		天花		斑疹伤寒		鼠疫		赤痢		白喉		猩红热		流行性脑脊髓膜炎		回归热		伤寒		疟疾		黑热病		统计	
	患	死	患	死	患	死	患	死	患	死	患	死	患	死	患	死	患	死	患	死	患	死	患	死	患	死	患	死
萧山					1	2																					1	2
诸暨											2												8				10	
嵊县											1												2				3	
新昌											1										1		5				7	
义乌																							15				15	
磐安																							5				5	
金华																							6				6	
永康																							3				3	
宣平											3												9				12	
武义							4				11	1	3		2				1		4	1	15				40	2
开化																							5				5	
遂安											9				2						2		33				46	
江山							1				2												8				11	
常山																					1		28				29	

续表

病名 / 患死人数 / 县市别	黄热病		霍乱		天花		斑疹伤寒		鼠疫		赤痢		白喉		猩红热		流行性脑脊髓膜炎		回归热		伤寒		疟疾		黑热病		统计	
	患	死	患	死	患	死	患	死	患	死	患	死	患	死	患	死	患	死	患	死	患	死	患	死	患	死	患	死
龙游																							9				9	
慈溪																							4				4	
定海																							1				1	
镇海					5																1		5				11	
奉化											1												5				6	
象山																							5				5	
宁海																							54				54	
天台																							2				2	
黄岩											1																1	
三门																							2				2	
永嘉									2	2											1						3	2
平阳									2	6											1		5				8	
乐清																					5		1				6	6
泰顺																							17				17	

续表

病名 / 患死人数 / 县市别	黄热病		霍乱		天花		斑疹伤寒		鼠疫		赤痢		白喉		猩红热		流行性脑脊髓膜炎		回归热		伤寒		疟疾		黑热病		统计	
	患	死	患	死	患	死	患	死	患	死	患	死	患	死	患	死	患	死	患	死	患	死	患	死	患	死	患	死
玉环																							2				2	
龙泉																							20				20	
遂昌																							8				8	
青田																							10				10	
缙云																							3				3	
景宁																							2				2	
庆元																							7				7	
松阳																							7				7	
云和																							51				51	
海盐																					1		7				8	
平湖																							3				3	
崇德																					1		7				8	
桐乡																							3				3	

续表

县市别 \ 患死人数 \ 病名	黄热病		霍乱		天花		斑疹伤寒		鼠疫		赤痢		白喉		猩红热		流行性脑脊髓膜炎		回归热		伤寒		疟疾		黑热病		统计	
	患	死	患	死	患	死	患	死	患	死	患	死	患	死	患	死	患	死	患	死	患	死	患	死	患	死	患	死
海宁											1										1		4				6	
富阳																							5				5	
桐庐																							6				6	
建德											1												6				7	
浦江											1												4				5	
寿昌											2												4				6	
嘉兴																							1				1	
丽水																							3				3	
鄞县					1						2				3				1		2		4				13	
杭州市											6		6				1				7		8		1		29	
总计					14	3	5		4	8	56	1	9		7		1		2		28	2	468		1		595	14

附注:乐清鼠疫系疑似

浙江省各县市疫情报告统计表

（1948 年度 5 月份下旬）

病名 / 患死人数 / 县市别	黄热病		霍乱		天花		斑疹伤寒		鼠疫		赤痢		白喉		猩红热		流行性脑脊髓膜炎		回归热		伤寒		疟疾		黑热病		统计	
	患	死	患	死	患	死	患	死	患	死	患	死	患	死	患	死	患	死	患	死	患	死	患	死	患	死	患	死
余杭																							9				9	
新登																							1				1	
分水																							2				2	
临安											8												21				29	
昌化																							12				12	
杭县											1												4				5	
安吉											1												6				7	
长兴					10	1					1						2						10				23	1
吴兴					4																		5				9	
德清											1										1	1	9				11	1
武康																							3				3	
绍兴											1												2				3	

续表

病名 患死人数 县市别	黄热病		霍乱		天花		斑疹伤寒		鼠疫		赤痢		白喉		猩红热		流行性脑脊髓膜炎		回归热		伤寒		疟疾		黑热病		统计	
	患	死	患	死	患	死	患	死	患	死	患	死	患	死	患	死	患	死	患	死	患	死	患	死	患	死	患	死
萧山																											0	
诸暨											3												8				11	
嵊县																							3				3	
新昌											2										1		5				8	
义乌																							17				17	
磐安																							1				1	
金华																					1		7				8	
永康											2												2				4	
宣平											3												8				11	
武义							6				8	1			3						7		13				37	1
开化																							6				6	
遂安											5										2		26				33	
常山																							13				13	

续表

县市别 \ 病名 患死人数	黄热病		霍乱		天花		斑疹伤寒		鼠疫		赤痢		白喉		猩红热		流行性脑脊髓膜炎		回归热		伤寒		疟疾		黑热病		统计	
	患	死	患	死	患	死	患	死	患	死	患	死	患	死	患	死	患	死	患	死	患	死	患	死	患	死	患	死
龙游																							15				15	
慈溪																							9				9	
定海					1	1																					1	1
镇海											1										1		3				5	
奉化											1												7				8	
象山											3												7				10	
宁海																							32				32	
天台																							3				3	
黄岩											1												1				2	
三门											1												6				7	
永嘉									1																		1	
平阳											1										2		13				16	
乐清																					3	1	3				6	1

续表

病名 患死人数 县市别	黄热病		霍乱		天花		斑疹伤寒		鼠疫		赤痢		白喉		猩红热		流行性脑脊髓膜炎		回归热		伤寒		疟疾		黑热病		统计	
	患	死	患	死	患	死	患	死	患	死	患	死	患	死	患	死	患	死	患	死	患	死	患	死	患	死	患	死
泰顺																							4				4	
玉环																					1		12				13	
龙泉																	1						4				5	
遂昌																							10				10	
青田																							21				21	
缙云																							5				5	
景宁																							4				4	
庆元											2												4				6	
松阳																							6				6	
云和																							13				13	
海盐																					2	1	6	1			8	2
平湖																							2				2	
崇德																							9				9	

续表

病名 / 患死人数 / 县市别	黄热病		霍乱		天花		斑疹伤寒		鼠疫		赤痢		白喉		猩红热		流行性脑脊髓膜炎		回归热		伤寒		疟疾		黑热病		统计	
	患	死	患	死	患	死	患	死	患	死	患	死	患	死	患	死	患	死	患	死	患	死	患	死	患	死	患	死
桐乡																												
海宁																					3	2					3	2
富阳																							2				2	
桐庐																							5				5	
建德																							7				7	
浦江																							6				6	
寿昌																							2				2	
嘉兴											1												2				3	
鄞县					1						4		2		1		3		1		3		6				21	
杭州市					3						16		2								16	1	7				44	1
总计					19	2	6		1		67	1	4		4		6		1		43	6	429	1			580	10
逐月统计					819	69	31	1	19	12	4 818	5	87	3	18	3	298	42	23		291	18	2 513	16	4		8 921	169

附注：乐清鼠疫系疑似

浙江省各县市1948年度5月份补报疫情旬报统计表

县名	报告日期		霍乱		天花		斑疹伤寒		鼠疫		赤痢		白喉		猩红热		流行性脑脊髓膜炎		回归热		伤寒		疟疾		总计	
	月	旬	患	死	患	死	患	死	患	死	患	死	患	死	患	死	患	死	患	死	患	死	患	死	患	死
衢县	5	上											1										151		152	
衢县	5	中																					142		142	
衢县	5	下																					154		154	
嘉善	5	上																					1		1	
嘉善	5	下																					1		1	
淳安	5	上																	1				2		3	
淳安	5	中																					3		3	
淳安	5	下																					1		1	
总计													1						1				455		457	

浙江省各县市疫情报告统计表

（1948 年度 6 月份上旬）

病名 / 患死人数 / 县市别	黄热病		霍乱		天花		斑疹伤寒		鼠疫		赤痢		白喉		猩红热		流行性脑脊髓膜炎		回归热		伤寒		疟疾		黑热病		统计	
	患	死	患	死	患	死	患	死	患	死	患	死	患	死	患	死	患	死	患	死	患	死	患	死	患	死	患	死
余杭																							8				8	
分水											1												3				4	
昌化																							9				9	
杭县					3						15										6		14				38	
长兴					6	2					2												2				10	2
德清											4												12				16	
绍兴																							10				10	
诸暨											1												10				11	
岈县					5	4					2												1				8	4
新昌											2										1		6				9	
磐安																							4				4	

续表

病名 患死人数 县市别	黄热病		霍乱		天花		斑疹伤寒		鼠疫		赤痢		白喉		猩红热		流行性脑脊髓膜炎		回归热		伤寒		疟疾		黑热病		统计	
	患	死	患	死	患	死	患	死	患	死	患	死	患	死	患	死	患	死	患	死	患	死	患	死	患	死	患	死
宣平											2												9				11	
武义											12	1							2		5		16	1			35	2
衢县																							164				164	
遂安											4										2		25				31	
江山							1				2												11				14	
鄞县					1						3		1				1	1			2		6				14	1
定海																							9				9	
镇海																	1				1		4				6	
象山																							3				3	
天台																							3				3	
三门																			1				8				9	
平阳											3										1		11				15	

续表

病名 患死人数 县市别	黄热病		霍乱		天花		斑疹伤寒		鼠疫		赤痢		白喉		猩红热		流行性脑脊髓膜炎		回归热		伤寒		疟疾		黑热病		统计	
	患	死	患	死	患	死	患	死	患	死	患	死	患	死	患	死	患	死	患	死	患	死	患	死	患	死	患	死
乐清																					1		4				5	
玉环											1												1				2	
龙泉											1												24				25	
遂昌													2										6				8	
青田																							17				17	
缙云																							7				7	
景宁																							2				2	
松阳																							6				6	
云和																							14				14	
海盐																					3		8				11	
平湖											2												1				3	
崇德																							4				4	

续表

县市别 \ 病名 患死人数	黄热病		霍乱		天花		斑疹伤寒		鼠疫		赤痢		白喉		猩红热		流行性脑脊髓膜炎		回归热		伤寒		疟疾		黑热病		统计	
	患	死	患	死	患	死	患	死	患	死	患	死	患	死	患	死	患	死	患	死	患	死	患	死	患	死	患	死
海宁																							1	2			1	2
富阳																							2				2	
桐庐																							9				9	
建德																							8				8	
浦江											2												4				6	
寿昌																							3				3	
嘉兴											1												2				3	
金华					1																		5				6	
淳安											7												9				16	
杭州市											24		4				2	1	2		14	1	8				54	2
总计					16	6	1				91	1	7				4	2	5		36	1	493	3			653	13

附注:长兴霍乱系疑似

浙江省各县市疫情报告统计表

（1948 年度 6 月份中旬）

病名 / 患死人数 / 县市别	黄热病		霍乱		天花		斑疹伤寒		鼠疫		赤痢		白喉		猩红热		流行性脑脊髓膜炎		回归热		伤寒		疟疾		黑热病		统计	
	患	死	患	死	患	死	患	死	患	死	患	死	患	死	患	死	患	死	患	死	患	死	患	死	患	死	患	死
新登																							2				2	
分水											2												4				6	
杭县											13										3		15				31	
安吉																							14				14	
长兴																							11				11	
德清																			1				8				9	
绍兴											1												2				3	
岈县											1												2				3	
新昌											2										1		7				10	
磐安																							2				2	
宣平											4												8				12	

续表

病名 / 患死人数 / 县市别	黄热病		霍乱		天花		斑疹伤寒		鼠疫		赤痢		白喉		猩红热		流行性脑脊髓膜炎		回归热		伤寒		疟疾		黑热病		统计	
	患	死	患	死	患	死	患	死	患	死	患	死	患	死	患	死	患	死	患	死	患	死	患	死	患	死	患	死
武义											9	1	3		1						5		18	2			36	3
衢县																							170				170	
江山											2												7				9	
龙游																							9				9	
鄞县					1						3		1				3	1			2		6				16	1
慈溪																							6				6	
定海											2												5				7	
镇海											2										2		4				8	
象山											2												3				5	
天台																							5				5	
三门													1										4				5	
平阳											2										1		12				15	
乐清					1																		3				4	

续表

县市别 \ 患死人数 \ 病名	黄热病		霍乱		天花		斑疹伤寒		鼠疫		赤痢		白喉		猩红热		流行性脑脊髓膜炎		回归热		伤寒		疟疾		黑热病		统计	
	患	死	患	死	患	死	患	死	患	死	患	死	患	死	患	死	患	死	患	死	患	死	患	死	患	死	患	死
玉环																							1				1	
龙泉																							47				47	
遂昌											2												6				8	
青田											1												22				23	
缙云																							16				16	
景宁																							9				9	
松阳																							7				7	
云和																							69				69	
嘉兴																							1				1	
嘉善																							1				1	
海盐																							6				6	
平湖											3												2				5	

续表

县市别 \ 病名 / 患死人数	黄热病		霍乱		天花		斑疹伤寒		鼠疫		赤痢		白喉		猩红热		流行性脑脊髓膜炎		回归热		伤寒		疟疾		黑热病		统计	
	患	死	患	死	患	死	患	死	患	死	患	死	患	死	患	死	患	死	患	死	患	死	患	死	患	死	患	死
崇德																					4		9				13	
桐乡																							1				1	
海宁											2										3		3				8	
富阳																							3				3	
桐庐											2												9				11	
建德																							5				5	
浦江											4																4	
寿昌																							1				1	
丽水																							2				2	
金华																							4				4	
昌化																							15	1			15	1
淳安											2												7				9	
杭州市											28				1						7		19				55	

续表

病名 / 患死人数 / 县市别	黄热病		霍乱		天花		斑疹伤寒		鼠疫		赤痢		白喉		猩红热		流行性脑脊髓膜炎		回归热		伤寒		疟疾		黑热病		统计	
	患	死	患	死	患	死	患	死	患	死	患	死	患	死	患	死	患	死	患	死	患	死	患	死	患	死	患	死
总计					2						89	1	5		2		3	1	1		28		592	3			722	5
分水											2												3				5	
杭县					2																4		5				11	
安吉																							10				10	
长兴					2	2																	12				14	2
德清																					1		27				28	
武康																							3				3	
绍兴											2												6				8	
屽县											3												1				4	
磐安																							2				2	
金华																							3				3	
武义							4	1			17	2			1				2		4		30	3			58	6
衢县																							181				181	

续表

病名 / 患死人数 / 县市别	黄热病		霍乱		天花		斑疹伤寒		鼠疫		赤痢		白喉		猩红热		流行性脑脊髓膜炎		回归热		伤寒		疟疾		黑热病		统计	
	患	死	患	死	患	死	患	死	患	死	患	死	患	死	患	死	患	死	患	死	患	死	患	死	患	死	患	死
江山			1				2				3												11				16	
龙游																							25				25	
鄞县					1						1		1				1				2		4				10	
慈溪																							3				3	
镇海																							2				2	
天台																							5				5	
三门																							6				6	
平阳											2										1		11				14	
玉环																							5				5	
丽水																							3				3	
龙泉																							38				38	
遂昌																							7				7	

续表

病名 / 患死人数 / 县市别	黄热病		霍乱		天花		斑疹伤寒		鼠疫		赤痢		白喉		猩红热		流行性脑脊髓膜炎		回归热		伤寒		疟疾		黑热病		统计	
	患	死	患	死	患	死	患	死	患	死	患	死	患	死	患	死	患	死	患	死	患	死	患	死	患	死	患	死
青田											1												52				53	
缙云											17												17				34	
景宁																							5				5	
云和																							36				36	
嘉兴																							2				2	
海盐																					1		8				9	
新昌											2										1		7				10	
平湖											1												1				2	
崇德																					4		7				11	
桐乡																							7				7	
海宁											1										1		7				9	
富阳																							4				4	

浙江省各县市疫情报告统计表

(1948 年度 6 月份下旬)

县市别 \ 患死人数 \ 病名	黄热病		霍乱		天花		斑疹伤寒		鼠疫		赤痢		白喉		猩红热		流行性脑脊髓膜炎		回归热		伤寒		疟疾		黑热病		统计	
	患	死	患	死	患	死	患	死	患	死	患	死	患	死	患	死	患	死	患	死	患	死	患	死	患	死	患	死
桐庐																							20				20	
建德											1												13				14	
浦江																							6				6	
昌化																							24				24	
新昌											2										1		7				10	
宣平											2										1		6				9	
淳安																							16				16	
杭州市											25		1						1		17		19		1		64	
总计			1		5	2	6	1			82	2	2		1		1		3		38		667	3	1		806	8
逐月统计			2		867	69	38	2	19	12	721	12	110	6	22	2	621	51	34		514	19	9 091	22	5		12 042	195

附注:江山霍乱系疑似

浙江省各县1月份至6月份补报疫情旬报统计表

县别	月	旬别	黄热病		霍乱		天花		斑疹伤寒		鼠疫		赤痢		白喉		猩红热		流行性脑脊髓膜炎		回归热		伤寒		疟疾		黑热病		总计	
			患	死	患	死	患	死	患	死	患	死	患	死	患	死	患	死	患	死	患	死	患	死	患	死	患	死	患	死
义乌	1	中																							1				1	
义乌	2	上																							1				1	
义乌	2	中																							1				1	
义乌	2	下																							1				1	
桐庐	4	上																			1		1		9				11	
桐庐	4	中																					1		7				8	
桐庐	4	下					1																		5				6	
开化	6	上											3												4				7	
开化	6	中											3												4				7	
开化	6	下											3												5				8	
於潜	5	上（无疫情）																												
於潜	5	中（无疫情）																												

续表

县别	月	旬别	黄热病		霍乱		天花		斑疹伤寒		鼠疫		赤痢		白喉		猩红热		流行性脑脊髓膜炎		回归热		伤寒		疟疾		黑热病		总计	
			患	死	患	死	患	死	患	死	患	死	患	死	患	死	患	死	患	死	患	死	患	死	患	死	患	死	患	死
於潜	5	下																							1				1	
於潜	6	上																							2				2	
於潜	6	中											1												2				3	
於潜	6	下																							3				3	
天台	1	中下（无疫情）																												
天台	2	上（无疫情）																												
金华	1	下																							6				6	
临海	5	上																					2		3				5	
临海	5	中											2										1		3				6	
临海	5	下											2										1		1				4	
临海	6	上											3												1				4	
临海	6	中			1								3										1		2				7	1

续表

县别	月	旬别	黄热病		霍乱		天花		斑疹伤寒		鼠疫		赤痢		白喉		猩红热		流行性脑脊髓膜炎		回归热		伤寒		疟疾		黑热病		总计	
			患	死	患	死	患	死	患	死	患	死	患	死	患	死	患	死	患	死	患	死	患	死	患	死	患	死	患	死
临海	6	下											4										2		2				8	1
寿昌	2	中																							1				1	
龙泉	1	下																							8				8	
龙泉	2	中																							14				14	
丽水	3	上																							7				7	
丽水	3	中																					1		4				5	
丽水	3	下																	8	4					4				12	4
丽水	4	上																			2				4				6	
丽水	4	中																			2				2				4	
丽水	4	下																			2								2	
丽水	5	上中下(无疫情)																												
丽水	6	上中下(无疫情)																												

续表

县别	月	旬别	黄热病 患	黄热病 死	霍乱 患	霍乱 死	天花 患	天花 死	斑疹伤寒 患	斑疹伤寒 死	鼠疫 患	鼠疫 死	赤痢 患	赤痢 死	白喉 患	白喉 死	猩红热 患	猩红热 死	流行性脑脊髓膜炎 患	流行性脑脊髓膜炎 死	回归热 患	回归热 死	伤寒 患	伤寒 死	疟疾 患	疟疾 死	黑热病 患	黑热病 死	总计 患	总计 死
定海	6	下																							2				2	
宁海	6	上					4	2											1						11				18	
宁海	6	中					1	1											1						15				18	
宁海	6	下					2																		8				10	
建德	2	上中(无疫情)																												
省立杭州医院	3	上中下(无疫情)																												
省立杭州医院	4	中(无疫情)																												
省立杭州医院	1	中(无疫情)																												
上虞	6	上											2												2				4	

续表

县别	月别	旬别	黄热病		霍乱		天花		斑疹伤寒		鼠疫		赤痢		白喉		猩红热		流行性脑脊髓膜炎		回归热		伤寒		疟疾		黑热病		总计	
			患	死	患	死	患	死	患	死	患	死	患	死	患	死	患	死	患	死	患	死	患	死	患	死	患	死	患	死
上虞	6	中																							4				4	
上虞	6	下			2	1							4												4				10	1
庆元	1	上																							4				4	
乐清	6	下																					2		5				7	
长兴	6	上			1		6	2					2												2				11	2
常山	6	上											6										5	1	124	1			135	2
常山	6	中											2										3		30				35	
常山	6	下											1										3		30				34	
杭州市	2	上																							2				2	
省立杭州医院	2	中																							2				2	

续表

县别	月别	旬别	黄热病		霍乱		天花		斑疹伤寒		鼠疫		赤痢		白喉		猩红热		流行性脑脊髓膜炎		回归热		伤寒		疟疾		黑热病		总计	
			患	死	患	死	患	死	患	死	患	死	患	死	患	死	患	死	患	死	患	死	患	死	患	死	患	死	患	死
省立杭州医院	2	下																							1				1	
省立杭州医院	3	上																							2				2	
省立杭州医院	3	中																							2				2	
省立杭州医院	3	下																							3				3	
省立杭州医院	5	上																							4				4	

续表

县别	月	旬	黄热病		霍乱		天花		斑疹伤寒		鼠疫		赤痢		白喉		猩红热		流行性脑脊髓膜炎		回归热		伤寒		疟疾		黑热病		总计	
			患	死	患	死	患	死	患	死	患	死	患	死	患	死	患	死	患	死	患	死	患	死	患	死	患	死	患	死
省立杭州医院	5	中																							3				3	
省立杭州医院	5	下																							3				3	
乐清	5	上									2	2																	2	2
乐清	5	中									2	1																	2	1
乐清	5	下										1																		1
总计					4	1	14	2	3		4	4	41						10	4	7		23	2	371	1			477	14

附注：1. 乐清鼠疫据省第一医防队补报系乐清龙门乡调查报告所得未经镜检

2. 临海、上虞、长兴三县霍乱均未镜检确定

浙江省各县市疫情报告统计表

(1948 年度 7 月份上旬)

县市别 \ 患死人数 \ 病名	黄热病		霍乱		天花		斑疹伤寒		鼠疫		赤痢		白喉		猩红热		流行性脑脊髓膜炎		回归热		伤寒		疟疾		黑热病		统计	
	患	死	患	死	患	死	患	死	患	死	患	死	患	死	患	死	患	死	患	死	患	死	患	死	患	死	患	死
余杭											4										2		13				19	
新登																							2				2	
分水											2												4				6	
於潜											6												2				8	
昌化																							25				25	
安吉			1	1																			6				7	1
长兴					2						2										1		14				19	
德清											2												12				14	
武康																							4				4	
绍兴																												

续表

病名/患死人数/县市别	黄热病		霍乱		天花		斑疹伤寒		鼠疫		赤痢		白喉		猩红热		流行性脑脊髓膜炎		回归热		伤寒		疟疾		黑热病		统计	
	患	死	患	死	患	死	患	死	患	死	患	死	患	死	患	死	患	死	患	死	患	死	患	死	患	死	患	死
诸暨											76																76	
余姚											5		1								3		15				24	
嵊县											1																1	
新昌			3	2							2										1		4				10	2
东阳											3												1				4	
义乌											1												16				17	
磐安																							4				4	
金华											2												5				7	
兰溪																							6				6	
宣平											2										1		5				8	
武义							4				13	1	2								11	2	24	5			54	8
江山											2												8				10	

续表

病名/患死人数/县市别	黄热病		霍乱		天花		斑疹伤寒		鼠疫		赤痢		白喉		猩红热		流行性脑脊髓膜炎		回归热		伤寒		疟疾		黑热病		统计	
	患	死	患	死	患	死	患	死	患	死	患	死	患	死	患	死	患	死	患	死	患	死	患	死	患	死	患	死
常山																					2		21				23	
龙游																							12				12	
慈溪											1												7				8	
定海																							3				3	
镇海																					1		2				3	
奉化											3												9				12	
象山											1												5				6	
天台																							9				9	
永嘉									1	1																	1	1
平阳											7										1		13				21	
瑞安											3												8				11	
乐清			1																				4				5	

续表

病名 / 患死人数 / 县市别	黄热病		霍乱		天花		斑疹伤寒		鼠疫		赤痢		白喉		猩红热		流行性脑脊髓膜炎		回归热		伤寒		疟疾		黑热病		统计	
	患	死	患	死	患	死	患	死	患	死	患	死	患	死	患	死	患	死	患	死	患	死	患	死	患	死	患	死
泰顺																							7				7	
玉环																							2				2	
丽水																							3				3	
龙泉																							21				21	
遂昌							2																9				11	
青田																							42				42	
缙云											11										1		9				21	
景宁																							5				5	
庆元																							15				15	
松阳																							7				7	
庆和																							36				36	
嘉兴																							8				8	

续表

病名 / 患死人数 / 县市别	黄热病		霍乱		天花		斑疹伤寒		鼠疫		赤痢		白喉		猩红热		流行性脑脊髓膜炎		回归热		伤寒		疟疾		黑热病		统计	
	患	死	患	死	患	死	患	死	患	死	患	死	患	死	患	死	患	死	患	死	患	死	患	死	患	死	患	死
海盐																					2		9				11	
平湖											2												1				3	
崇德											2										4		4				10	
桐乡																							8				8	
海宁											37										2		2				41	
富阳											1												8				9	
桐庐											3												5				8	
建德											2												2				4	
浦江											1												5				6	
寿昌											2												1				3	
杭州市											24						2	1			13		18				57	1
总计			5	3	2		6		1	1	223	1	3				2	1			45	2	490	5			777	13

附注:1. 安吉、新昌所发现者为类似霍乱
2. 乐清为真性霍乱

浙江省各县市疫情报告统计表

（1948 年度 7 月份中旬）

病名 / 患死人数 / 县市别	黄热病		霍乱		天花		斑疹伤寒		鼠疫		赤痢		白喉		猩红热		流行性脑脊髓膜炎		回归热		伤寒		疟疾		黑热病		统计	
	患	死	患	死	患	死	患	死	患	死	患	死	患	死	患	死	患	死	患	死	患	死	患	死	患	死	患	死
余杭											5										1		8				14	
新登																							2				2	
分水																							3				3	
於潜																							3				3	
昌化																							24				24	
杭县							1				6	1									3		7				17	1
安吉																							13				13	
长兴																							11				11	
德清											3												15				18	
武康																			1				6				7	
绍兴																												

续表

病名 / 患死人数 / 县市别	黄热病		霍乱		天花		斑疹伤寒		鼠疫		赤痢		白喉		猩红热		流行性脑脊髓膜炎		回归热		伤寒		疟疾		黑热病		统计	
	患	死	患	死	患	死	患	死	患	死	患	死	患	死	患	死	患	死	患	死	患	死	患	死	患	死	患	死
诸暨											164																164	
余姚											4										7		18				29	
嵊县											3												2				5	
新昌			2	3							2										1		3				8	3
东阳											1										1		2				4	
义乌											3												17				20	
磐安																							3				3	
金华											3												6				9	
兰溪											4	1											7				11	1
宣平											5												6				11	
武义											17	1									15	2	40	3			72	6
江山											4												10				14	

续表

病名/患死人数/县市别	黄热病		霍乱		天花		斑疹伤寒		鼠疫		赤痢		白喉		猩红热		流行性脑脊髓膜炎		回归热		伤寒		疟疾		黑热病		统计	
	患	死	患	死	患	死	患	死	患	死	患	死	患	死	患	死	患	死	患	死	患	死	患	死	患	死	患	死
常山											2										1		31				34	
龙游																							11				11	
慈溪											1												11				12	
定海																							1				1	
镇海											1										1		1				3	
奉化											2												5				7	
象山											7												3				10	
天台																							6				6	
永嘉									1																		1	
平阳											13										1		18				32	
瑞安											6												5				11	
乐清											5										1		3				9	

续表

病名 患死人数 县市别	黄热病		霍乱		天花		斑疹伤寒		鼠疫		赤痢		白喉		猩红热		流行性脑脊髓膜炎		回归热		伤寒		疟疾		黑热病		统计	
	患	死	患	死	患	死	患	死	患	死	患	死	患	死	患	死	患	死	患	死	患	死	患	死	患	死	患	死
泰顺																							18				18	
玉环																							6				6	
龙泉					11	4																	78				89	4
遂昌											1												7				8	
青田																							25				25	
缙云											17												11				28	
景宁																							10				10	
庆元																							5				5	
松阳																							11				11	
云和											4												21				25	
嘉兴																					1		11				12	
海盐																					2		7				9	

续表

病名/患死人数/县市别	黄热病		霍乱		天花		斑疹伤寒		鼠疫		赤痢		白喉		猩红热		流行性脑脊髓膜炎		回归热		伤寒		疟疾		黑热病		统计	
	患	死	患	死	患	死	患	死	患	死	患	死	患	死	患	死	患	死	患	死	患	死	患	死	患	死	患	死
平湖											3												1				4	
崇德											2										3		3				8	
桐乡																							13				13	
海宁											17										3		2				22	
富阳											2										2		15				19	
桐庐																							8				8	
建德																							1				1	
浦江																							14				14	
寿昌											7																7	
杭州市					1						12						2		1		8		13				37	
总计			2	3	15	4	1		1		326	3					2		2		51	2	581	3			981	15

附注:新昌为疑似霍乱

浙江省各县市疫情报告统计表

（1948 年度 7 月份下旬）

病名 患死人数 县市别	黄热病		霍乱		天花		斑疹伤寒		鼠疫		赤痢		白喉		猩红热		流行性脑脊髓膜炎		回归热		伤寒		疟疾		黑热病		统计	
	患	死	患	死	患	死	患	死	患	死	患	死	患	死	患	死	患	死	患	死	患	死	患	死	患	死	患	死
余杭											4												7				11	
新登																							2				2	
分水											3										2		4				9	
於潜											4												10				14	
昌化																							31				31	
杭县							1				7	1									5		8	1			21	2
安吉																							12				12	
长兴											5												31				36	
德清											3												17				20	
武康											2												5				7	

续表

病名 / 患死人数 / 县市别	黄热病		霍乱		天花		斑疹伤寒		鼠疫		赤痢		白喉		猩红热		流行性脑脊髓膜炎		回归热		伤寒		疟疾		黑热病		统计	
	患	死	患	死	患	死	患	死	患	死	患	死	患	死	患	死	患	死	患	死	患	死	患	死	患	死	患	死
绍兴																												
诸暨											182										55		140				377	
余姚			1								3										4	1	12				20	1
嵊县											2												3				5	
新昌											4												3				7	
义乌											2												12				14	
磐安																							3				3	
金华											8												6				14	
兰溪											3												6				9	
宣平											6												6				12	
武义											20	2									12	1	52	3			84	6

续表

病名	黄热病		霍乱		天花		斑疹伤寒		鼠疫		赤痢		白喉		猩红热		流行性脑脊髓膜炎		回归热		伤寒		疟疾		黑热病		统计	
县市别　患死人数	患	死	患	死	患	死	患	死	患	死	患	死	患	死	患	死	患	死	患	死	患	死	患	死	患	死	患	死
江山							1				10										1		11				23	
常山											13										1		84				98	
慈溪											4												9				13	
定海											2												2				4	
奉化											3												10				13	
象山											6												7				13	
天台											2												6				8	
永嘉									1	1																	1	1
平阳											12												17				29	
瑞安																							11				11	
乐清											2												3				5	

续表

县市别＼病名＼患死人数	黄热病		霍乱		天花		斑疹伤寒		鼠疫		赤痢		白喉		猩红热		流行性脑脊髓膜炎		回归热		伤寒		疟疾		黑热病		统计	
	患	死	患	死	患	死	患	死	患	死	患	死	患	死	患	死	患	死	患	死	患	死	患	死	患	死	患	死
泰顺																							17				17	
丽水																							12				12	
龙泉											12												46				58	
遂昌											5												15				20	
青田																							45				45	
缙云			2								18												8				28	
景宁																							7				7	
庆元																							10				10	
松阳																							19				19	
云和											2												41				43	
嘉兴																							12				12	
海盐											1										2		11				14	

续表

病名 / 患死人数 / 县市别	黄热病		霍乱		天花		斑疹伤寒		鼠疫		赤痢		白喉		猩红热		流行性脑脊髓膜炎		回归热		伤寒		疟疾		黑热病		统计	
	患	死	患	死	患	死	患	死	患	死	患	死	患	死	患	死	患	死	患	死	患	死	患	死	患	死	患	死
崇德							3				2										3		3				11	
桐乡			2	2																			26				28	2
海宁											25										2		7				34	
富阳											7										3		27				37	
桐庐											9												34				42	
建德																							2				2	
浦江			1	1							5												2				8	1
寿昌											22												6				28	
杭州市											25		1				2				23		20				72	
总计			6	3			5		1	1	444	3	1				2				109	2	900	4			1 468	13
逐月累计			19	10	888	75	53	2	26	18	1 755	19	114	6	22	2	637	56	43		742	27	11 433	35			15 732	250

附注:余姚、缙云、桐乡、浦江等县为疑似霍乱

浙江省各县市疫情报告统计表

（1948 年度 8 月份上旬）

病名 / 患死人数 / 县市别	黄热病		霍乱		天花		斑疹伤寒		鼠疫		赤痢		白喉		猩红热		流行性脑脊髓膜炎		回归热		伤寒		疟疾		黑热病		统计	
	患	死	患	死	患	死	患	死	患	死	患	死	患	死	患	死	患	死	患	死	患	死	患	死	患	死	患	死
余杭											11												10				21	
新登																							2				2	
分水																							5				5	
於潜											3												15				18	
昌化						1																	40				41	
杭县							2				17	2									4		19	1			42	3
安吉																							7				7	
长兴											7						1				1		31				40	
德清											4												14				18	
武康											2												5				7	
绍兴																												

续表

病名 患死人数 县市别	黄热病		霍乱		天花		斑疹伤寒		鼠疫		赤痢		白喉		猩红热		流行性脑脊髓膜炎		回归热		伤寒		疟疾		黑热病		统计	
	患	死	患	死	患	死	患	死	患	死	患	死	患	死	患	死	患	死	患	死	患	死	患	死	患	死	患	死
萧山																							8				8	
诸暨											156										50		85				291	
上虞											2												1				3	
新昌											4	1									2		5				11	1
磐安																							11				11	
金华											1												6				7	
兰溪											5												12				17	
永康											4												3				7	
武义											36										16		69				121	
衢县																							102				102	
开化											6												7				13	
江山											16												13				29	

续表

病名 / 患死人数 / 县市别	黄热病		霍乱		天花		斑疹伤寒		鼠疫		赤痢		白喉		猩红热		流行性脑脊髓膜炎		回归热		伤寒		疟疾		黑热病		统计	
	患	死	患	死	患	死	患	死	患	死	患	死	患	死	患	死	患	死	患	死	患	死	患	死	患	死	患	死
常山											6										2		37				45	
慈溪											15												8				23	
定海											1												1				1	
象山											3												5				8	
宁海																							49				49	
天台											2												12				14	
永嘉									1	1																	1	1
平阳											16												19				35	
瑞安																							3				3	
乐清											2										2		4				8	
泰顺																							13				13	
玉环																							1				1	

续表

病名 患死人数 县市别	黄热病		霍乱		天花		斑疹伤寒		鼠疫		赤痢		白喉		猩红热		流行性脑脊髓膜炎		回归热		伤寒		疟疾		黑热病		统计	
	患	死	患	死	患	死	患	死	患	死	患	死	患	死	患	死	患	死	患	死	患	死	患	死	患	死	患	死
丽水																							8				8	
龙泉											20						1						39				60	
遂昌											12												7				19	
青田			2			1																	46				48	1
缙云											15												19				34	
景宁																							13				13	
庆元											3												9				12	
松阳																							94				94	
云和																							27				27	
嘉兴																							5				5	
海盐											2										1		6				9	
平湖											2										3		3				8	

续表

病名 / 患死人数 / 县市别	黄热病		霍乱		天花		斑疹伤寒		鼠疫		赤痢		白喉		猩红热		流行性脑脊髓膜炎		回归热		伤寒		疟疾		黑热病		统计	
	患	死	患	死	患	死	患	死	患	死	患	死	患	死	患	死	患	死	患	死	患	死	患	死	患	死	患	死
崇德											2												4				6	
桐乡																							16				16	
海宁											46										14		18				78	
富阳											7												18				25	
桐庐											3												5				8	
建德											5																5	
浦江											4												4				8	
寿昌											9										1						10	
杭州市											17	1			1		4				23		27		3		75	1
总计			2				2		1	1	466	4			1		6				119		974	1	3		1571	6

附注:青田所发现者为疑似霍乱

浙江省各县市疫情报告统计表

（1948 年度 8 月份中旬）

县市别 \ 患死人数 \ 病名	黄热病		霍乱		天花		斑疹伤寒		鼠疫		赤痢		白喉		猩红热		流行性脑脊髓膜炎		回归热		伤寒		疟疾		黑热病		统计	
	患	死	患	死	患	死	患	死	患	死	患	死	患	死	患	死	患	死	患	死	患	死	患	死	患	死	患	死
余杭											12												7				19	
新登																							2				2	
分水																							4				4	
於潜											1												14				15	
昌化						1																	50				50	1
杭县							2				11	1									5	1	10	1			28	3
安吉																							6				6	
长兴																							39				39	
德清																					1		16				17	
武康																							6				6	

续表

病名 患死人数 县市别	黄热病		霍乱		天花		斑疹伤寒		鼠疫		赤痢		白喉		猩红热		流行性脑脊髓膜炎		回归热		伤寒		疟疾		黑热病		统计	
	患	死	患	死	患	死	患	死	患	死	患	死	患	死	患	死	患	死	患	死	患	死	患	死	患	死	患	死
绍兴																												
萧山																							10				10	
嵊县											2												3				5	
上虞											2												2				4	
新昌											7										3		7				17	
磐安																							4				4	
金华											3												1				4	
永康											6												4				10	
武义											47										17		83				147	
衢县																							96				96	
开化											7												7				14	

续表

病名/患死人数/县市别	黄热病		霍乱		天花		斑疹伤寒		鼠疫		赤痢		白喉		猩红热		流行性脑脊髓膜炎		回归热		伤寒		疟疾		黑热病		统计	
	患	死	患	死	患	死	患	死	患	死	患	死	患	死	患	死	患	死	患	死	患	死	患	死	患	死	患	死
常山											14	1									2		80	2			96	3
慈溪											9												18				27	
定海											4												3				7	
象山											7												6				13	
宁海																							64				64	
天台											5												9				14	
永嘉																												
平阳											19												21				40	
瑞安																					1		4				5	
乐清													1								1		3				5	
泰顺																							16				16	

续表

病名/患死人数/县市别	黄热病		霍乱		天花		斑疹伤寒		鼠疫		赤痢		白喉		猩红热		流行性脑脊髓膜炎		回归热		伤寒		疟疾		黑热病		统计	
	患	死	患	死	患	死	患	死	患	死	患	死	患	死	患	死	患	死	患	死	患	死	患	死	患	死	患	死
玉环																							3				3	
丽水																							15				15	
龙泉											10												38				48	
遂昌											5												10				15	
青田											20										1	1	69				90	1
缙云											12												14				26	
景宁						1																	18				18	
庆元											3												12				15	
松阳																							50				50	
云和																							81				81	
嘉兴																												

续表

病名 / 患死人数 / 县市别	黄热病		霍乱		天花		斑疹伤寒		鼠疫		赤痢		白喉		猩红热		流行性脑脊髓膜炎		回归热		伤寒		疟疾		黑热病		统计	
	患	死	患	死	患	死	患	死	患	死	患	死	患	死	患	死	患	死	患	死	患	死	患	死	患	死	患	死
海盐											2										1		6				9	
平湖											1										1		2				7	
崇德																					2		5				7	
桐乡																							13				13	
富阳											22												36				58	
桐庐											9										1		17				27	
建德											1												2				3	
浦江											9												18				27	
寿昌											22												4				26	
杭州市											24		2		1		3				36		27				129	
总计							2				296	2	3		1		3				72	2	1035	3			1412	7

浙江省各县市疫情报告统计表

（1948 年度 8 月份下旬）

病名／患死人数／县市别	黄热病		霍乱		天花		斑疹伤寒		鼠疫		赤痢		白喉		猩红热		流行性脑脊髓膜炎		回归热		伤寒		疟疾		黑热病		统计	
	患	死	患	死	患	死	患	死	患	死	患	死	患	死	患	死	患	死	患	死	患	死	患	死	患	死	患	死
余杭											7												12				19	
新登																							2				2	
分水																							3				3	
昌化																							61				61	
安吉						1																	7				7	1
长兴																							25				25	
德清											2												15				17	
武康											1																1	
萧山																							3				3	
嵊县											1												2				3	
新昌											5										2		6				13	
磐安											3												3				6	

续表

病名 / 患死人数 / 县市别	黄热病		霍乱		天花		斑疹伤寒		鼠疫		赤痢		白喉		猩红热		流行性脑脊髓膜炎		回归热		伤寒		疟疾		黑热病		统计	
	患	死	患	死	患	死	患	死	患	死	患	死	患	死	患	死	患	死	患	死	患	死	患	死	患	死	患	死
金华																							3				3	
永康											6												4				10	
武义											29										14		52				95	
衢县																							101				101	
开化											6												5				11	
常山											4										1		55	1			60	1
慈溪											15												11				26	
定海											4												8				12	
宁海																							59				59	
天台																							8				8	
永嘉																												
平阳											19												24				43	

续表

县市别＼患死人数＼病名	黄热病		霍乱		天花		斑疹伤寒		鼠疫		赤痢		白喉		猩红热		流行性脑脊髓膜炎		回归热		伤寒		疟疾		黑热病		统计	
	患	死	患	死	患	死	患	死	患	死	患	死	患	死	患	死	患	死	患	死	患	死	患	死	患	死	患	死
乐清											2												4				6	
玉环											1												4				5	
丽水																							13				13	
龙泉											9												25				34	
遂昌																			1				8				9	
青田											4												64				68	
景宁																							18				18	
庆元											7												23				30	
松阳											3												47				50	
嘉兴																							3				3	
海盐			2								5	1	1										7				15	1
平湖											3										4		4				11	

续表

病名/患死人数/县市别	黄热病		霍乱		天花		斑疹伤寒		鼠疫		赤痢		白喉		猩红热		流行性脑脊髓膜炎		回归热		伤寒		疟疾		黑热病		统计	
	患	死	患	死	患	死	患	死	患	死	患	死	患	死	患	死	患	死	患	死	患	死	患	死	患	死	患	死
崇德											4												6				10	
桐乡																							26				26	
富阳											12												39				51	
桐庐											6												23				29	
建德											5												4				9	
浦江											9												2				11	
寿昌											5												1				6	
杭州市											18		2				1	2			33	2	18		2		74	2
绍兴																												
上虞											3												2				5	
总计			2								198	1	3				1	2	1		54	2	810	1	2		1 071	6
逐月累计			23	10	889	75	57	2	27	19	2 999	29	120	6	24	2	648	18	44		990	31	15 194	40	14		21 029	232

附注:海盐所发现者为疑似霍乱

浙江省各县市补报1月份至7月份疫情统计表

县别	月别	旬别	黄热病		霍乱		天花		斑疹伤寒		鼠疫		赤痢		白喉		猩红热		流行性脑脊髓膜炎		回归热		伤寒		疟疾		黑热病		总计	
			患	死	患	死	患	死	患	死	患	死	患	死	患	死	患	死	患	死	患	死	患	死	患	死	患	死	患	死
汤溪	2	上																							8				8	
汤溪	2	中																							10				10	
汤溪	2	下																							12				12	
汤溪	3	上																							17				17	
汤溪	3	中																							8				8	
汤溪	3	下																							14				14	
汤溪	4	上																							20				20	
汤溪	4	中																							17				17	
汤溪	4	下																							10				10	
汤溪	5	上																							21				21	
汤溪	5	中																							25				25	

续表

病名／患死人数／县别 月 旬别			黄热病		霍乱		天花		斑疹伤寒		鼠疫		赤痢		白喉		猩红热		流行性脑脊髓膜炎		回归热		伤寒		疟疾		黑热病		总计	
			患	死	患	死	患	死	患	死	患	死	患	死	患	死	患	死	患	死	患	死	患	死	患	死	患	死	患	死
汤溪	5	下																							12				12	
汤溪	6	上											1												21				22	
汤溪	6	中											1												22				23	
汤溪	6	下											2												20				22	
汤溪	7	上											30										1		40				71	
汤溪	7	中											12												11				23	
汤溪	7	下											11												25				36	
遂安	6	中											3												14				17	
遂安	6	下											8												13				21	
永康	7	上											4												3				7	
永康	7	中											6												4				10	

续表

县别	月别	旬别	黄热病		霍乱		天花		斑疹伤寒		鼠疫		赤痢		白喉		猩红热		流行性脑脊髓膜炎		回归热		伤寒		疟疾		黑热病		总计	
			患	死	患	死	患	死	患	死	患	死	患	死	患	死	患	死	患	死	患	死	患	死	患	死	患	死	患	死
永康	7	下											6												4				10	
丽水	7	上											2												3				5	
丽水	7	中																							1				1	
丽水	7	下											1												3				4	
吴兴	7	上																							4				4	
吴兴	7	中																							5				5	
吴兴	7	下																							3				3	
仙居	5	上																							3				3	
仙居	5	中																							3				3	
仙居	5	下											2												4				6	
仙居	2	上											45												16				61	

续表

县别	月别	旬别	黄热病		霍乱		天花		斑疹伤寒		鼠疫		赤痢		白喉		猩红热		流行性脑脊髓膜炎		回归热		伤寒		疟疾		黑热病		总计	
			患	死	患	死	患	死	患	死	患	死	患	死	患	死	患	死	患	死	患	死	患	死	患	死	患	死	患	死
仙居	6	中											43												16				59	
仙居	6	下											12												6				18	
仙居	7	上											18												14				32	
仙居	7	中											18												15				33	
仙居	7	下											18												9				27	
象山	2	上																							6				6	
象山	2	中																							4				4	
象山	2	下																							4				4	
象山	4	下																					1		5				6	
嵊县	2	上		（无疫情）																										
兰溪	5	中																							4				4	

续表

病名/患死人数/县别	月	旬	黄热病		霍乱		天花		斑疹伤寒		鼠疫		赤痢		白喉		猩红热		流行性脑脊髓膜炎		回归热		伤寒		疟疾		黑热病		总计	
			患	死	患	死	患	死	患	死	患	死	患	死	患	死	患	死	患	死	患	死	患	死	患	死	患	死	患	死
兰溪	5	下											4												4				8	
安吉	2	上																							8				8	
东阳	4	下					1																		2				3	
东阳	5	上											1																1	
东阳	5	中																							2				2	
东阳	5	下																							1				1	
东阳	7	下											6																6	
慈溪	6	上																							9				9	
慈溪	3	下																					1		1				2	
慈溪	1	中											1												4				5	
慈溪	1	下																							3				3	

续表

县别	月	旬	黄热病		霍乱		天花		斑疹伤寒		鼠疫		赤痢		白喉		猩红热		流行性脑脊髓膜炎		回归热		伤寒		疟疾		黑热病		总计	
			患	死	患	死	患	死	患	死	患	死	患	死	患	死	患	死	患	死	患	死	患	死	患	死	患	死	患	死
萧山	7	中下		(无疫情)																										
龙游	6	下																							12				12	
龙游	7	下																							10				10	
上虞	7	上											4						1						1				6	
上虞	7	中											2												1				3	
上虞	7	下											4												2				6	
青田	5	上																							13				13	
三门	7	上																							6				6	
三门	7	中																							9				9	
三门	7	下																							11				11	
昌化	5	上																							8				8	

续表

县别	月	旬别	黄热病		霍乱		天花		斑疹伤寒		鼠疫		赤痢		白喉		猩红热		流行性脑脊髓膜炎		回归热		伤寒		疟疾		黑热病		总计	
			患	死	患	死	患	死	患	死	患	死	患	死	患	死	患	死	患	死	患	死	患	死	患	死	患	死	患	死
松阳	2	下																							5				5	
绍兴省立医院	7	上																							1				1	
绍兴省立医院	7	中											1												6				7	
绍兴省立医院	7	下											12												6				18	
衢县	7	上											3	1											111				114	1
衢县	7	中											3	2											98				101	2
衢县	7	下																							129				129	
总计							1						284	3					1				3		942				1231	3

浙江省各县市疫情报告统计表

(1948 年度 9 月份上旬)

病名 患死人数 县市别	黄热病		霍乱		天花		斑疹伤寒		鼠疫		赤痢		白喉		猩红热		流行性脑脊髓膜炎		回归热		伤寒		疟疾		黑热病		统计	
	患	死	患	死	患	死	患	死	患	死	患	死	患	死	患	死	患	死	患	死	患	死	患	死	患	死	患	死
余杭											11												15				26	
新昌																							2				2	
分水											1												6				7	
於潜																							19				19	
昌化																							44				44	
杭县											40	5							3		13		41	3			97	8
安吉																							4				4	
孝丰											11												19				30	
长兴																							16				16	
吴兴																							6				6	
德清																							15				15	

续表

病名／患死人数／县市别	黄热病		霍乱		天花		斑疹伤寒		鼠疫		赤痢		白喉		猩红热		流行性脑脊髓膜炎		回归热		伤寒		疟疾		黑热病		统计	
	患	死	患	死	患	死	患	死	患	死	患	死	患	死	患	死	患	死	患	死	患	死	患	死	患	死	患	死
武康							1				3								1				9				14	
绍兴											2												17				19	
萧山											9												15				24	
余姚											4		1								3		17				25	
嵊县																							1				1	
上虞											8										1		11				20	
新昌											4										1		7				12	
义乌																							19				19	
磐安											1												2				3	
金华											3										1		4				8	
兰溪											6	1											18				24	1
永康											5												6				11	土

续表

病名／患死人数／县市别	黄热病		霍乱		天花		斑疹伤寒		鼠疫		赤痢		白喉		猩红热		流行性脑脊髓膜炎		回归热		伤寒		疟疾		黑热病		统计	
	患	死	患	死	患	死	患	死	患	死	患	死	患	死	患	死	患	死	患	死	患	死	患	死	患	死	患	死
汤溪											25												12				37	
武义											47										15		72				134	
衢县																							115				115	
开化											3												10				13	
遂安											13										2		28				43	
江山											28												30				58	
龙游																							41				41	
鄞县											32		6	1							5	1	18				61	2
慈溪											10												16				26	
奉化											6										2		13				21	
象山											5										2		5				12	

续表

病名 / 患死人数 / 县市别	黄热病		霍乱		天花		斑疹伤寒		鼠疫		赤痢		白喉		猩红热		流行性脑脊髓膜炎		回归热		伤寒		疟疾		黑热病		统计	
	患	死	患	死	患	死	患	死	患	死	患	死	患	死	患	死	患	死	患	死	患	死	患	死	患	死	患	死
宁海											8												126				134	
天台											2												12				14	
仙居											15												9				24	
三门											1												11				12	
平阳											15												19				34	
瑞安											4										2		4				10	
乐清											4										1		3				8	
泰顺																							36				36	
玉环																							4				4	
丽水																							9				9	
龙泉											6												48				54	

续表

病名 患死人数 县市别	黄热病		霍乱		天花		斑疹伤寒		鼠疫		赤痢		白喉		猩红热		流行性脑脊髓膜炎		回归热		伤寒		疟疾		黑热病		统计	
	患	死	患	死	患	死	患	死	患	死	患	死	患	死	患	死	患	死	患	死	患	死	患	死	患	死	患	死
遂昌											9												22				31	
青田											3												110				113	
缙云											15												10				25	
景宁																							11				11	
庆元											6												12				18	
松阳											6												65				71	
云和											3												79				82	
嘉兴											6										8		18				32	
嘉善																							2				2	
海盐											4										1		9				14	

续表

病名 患死人数 县市别	黄热病		霍乱		天花		斑疹伤寒		鼠疫		赤痢		白喉		猩红热		流行性脑脊髓膜炎		回归热		伤寒		疟疾		黑热病		统计	
	患	死	患	死	患	死	患	死	患	死	患	死	患	死	患	死	患	死	患	死	患	死	患	死	患	死	患	死
平湖											3										1		3				7	
桐乡																							11				11	
海宁											9										3		31				43	
富阳											11												31				42	
桐庐											4												52	1			56	1
建德											5												4				9	
浦江											15												3				18	
寿昌											8												2				10	
杭州市											19										31		16		2		68	
总计							1				458	6	7	1					4		92	1	1 435	4	2		1 999	12

浙江省各县市疫情报告统计表

(1948 年度 9 月份中旬)

病名 / 患死人数 / 县市别	黄热病		霍乱		天花		斑疹伤寒		鼠疫		赤痢		白喉		猩红热		流行性脑脊髓膜炎		回归热		伤寒		疟疾		黑热病		统计	
	患	死	患	死	患	死	患	死	患	死	患	死	患	死	患	死	患	死	患	死	患	死	患	死	患	死	患	死
余杭											11												27				38	
新登																							3				3	
分水											2												9				11	
於潜																							10				10	
昌化																							46				46	
杭县											27	2									13	1	30	4			70	7
安吉																							8				8	
孝丰											6												20				26	
长兴																							20				20	
吴兴																							6				6	

续表

病名/患死人数/县市别	黄热病		霍乱		天花		斑疹伤寒		鼠疫		赤痢		白喉		猩红热		流行性脑脊髓膜炎		回归热		伤寒		疟疾		黑热病		统计	
	患	死	患	死	患	死	患	死	患	死	患	死	患	死	患	死	患	死	患	死	患	死	患	死	患	死	患	死
德清																					1		16				17	
武康											3								1				16				20	
绍兴											5												5				10	
萧山											9												10				19	
余姚											5	2	2	1							4		16				27	3
嵊县																							2				2	
上虞											4												7				11	
新昌											2										1		5				8	
义乌																							22				22	
磐安											2												4				6	
金华											3										1		5				9	

续表

病名 / 患死人数 / 县市别	黄热病		霍乱		天花		斑疹伤寒		鼠疫		赤痢		白喉		猩红热		流行性脑脊髓膜炎		回归热		伤寒		疟疾		黑热病		统计	
	患	死	患	死	患	死	患	死	患	死	患	死	患	死	患	死	患	死	患	死	患	死	患	死	患	死	患	死
兰溪											9												14				23	
永康											6												4				10	
汤溪											30												28				58	
武义											32										14		60				106	
开化											2												10				12	
遂安											10										1		21				32	
江山											26	1											25				51	1
龙游																							28				28	
鄞县											15		3						1		2		14				35	
慈溪											13												25				38	
奉化											3										1		9				13	

续表

病名 / 患死人数 / 县市别	黄热病		霍乱		天花		斑疹伤寒		鼠疫		赤痢		白喉		猩红热		流行性脑脊髓膜炎		回归热		伤寒		疟疾		黑热病		统计	
	患	死	患	死	患	死	患	死	患	死	患	死	患	死	患	死	患	死	患	死	患	死	患	死	患	死	患	死
象山											4										1	1	7				12	1
宁海											14												84				98	
天台																							9				9	
仙居											11												12				23	
三门											2												21				23	
平阳											18										3		21				42	
瑞安											1										1		2				4	
乐清											2												2				4	
玉环											3												9				12	
丽水																							29				29	
龙泉											16										2		31				49	

续表

病名 / 患死人数 / 县市别	黄热病		霍乱		天花		斑疹伤寒		鼠疫		赤痢		白喉		猩红热		流行性脑脊髓膜炎		回归热		伤寒		疟疾		黑热病		统计	
	患	死	患	死	患	死	患	死	患	死	患	死	患	死	患	死	患	死	患	死	患	死	患	死	患	死	患	死
遂昌											7												19				26	
青田							1				3												122				126	
缙云											6												9				15	
景宁																							9				9	
庆元											5												22				27	
松阳																							106				106	
云和											1												166				167	
嘉兴							1				3										3		15				22	
嘉善																							1				1	
海盐											2										1		10				13	
平湖											3												4				7	

续表

病名 / 患死人数 / 县市别	黄热病		霍乱		天花		斑疹伤寒		鼠疫		赤痢		白喉		猩红热		流行性脑脊髓膜炎		回归热		伤寒		疟疾		黑热病		统计	
	患	死	患	死	患	死	患	死	患	死	患	死	患	死	患	死	患	死	患	死	患	死	患	死	患	死	患	死
崇德																							7				7	
桐乡											6												18				24	
海宁											13										2		41				56	
富阳											9												17				26	
桐庐											3												43				46	
建德											1												1				2	
浦江											5												3				8	
寿昌											18												3				21	
杭州市											27		1								16		16		2		62	
总计							2				408	5	6	1					2		67	2	1 374	4	2		1 861	12

浙江省各县市疫情报告统计表

(1948年度9月份下旬)

病名 患死人数 县市别	黄热病		霍乱		天花		斑疹伤寒		鼠疫		赤痢		白喉		猩红热		流行性脑脊髓膜炎		回归热		伤寒		疟疾		黑热病		统计	
	患	死	患	死	患	死	患	死	患	死	患	死	患	死	患	死	患	死	患	死	患	死	患	死	患	死	患	死
宁海											12												116				128	
天台																							12		1		13	
仙居											14												13				27	
三门																							26				26	
平阳											11										3		16				30	
瑞安											3												10				13	
玉环											2												11				13	
丽水																							13				13	
龙泉											16												57				73	
遂昌											17	1											75				92	1
青田																							54				54	
缙云											5												10				15	

续表

县市别＼患死人数＼病名	黄热病		霍乱		天花		斑疹伤寒		鼠疫		赤痢		白喉		猩红热		流行性脑脊髓膜炎		回归热		伤寒		疟疾		黑热病		统计	
	患	死	患	死	患	死	患	死	患	死	患	死	患	死	患	死	患	死	患	死	患	死	患	死	患	死	患	死
景宁																							7				7	
庆元											5												19				24	
松阳																							74				74	
云和											3												102				105	
嘉兴											8										8		20				36	
嘉善																							1				1	
海盐											2										3		8				13	
平湖											3										1		4				8	
崇德																							10				10	
桐乡											4												17				21	
海宁											15										2		28				45	
富阳											22						1						40				63	
桐庐											10												41				51	
建德											4												1				5	

续表

病名 患死人数 县市别	黄热病		霍乱		天花		斑疹伤寒		鼠疫		赤痢		白喉		猩红热		流行性脑脊髓膜炎		回归热		伤寒		疟疾		黑热病		统计	
	患	死	患	死	患	死	患	死	患	死	患	死	患	死	患	死	患	死	患	死	患	死	患	死	患	死	患	死
浦江											5												2				7	
寿昌											9												1				10	
杭州市											31	1	1				1				34		27		3		97	1
总计											446	10	8	1			2		1		89	1	1 496	5	4		2 046	17
逐月累计			26	11	891	75	64	2	27	19	4 687	59	178	10	24	2	650	18	54		1 288	36	20 658	58	22		28 569	290
余杭											15												39				54	
新昌																							2				2	
分水																							4				4	
於潜																							46				46	
昌化																							50				50	
杭县											1												6				7	
安吉																							23				23	
孝丰											5												17				22	
长兴																							35				35	

续表

县市别＼患死人数＼病名	黄热病		霍乱		天花		斑疹伤寒		鼠疫		赤痢		白喉		猩红热		流行性脑脊髓膜炎		回归热		伤寒		疟疾		黑热病		统计	
	患	死	患	死	患	死	患	死	患	死	患	死	患	死	患	死	患	死	患	死	患	死	患	死	患	死	患	死
吴兴																							8				8	
德清																			1				17				18	
武康																							10				10	
绍兴											4												3				7	
萧山											8												9				17	
余姚											8	1									5	1	13				26	2
嵊县											2												3				5	
上虞											5												9				14	
新昌											2										1		5				8	
义乌																							21				21	
磐安											12												40				52	
金华											4		2										7				13	
兰溪											11	2											13				24	2

续表

病名 / 患死人数 / 县市别	黄热病		霍乱		天花		斑疹伤寒		鼠疫		赤痢		白喉		猩红热		流行性脑脊髓膜炎		回归热		伤寒		疟疾		黑热病		统计	
	患	死	患	死	患	死	患	死	患	死	患	死	患	死	患	死	患	死	患	死	患	死	患	死	患	死	患	死
永康											4												4				8	
汤溪											15												21				36	
武义											73	5									24		103	2			200	7
开化											5												9				14	
遂安											7										3		38	3			48	3
江山											32		2	1									24				58	1
龙游																							32				32	
慈溪											11												37				48	
鄞县											14		3								4		14				35	
定海											1												4				5	
奉化											6										1		7				14	
象山																							8				8	

浙江省各县市补报3月份至8月份疫情报告统计表

县别	月别	旬别	黄热病		霍乱		天花		斑疹伤寒		鼠疫		赤痢		白喉		猩红热		流行性脑脊髓膜炎		回归热		伤寒		疟疾		黑热病		总计	
			患	死	患	死	患	死	患	死	患	死	患	死	患	死	患	死	患	死	患	死	患	死	患	死	患	死	患	死
义乌	8	上																							20				20	
义乌	8	中																							22				22	
义乌	8	下																							23				23	
瑞安	8	下											2												6				8	
金华省立医院	8	下																					1		1				2	
宁海	7	上					1																		11				12	
宁海	7	中					1																		9				10	
宁海	7	下																							13				13	
兰溪	8	中											9												14				23	
兰溪	8	下											10												26				36	
孝丰	3	中																							7				7	
孝丰	3	下																							8				8	

续表

县别	月别	旬别	黄热病		霍乱		天花		斑疹伤寒		鼠疫		赤痢		白喉		猩红热		流行性脑脊髓膜炎		回归热		伤寒		疟疾		黑热病		总计	
			患	死	患	死	患	死	患	死	患	死	患	死	患	死	患	死	患	死	患	死	患	死	患	死	患	死	患	死
孝丰	4	上																							6				6	
孝丰	4	中																							7				7	
孝丰	4	下											4												8				12	
孝丰	5	上											3												10				13	
孝丰	5	中											4												8				12	
孝丰	5	下											2												7				9	
孝丰	6	上											3												7				10	
孝丰	6	中											4												6				10	
孝丰	6	下											3												7				10	
孝丰	7	上											3												8				11	
孝丰	7	中											6												8				14	
孝丰	7	下											17												16				33	
孝丰	8	上											14												17				31	

续表

县别	月	旬别	黄热病		霍乱		天花		斑疹伤寒		鼠疫		赤痢		白喉		猩红热		流行性脑脊髓膜炎		回归热		伤寒		疟疾		黑热病		总计	
			患	死	患	死	患	死	患	死	患	死	患	死	患	死	患	死	患	死	患	死	患	死	患	死	患	死	患	死
孝丰	8	中											18												16				34	
孝丰	8	下											18												30				48	
奉化	8	上											4										1		9				14	
奉化	8	中											4												6				10	
奉化	8	下											2										1		6				9	
泰顺	8	下																							42				42	
象山	8	下											7										2		6				15	
遂安	7	上											1												17				18	
遂安	7	中											1										1		7				9	
遂安	7	下											2										2		17				21	
遂安	8	上											7										3		20				30	
遂安	8	中											3										2		14				19	
遂安	8	下											9										3		5				17	
温岭	7	上			2	1							1												3				6	1

续表

县别	月	旬别	黄热病		霍乱		天花		斑疹伤寒		鼠疫		赤痢		白喉		猩红热		流行性脑脊髓膜炎		回归热		伤寒		疟疾		黑热病		总计	
			患	死	患	死	患	死	患	死	患	死	患	死	患	死	患	死	患	死	患	死	患	死	患	死	患	死	患	死
温岭	7	中											1												4				5	
温岭	7	下											1	1											1				2	1
温岭	8	上			1								7	1											9	1			17	2
温岭	8	中											9												7	2			16	2
温岭	8	下											8	2											4				12	2
临安	8	上											2										1		15				18	
临安	8	中											1										2		17				20	
临安	8	下											3										1		21				25	
江山	8	下													30										12				42	
吴兴	8	上																							6				6	
吴兴	8	中																							6				6	
吴兴	8	下																							3				3	
嘉善	7	上																							3				3	
嘉善	7	中																							4				4	

续表

县别	月	旬	黄热病		霍乱		天花		斑疹伤寒		鼠疫		赤痢		白喉		猩红热		流行性脑脊髓膜炎		回归热		伤寒		疟疾		黑热病		总计	
			患	死	患	死	患	死	患	死	患	死	患	死	患	死	患	死	患	死	患	死	患	死	患	死	患	死	患	死
嘉善	8	中																							1				1	
绍兴省立医院	8	上											11												6				17	
绍兴省立医院	8	中											9												8				17	
绍兴省立医院	8	下											5												5				10	
龙游	8	上																							29				29	
龙游	8	中																							32				32	
龙游	8	下																							50				50	
杭州市省立医院	8	上											1										4		19				24	

续表

县别	月	旬	黄热病		霍乱		天花		斑疹伤寒		鼠疫		赤痢		白喉		猩红热		流行性脑脊髓膜炎		回归热		伤寒		疟疾		黑热病		总计	
			患	死	患	死	患	死	患	死	患	死	患	死	患	死	患	死	患	死	患	死	患	死	患	死	患	死	患	死
杭州市省立医院	8	中							1				5		4								3		8				21	
杭州市省立医院	8	下											13										2		4				19	
於潜	8	下											4												12				16	
东阳	8	中											3												1				4	
东阳	8	下											2																2	
淳安	7	上											2												8				10	
淳安	7	中											2												9				11	
淳安	7	下											1												7				8	
淳安	8	上											1												11				12	
淳安	8	中											2												7				9	

续表

县别	月别	旬别	黄热病		霍乱		天花		斑疹伤寒		鼠疫		赤痢		白喉		猩红热		流行性脑脊髓膜炎		回归热		伤寒		疟疾		黑热病		总计	
			患	死	患	死	患	死	患	死	患	死	患	死	患	死	患	死	患	死	患	死	患	死	患	死	患	死	患	死
淳安	8	下											1												10				11	
余姚	8	上											4		1								3		17				25	
余姚	8	中											5	2	2	1							4		16				27	3
余姚	8	下											8	1									5	1	13				26	2
云和	8	下											3												90				93	
三门	8	上																							9				9	
三门	8	中																							22				22	
三门	8	下																							23				23	
嘉兴省立医院	8	上							1				1										1		15				18	
嘉兴省立医院	8	中							1														1		5				7	

续表

县别	月别	旬别	黄热病 患	黄热病 死	霍乱 患	霍乱 死	天花 患	天花 死	斑疹伤寒 患	斑疹伤寒 死	鼠疫 患	鼠疫 死	赤痢 患	赤痢 死	白喉 患	白喉 死	猩红热 患	猩红热 死	流行性脑脊髓膜炎 患	流行性脑脊髓膜炎 死	回归热 患	回归热 死	伤寒 患	伤寒 死	疟疾 患	疟疾 死	黑热病 患	黑热病 死	总计 患	总计 死
嘉兴省立医院	8	下							1														1		8				10	
杭县	8	下											28	2							3		6		26	2			63	4
仙居	8	上											6												14				20	
仙居	8	中											9												14				23	
仙居	8	下											11												17				28	
汤溪	8	上											12												15				27	
汤溪	8	中											18												25				43	
汤溪	8	下											14												11				25	
丽水	8	下																							8				8	
总计					3	1	2		4				376	9	37	1					3		50	1	1 159	5			1 634	17

附注:温岭发现者为疑似霍乱

浙江省各县市补报7月份至9月份疫情报告统计表

县别	月	旬	黄热病		霍乱		天花		斑疹伤寒		鼠疫		赤痢		白喉		猩红热		流行性脑脊髓膜炎		回归热		伤寒		疟疾		黑热病		总计	
			患	死	患	死	患	死	患	死	患	死	患	死	患	死	患	死	患	死	患	死	患	死	患	死	患	死	患	死
温岭	9	上											2												4				6	
温岭	9	中											1												3				4	
温岭	9	下											3										1		6				10	
临安	9	上											11												171				182	
临安	9	中											10												203				213	
临安	9	下											12												249				261	
泰顺	9	中																							43				43	
泰顺	9	下																							45				45	
衢县省立医院	7	上											6												4				10	
衢县省立医院	7	中											11												12				23	

续表

县别	月别	旬别	黄热病		霍乱		天花		斑疹伤寒		鼠疫		赤痢		白喉		猩红热		流行性脑脊髓膜炎		回归热		伤寒		疟疾		黑热病		总计	
			患	死	患	死	患	死	患	死	患	死	患	死	患	死	患	死	患	死	患	死	患	死	患	死	患	死	患	死
衢县省立医院	7	下											21												31				52	
衢县省立医院	8	上											19										5		46				70	
衢县省立医院	8	中											27												26				53	
衢县省立医院	8	下											21												24				45	
衢县省立医院	9	上											28										4		27				59	
衢县省立医院	9	中											24										3		27				54	

续表

病名 患死人数 县别	月	旬	黄热病		霍乱		天花		斑疹伤寒		鼠疫		赤痢		白喉		猩红热		流行性脑脊髓膜炎		回归热		伤寒		疟疾		黑热病		总计	
			患	死	患	死	患	死	患	死	患	死	患	死	患	死	患	死	患	死	患	死	患	死	患	死	患	死	患	死
衢县省立医院	9	下											28										11		30				69	
杭州市省立医院	9	上											18										12		7				37	
杭州市省立医院	9	中											3										5		10				18	
杭州市省立医院	9	下											1										4		9				14	
总计													246										45		987				1 278	

浙江省各县市疫情报告统计表

(1948 年度 10 月份上旬)

病名 / 患死人数 / 县市别	黄热病		霍乱		天花		斑疹伤寒		鼠疫		赤痢		白喉		猩红热		流行性脑脊髓膜炎		回归热		伤寒		疟疾		黑热病		统计	
	患	死	患	死	患	死	患	死	患	死	患	死	患	死	患	死	患	死	患	死	患	死	患	死	患	死	患	死
新登																							2				2	
分水																							12				12	
於潜																							16				16	
开化																							72				72	
杭县											4												8				12	
安吉																							31				31	
孝丰											4												12				16	
长兴											8										1		40				49	
德清											4												15				19	
武康											1												5				6	

续表

病名 患死人数 县市别	黄热病		霍乱		天花		斑疹伤寒		鼠疫		赤痢		白喉		猩红热		流行性脑脊髓膜炎		回归热		伤寒		疟疾		黑热病		统计	
	患	死	患	死	患	死	患	死	患	死	患	死	患	死	患	死	患	死	患	死	患	死	患	死	患	死	患	死
绍兴																							13				13	
上虞											3												6				9	
新昌							1														2		5				8	
义乌																							7				7	
磐安											27												66				93	
金华											8												9				17	
兰溪											10												7				17	
永康											3		1										2				6	
武义											47	2									21		61	3			129	5
开化											2												7				9	
遂安											2										1		19				22	

续表

病名 / 患死人数 / 县市别	黄热病		霍乱		天花		斑疹伤寒		鼠疫		赤痢		白喉		猩红热		流行性脑脊髓膜炎		回归热		伤寒		疟疾		黑热病		统计	
	患	死	患	死	患	死	患	死	患	死	患	死	患	死	患	死	患	死	患	死	患	死	患	死	患	死	患	死
江山											12		8										12				32	
鄞县											8		3						1		4		15				31	
慈溪											9												17				26	
定海											2												13				15	
奉化											4												9				13	
象山																					2		11				13	
天台																							20				20	
仙居											10												15				25	
平阳											13										2		16				31	
瑞安											3												14				17	
泰顺																							56				56	

续表

病名 患死人数 县市别	黄热病		霍乱		天花		斑疹伤寒		鼠疫		赤痢		白喉		猩红热		流行性脑脊髓膜炎		回归热		伤寒		疟疾		黑热病		统计	
	患	死	患	死	患	死	患	死	患	死	患	死	患	死	患	死	患	死	患	死	患	死	患	死	患	死	患	死
玉环											3												8				11	
丽水																							9				9	
龙泉											9												38				47	
遂昌											10												32				42	
青田																							35				35	
景宁																							8				8	
庆元																							13				13	
松阳																							24				24	
云和											9												72				81	
嘉兴																											0	
嘉善											3										1		3				7	

续表

县市别 \ 病名 \ 患死人数	黄热病		霍乱		天花		斑疹伤寒		鼠疫		赤痢		白喉		猩红热		流行性脑脊髓膜炎		回归热		伤寒		疟疾		黑热病		统计	
	患	死	患	死	患	死	患	死	患	死	患	死	患	死	患	死	患	死	患	死	患	死	患	死	患	死	患	死
海盐											2										1		27				30	
平湖											1												3				4	
崇德																							10				10	
桐乡																							11				11	
富阳											11												31				42	
桐庐											6												32				38	
建德											2												8				10	
浦江											1												1				2	
寿昌											1																1	
杭州市											36		1				1				25		41		1		105	
总计							1				278	2	13				1		1		60		1019	3	1		1374	5

浙江省各县市疫情报告统计表

（1948年度10月份中旬）

病名／患死人数／县市别	黄热病		霍乱		天花		斑疹伤寒		鼠疫		赤痢		白喉		猩红热		流行性脑脊髓膜炎		回归热		伤寒		疟疾		黑热病		统计	
	患	死	患	死	患	死	患	死	患	死	患	死	患	死	患	死	患	死	患	死	患	死	患	死	患	死	患	死
新登																							3				3	
分水																							11				11	
於潜																							25				25	
开化																							76				76	
杭县											2								1				8				11	
安吉											9												54				63	
孝丰											3												11				14	
长兴																							36				36	
德清											5												74				79	
武康																							4				4	
绍兴											2												16				18	
新昌																					2		6				8	

续表

病名 患死人数 县市别	黄热病		霍乱		天花		斑疹伤寒		鼠疫		赤痢		白喉		猩红热		流行性脑脊髓膜炎		回归热		伤寒		疟疾		黑热病		统计	
	患	死	患	死	患	死	患	死	患	死	患	死	患	死	患	死	患	死	患	死	患	死	患	死	患	死	患	死
义乌																							30				30	
磐安											34												71				105	
金华											3		2	1							1		8				14	1
兰溪											7												5				12	
永康											5												4				9	
武义											35	2									24	1	74	3			133	6
开化																							6				6	
江山																											0	
鄞县											13		7	1					1		5	1	20				46	2
慈溪											1												49				50	
定海																							8				8	
奉化											5												10				15	

续表

病名 患死人数 县市别	黄热病		霍乱		天花		斑疹伤寒		鼠疫		赤痢		白喉		猩红热		流行性脑脊髓膜炎		回归热		伤寒		疟疾		黑热病		统计	
	患	死	患	死	患	死	患	死	患	死	患	死	患	死	患	死	患	死	患	死	患	死	患	死	患	死	患	死
象山											2												6				8	
天台																							21				21	
仙居											9												16				25	
平阳											11										1		18				30	
瑞安											2												6				8	
泰顺																							19				19	
玉环																							3				3	
丽水																							4				4	
遂昌											21										2	1	52				75	1
青田											1												59				60	
景宁																							9				9	
庆元											6												17				23	

续表

病名 患死人数 县市别	黄热病		霍乱		天花		斑疹伤寒		鼠疫		赤痢		白喉		猩红热		流行性脑脊髓膜炎		回归热		伤寒		疟疾		黑热病		统计	
	患	死	患	死	患	死	患	死	患	死	患	死	患	死	患	死	患	死	患	死	患	死	患	死	患	死	患	死
云和											1												96				97	
嘉兴																											0	
海盐											3												13				16	
平湖											2												4				6	
崇德																							8				8	
桐乡																							21				21	
富阳											9												17				26	
桐庐											1												34				35	
建德											1												16				17	
浦江											7																7	
寿昌											1												12				13	
杭州市											34		5						1		14		52				106	
总计											235	2	14	2					3		49	3	1 112	3			1 405	10

浙江省各县市疫情报告统计表

（1948 年度 10 月份下旬）

病名 / 患死人数 / 县市别	黄热病		霍乱		天花		斑疹伤寒		鼠疫		赤痢		白喉		猩红热		流行性脑脊髓膜炎		回归热		伤寒		疟疾		黑热病		统计	
	患	死	患	死	患	死	患	死	患	死	患	死	患	死	患	死	患	死	患	死	患	死	患	死	患	死	患	死
新登																							3				3	
分水											1												53				54	
开化																							98				98	
杭县																			5				6				11	
安吉																							64				64	
孝丰											5												13				18	
长兴																					1		18				19	
德清											22												47				69	
武康																							2				2	
绍兴											1												19				20	
萧山																	1										1	

续表

病名 / 患死人数 / 县市别	黄热病		霍乱		天花		斑疹伤寒		鼠疫		赤痢		白喉		猩红热		流行性脑脊髓膜炎		回归热		伤寒		疟疾		黑热病		统计	
	患	死	患	死	患	死	患	死	患	死	患	死	患	死	患	死	患	死	患	死	患	死	患	死	患	死	患	死
新昌																					1		7				8	
义乌																							33				33	
金华											2		2	1									9				13	1
永康											3												1				4	
汤溪											19												23				42	
武义											30	3															30	3
开化																							5				5	
江山											2												65				67	
鄞县											80		4								6		72				162	
慈溪											3												28				31	
奉化											1												10				11	
象山																					2		11				13	
天台											1										1		14				16	

续表

县市别＼患死人数＼病名	黄热病		霍乱		天花		斑疹伤寒		鼠疫		赤痢		白喉		猩红热		流行性脑脊髓膜炎		回归热		伤寒		疟疾		黑热病		统计	
	患	死	患	死	患	死	患	死	患	死	患	死	患	死	患	死	患	死	患	死	患	死	患	死	患	死	患	死
仙居											7												11				18	
平阳											7										2		17				26	
瑞安											4												8				12	
玉环																							3				3	
丽水											1										1		28				30	
龙泉											12												57				69	
遂昌											13		1										39				53	
青田																							69				69	
景宁																							11				11	
庆元											4												13				17	
云和																							40				40	
嘉兴																											0	
海盐											2												9				11	

续表

病名／患死人数／县市别	黄热病		霍乱		天花		斑疹伤寒		鼠疫		赤痢		白喉		猩红热		流行性脑脊髓膜炎		回归热		伤寒		疟疾		黑热病		统计	
	患	死	患	死	患	死	患	死	患	死	患	死	患	死	患	死	患	死	患	死	患	死	患	死	患	死	患	死
崇德																							10				10	
桐乡																							18				18	
富阳											22						1						40				63	
桐庐											3												31				34	
建德											1												13				14	
浦江											4																4	
新昌											7												17				24	
杭州市											20		3				2				19	1	47				91	1
总计											112	3	10	1			4		5		33	1	1 082				1 246	5
逐月累计			26	11	891	75	65	2	27	19	5 558	73	215	13	24	2	655	18	63		1 475	40	24 858	64	23		33 872	310

(龙游县档案馆1-13-15)

（三）龙游县疫情相关报告统计

龙游县社阳乡1945年度疾病调查表

龙游县社阳乡疾病调查表　三四年度编造

姓名	年龄	性别	保	甲	户	病状	发病日期 年	月	日	何处医治
姜德进	三九	男	1	1	2	寒热病	本	9	27	
姜梓瑞	二六	男	1	1	9	寒热病	34	8	14	
姜永智	一八	男	1	1	13	寒热病	34	9	24	
姜和富	六三	男	1	1	12	恶疟	34	9	14	
刘梓奶	三〇	男	1	2	1	恶疟	34	9	8	
朱德贵	二五	男	1	2	4	寒热病	34	8	16	
傅文抹	五三	女	1	2	6	寒热病	34	9	10	
朱德为	四一	男	1	2	11	久病	34			
宋石裕	四三	男	1	3	3	恶疟	34	8	3	
钟马如	二四	男	1	3	5	久病	34			
张礼志	三三	男	1	4	3	寒热病	34	3		
张树枝	二二	男	1	4	4	寒热病	34	7	80	
张知彪	三六	男	1	4	6	寒热病	34	8	5	
张梓如	一八	男	1	4	9	寒热病	34	9	7	
张礼育	四三	男	1	5	11	恶疟	34	9	17	
张知槐	三五	男	1	5	12	恶疟	34	8	9	
叶瑞棠	四二	男	1	5	13	恶疟	34	9	6	
徐小连	四八	女	1	6	3	寒热病	34	9	3	
叶瑞槐	四六	男	1	6	3	寒热病	34	7	22	
徐梓祥	一九	男	1	7	6	寒热病	34	8	9	
徐思义	三五	男	1	8	1	恶疟	34	9	10	
徐思顺	三〇	男	1	8	2	恶疟	34	8	9	
徐顺仁	二六	男	1	8	8	恶疟	34	8		
徐阎明	四六	男	1	8	12	恶疟	34	8		

续表

龙游县社阳乡疾病调查表　三四年度编造

姓名	年龄	性别	保	甲	户	病状	发病日期 年	月	日	何处医治
徐履仙	二一	男	1	8	12	恶疟	34	8		
徐树功	三一	男	1	14	7	恶疟	34	8		
徐梓保	三五	男	1	10	1	寒热病	34	9		
徐凤明	五三	男	1	10	5	久病	34			
徐世年	二一	男	1	10	9	寒热病	34	7		
徐光临	二三	男	1	10	11	寒热病	34	9		
徐恭泰	六九	男	1	11	5	恶疟	34	10		
徐永高	二九	男	1	11	7	恶疟	34	10	3	
徐廷	三五	男	1	12	4	久病	34			
徐明善	二二	男	1	12	7	久病	34			
徐梓全	三〇	男	1	13	6	寒热	34	8	4	
姓名	年龄	性别	保	甲	户	病状	发病日期 年	月	日	何处医治
徐祥太	二三	男	1	14	11	寒热	34	8	1	
徐恩清	三〇	男	1	8	1	寒热	34	9	6	
邱法明	三七	男	2	1		时疫病	34	9		
邱根水		男	2	1	6	时疫病	34	9		
邱盛氏		女		1	6	时疫病	34	9		
邱刘氏		女		2		时疫病	34	9		
邱徐三弟		女		2		时疫病	34	8		
胡小南		男		2		时疫病	34	8		
孙法根		男		2		时疫病	34	7		
张添福		男		3		时疫病	34	8		
张添盛		男	2	3		时疫病	34	9		
马银海	二九	男	2	4		时疫病	34	9		

续表

龙游县社阳乡疾病调查表　三四年度编造

姓名	年龄	性别	保	甲	户	病状	发病日期 年	月	日	何处医治
叶香		女	2	4		时疫病	34	9		
罗顺招	四〇	男	2	4		时疫病	34	7		
罗顺满		男	2	4		时疫病	34	9		
陈明金		男	2	4		时疫病	34	10		
马桂喜		男	2	5		时疫病	34	7		
马氏		女	2	5		时疫病	34	10		
潘体楷	四六	男	2	5		时疫病	34	8		
李福荣		男	2	5		时疫病	34	8		
罗根荣		男	2	5		时疫病	34	7		
罗春福		男	2	6		时疫病	34	9		
邱梓坤		男	2	6		时疫病	34	9		
李凤		女	2	6		时疫病	34	10		
朱樟光		男	2	6		时疫病	34	9		
朱光韬		男	2	6		时疫病	34	7		
朱光明		男	2	6		时疫病	34	10		
叶连树	三九	男	2	7		时疫病	34	7		
罗荣全		男	2	7		时疫病	34	7		
罗德松		男	2	7		久病	34	3		
罗永林		男	2	7		时疫病	34			
罗光宝		男	2	8		时疫病	34	9		
罗福根		男	2	8		时疫病	34	8		
罗秋兰		女	2	8		时疫病	34	9		
徐梓增		男	2	8		时疫病	34	8		
盛石金	三〇	男	2	8		时疫病	34	8		

续表

龙游县杜阳乡疾病调查表 三四年度编造

姓名	年龄	性别	保	甲	户	病状	发病日期 年	月	日	何处医治
康有青		男	2	10		时疫病	34	8		
巫樟有		男	2	10		时疫病	34	8		
傅光根		男	2	10		时疫病	34	8		
傅光钦		男	2	10		时疫病	34	8		
傅来追		男	2	10		时疫病	34	9		
康有根		男	2	11		时疫病	34	7		
康德氏		女	2	11		时疫病	34	7		
叶瑞英		男	2	11		时疫病	34	9		
张礼英		男	2	12		时疫病	34	9		
张松寿	四〇	男	3	1	13	恶疟	34	8	14	
张志元	二〇	男	3	1	5	寒热病	34	8	4	
张礼富	三四	男	3	1	7	久病	34	9	5	
张礼柱	四三	男	3	1	6	寒热病	34	9	6	
张金根	二七	男	3	1	12	寒热病	34	9	8	
邱梓宝	三二	男	3	2	5	寒热病	34	9	9	
邱梓银	三八	男	3	2	2	寒热病	34	8	7	
邱德位	四〇	男	3	2	3	寒热病	34	8	10	
刘培坤	二四	男	3	2	11	寒热病	34	10	13	
刘金源	三三	男	3	2	8	寒热病	34	9	12	
张氏	四九	女	3	2	11	久病	31	4	28	
赖凤泰	四四	男	3	3	9	时疫病	34	8	6	
赖佩泉	一八	男	3	3	9	时疫病	34	8	29	
曾马如	四八	男	3	3	6	时疫病	34	2	18	
池招弟	五二	女	3	3	6	肺痨病	25	1	8	

续表

龙游县社阳乡疾病调查表　三四年度编造

姓名	年龄	性别	保	甲	户	病状	发病日期			何处医治
							年	月	日	
刘金滕	二八	男	3	3	5	时疫病	34	8	6	
赖有寿	二七	男	3	4	7	时疫病	34	8	30	
赖梓清	四八	男	3	4	8	时疫病	34	9	4	
池秋弟	二八	女	3	4	7	久病	33	4	4	
傅先根	五四	男	3	4	10	时病	34	8	8	
楼梓顺	五三	男	3	4	3	时病	34	9	9	
赖梓土	四五	男	3	4	5	时病	34	10	1	
赖世成	三七	男	3	4	12	时病	34	8	5	
赖根生	三四	男	3	3	10	心痛病	34	7	12	
吴梓荀	二五	男	3	5	11	时疫病	34	8	25	
刘培华	二一	男	3	5	4	寒热病	34	8	20	
刘显荣	二五	男	3	5	5	时疫病	34	8	6	
刘金有	四八	男	3	5	3	心脏病	31	3	9	
赖贵和	四五	男	3	6	3	时疫病	34	9	1	
徐廷业	四四	男	3	6	6	时疫病	34	9	2	
朱汝贤	二二	男	3	6	4	时疫病	34	9	4	
胡石清	四〇	男	3	6	7	时疫病	34	9	5	
胡兆兴	四四	男	3	6	15	时疫病	34	8	9	
吴有如	四三	男	3	7	4	时疫病	34	8	12	
池昌有	三九	男	3	8	6	时疫病	34	8	15	
池增海	三六	男	3	8	5	时疫病	34	9	14	
叶生明	二二	男	3	8	2	时疫病	34	8	13	
池增泉	五〇	男	3	8	10	久病	33	7	6	
池昌发	三三	男	3	9	9	时疫病	34	10	10	

续表

龙游县社阳乡疾病调查表　三四年度编造

姓名	年龄	性别	保	甲	户	病状	发病日期 年	月	日	何处医治
汪根荣	二三	男	3	9	3	时疫病	34	10	5	
汪石昌	四八	男	3	9	3	时疫病	34	10	4	
徐政业	三九	男	3	10	3	时疫病	34	8	4	
徐源昌	四〇	男	3	10	11	时疫病	34	8	5	
邱来寿	四九	男	3	10	1	时疫病	34	9	3	
宋连寿	四五	男	3	10	2	时疫病	34	9	5	
王土根	二九	男	3	10	8	时疫病	34	8	4	
阮如魁	四五	男	3	10	6	时疫病	34	8	2	
邱土金	一八	男	3	10	9	吐血	33	3	5	
张礼庚	四八	男	3	11	5	时疫病	33	8	6	
赵石根	三二	男	3	11	10	时疫病	33	8	9	
张如常	三五	男	3	13	5	时疫病	34	8	14	
刘五福	三一	男	3	13	2	时疫病	34	8	4	
张如贤	三九	男	3	13	11	时疫病	34	9	2	
朱梓根	四五	男	3	12	2	时疫病	34	9	5	
朱根寿	三九	男	3	12	4	时疫病	34	9	6	
张如生	四八	男	3	12	8	时疫病	34	10	4	
朱有根	三八	男	3	12	10	时疫病	34	10	5	
张登宝	三六	男	3	12	9	时疫病	34	8	8	
徐春凤	五三	女	3	13	5	时疫病	34	8	4	
宋冬苟	二六	男	3	14	4	久病	33	1	4	
陈梓槐	二八	男	3	14	3	时疫病	34	10	5	
张知连	四二	男	3	14	14	时疫病	34	10	3	
范梅根	三二	男	3	15	1	时疫病	34	10	4	

续表

龙游县社阳乡疾病调查表　三四年度编造

姓名	年龄	性别	保	甲	户	病状	发病日期 年	月	日	何处医治
张永富	六二	男	3	15	5	时疫病	34	8	25	
王春发	二八	男	3	15	12	时疫病	34	8	26	
范土根	四七	男	3	15	2	久病	32	7	5	
刘森全	五一	男	4	1	1	久病	34	4	15	
查松瑞	四六	男	4	1	4	久病	34	6	17	
金廷尧	三九	男	4	1	7	恶性疟疾	34	5	12	
张福源	二七	男	4	1	13	恶性疟疾	34	4	11	
张登科	五四	男	4	1	11	久病	34	4	15	
张登有	四四	男	4	1	14	久病	34	3	13	
张登福	三七	男	4	1	12	恶性疟疾	34	7	11	
查树财		男	4	2	2	久病	34	5	15	
张登有妻	四一	女	4	1	14	久病	34	3	1	
查树财母		女	4	2		久病	34	7	13	
张桂发	三五	男	4	2	6	恶性疟疾	34	5	14	
张延发	一九	男	4	2	3	恶性疟疾	34	5	20	
张如发	一五	男	4	2	3	恶性疟疾	34	5	21	
张连英	四九	女	4	2		久病	34	7	14	
张查发	一九	男	4	2	5	恶性疟疾	34	7	15	
张登瑞	三二	男	4	2	11	恶性疟疾	34	7	12	
张连根	三一	男	4	3	2	恶性疟疾	34	1	4	
张梓连	四八	男	4	3	4	恶性疟疾	34	7	5	
傅福清	二六	男	4	3	8	久病	34	7	3	
傅梓奶	三六	男	4	3	7	久病	34	5	6	
汤溪奶		男	4	3		久病	34	3	10	

续表

龙游县社阳乡疾病调查表 三四年度编造

姓名	年龄	性别	保	甲	户	病状	发病日期 年	月	日	何处医治
汤溪奶妻		女	4	3	2	久病	34	2	4	
吴宝卿	一八	男	4	4	13	时疫病	34	4	5	
吴宝璋	五〇	男	4	4	2	恶性疟疾	34	1	9	
吴来荀	三六	男	4	4	14	恶性疟疾	34	7	29	
唐招兰	三七	女	4	8	2	恶性疟疾	34	8	9	
陈小牛	五六	男	4	8	9	恶性疟疾	34	9	8	
徐廷伟	四〇	男	4	8	7	恶性疟疾	34	9	3	
邱奶	一〇	男	4	8	2	恶性疟疾	34	10	3	
徐廷勋	三九	男	4	9	10	恶性疟疾	34	8	5	
徐针宝	十七	男	4	9	10	恶性疟疾	34	8	11	
徐梓土	二〇	男	4	9	9	恶性疟疾	34	9	11	
徐来荀	四八	男	4	9	3	恶性疟疾	34	10	2	
徐辛炎	二三	男	4	9	8	恶性疟疾	34	10	13	
徐邱氏	五二	女	4	9	8	恶性疟疾	34	10	4	
徐梅兰	一五	女	4	9	8	恶性疟疾	34	10	5	
徐张氏	十七	女	4	9	10	恶性疟疾	34	10	12	
徐梓如	四七	男	4	9	11	恶性疟疾	34	8	8	
徐树宝	四〇	男	4	9	2	恶性疟疾	34	9	5	
徐樟生	三六	男	4	9	1	恶性疟疾	34	9	23	
徐忠华	二〇	男	4	9	4	恶性疟疾	34	9	4	
傅文明	二一	男	4	10	4	恶性疟疾	34	8	7	
傅邱氏	三八	女	4	10	5	恶性疟疾	34	8	21	
傅作贵	四〇	男	4	10	1	恶性疟疾	34	9	10	
傅黄氏	五八	女	4	10	1	恶性疟疾	34	10	4	

续表

龙游县社阳乡疾病调查表　三四年度编造

姓名	年龄	性别	保	甲	户	病状	发病日期			何处医治
							年	月	日	
张进贤	二八	男	4	10	10	恶性疟疾	34	10	11	
张志贤	二五	男	4	10	10	恶性疟疾	34	10	16	
张刘氏	二五	女	4	10	10	恶性疟疾	34	10	16	
梓顺	四二	男	4	10	3	恶性疟疾	34	10	17	
邱如福	一八	男	4	10	2	恶性疟疾	34	10	5	
徐月英	一二	女	4	10	5	恶性疟疾	34	10	15	
吴宝琛	四八	男	4	10	4	恶性疟疾	34	6	5	
吴小牛	二〇	男	4	10	8	恶性疟疾	34	7	5	
吴寿贵	三七	男	4	4	6	恶性疟疾	34	6	5	
吴奶奶	三〇	男	4	5	7	恶性疟疾	34	7	6	
吴来珠	四四	男	4	5	8	恶性疟疾	34	7	20	
吴金富	二六	男	4	5	9	恶性疟疾	34	7	20	
吴梓如	四七	男	4	6	2	恶性疟疾	34	8	5	
程清林	四二	男	4	6	3	恶性疟疾	34	8	6	
邱连高	四二	男	4	6	9	恶性疟疾	34	9	20	
邱如清	一七	男	4	7	10	恶性疟疾	34	10	5	
徐如棣	三〇	男	4	7	6	恶性疟疾	34	8	10	
徐如南	三四	男	4	7	4	恶性疟疾	34	6	5	
徐查富	三六	男	4	7	7	恶性疟疾	34	8	5	
徐炳增	十二	男	4	7	4	恶性疟疾	34	8	6	
徐张氏	三一	女	4	7	6	恶性疟疾	34	8	7	
徐树人	一四	男	4	7	5	恶性疟疾	34	8	5	
徐树兰	十二	男	4	7	5	恶性疟疾	34	9	6	
邱玉成	三三	男	4	7	9	恶性疟疾	34	10	6	

续表

龙游县社阳乡疾病调查表 三四年度编造

姓名	年龄	性别	保	甲	户	病状	发病日期 年	月	日	何处医治
余梓标	三六	男	4	8	6	恶性疟疾	34	8	16	
邱梓炳	四二	男	4	8	3	恶性疟疾	34	8	7	
邱梓牛	四二	男	4	8	1	恶性疟疾	34	6	8	
邱如明	一九	男	4	8	1	恶性疟疾	34	6	7	
邱老四	一二	男	4	8	1	恶性疟疾	34	7	11	
陈麦海	四八	男	4	8	8	恶性疟疾	34	8	12	
邱如华	四八	男	4	8	10	恶性疟疾	34	5	9	
邱峻德	二四	男	4	8	10	恶性疟疾	34	6	8	
周增香	二一	女	4	8	10	恶性疟疾	34	10	10	
洪梓继	二五	男	4	12	9	恶性疟疾	34	9	5	
洪志奇	二四	男	4	12	7	恶性疟疾	34	9	8	
洪邱氏	四〇	女	4	12	7	恶性疟疾	34	9	14	
洪志芳	二二	男	4	12	7	恶性疟疾	34	9	67	
洪来增	五三	男	4	12	7	恶性疟疾	34	8	15	
洪伯才	一八	男	4	12	6	恶性疟疾	34	9	19	
傅癞子	五〇	男	4	12	13	恶性疟疾	34	9	24	
邱梓贤	四六	男	4	12	10	恶性疟疾	34	9	28	
邱来荀	三八	男	4	12	12	恶性疟疾	34	10	5	
张寿长	四九	男	5	7	12	久病	34	4	12	
胡树森	四二	男	5	7	13	久病	34	4	8	
徐秋标	三三	男	5	8	1	久病	34	7	12	
徐清	二二	男	5	8	2	时疫病	34	9	20	
徐秋发	四三	男	5	8	3	时疫病	34	9	17	
何住有	三〇	男	5	8	5	时疫病	34	9	5	

续表

龙游县社阳乡疾病调查表　三四年度编造

姓名	年龄	性别	保	甲	户	病状	发病日期 年	月	日	何处医治
何梓弟	四〇	男	5	8	7	寒热病	34	9	11	
陈金品	二〇	男	5	8	12	寒热病	34	9	18	
邱梓林	三七	男	5	8	14	久病	34	7	4	
邱华牛	二〇	男	5	9	5	恶性疟疾	34	8	24	
何梓连	三四	男	5	10	1	恶性疟疾	34	8	17	
邱梓春	一八	男	5	10	4	恶性疟疾	34	9	7	
邱永兵	四七	男	5	10	9	恶性疟疾	34	9	16	
邱荣东	四五	男	5	11	3	恶性疟疾	34	9	8	
邱梓喜	二二	男	5	11	5	恶性疟疾	34	9	20	
邱焦开	一八	男	5	11	5	恶性疟疾	34	9	24	
黄梓焕	三六	男	5	11	13	恶性疟疾	34	8	30	
邱小荀	一八	男	5	12	4	恶性疟疾	34	9	18	
邱连尧	二四	男	5	2	5	恶性疟疾	34	8	10	
徐品连	四六	男	5	2	11	恶性疟疾	34	7	20	
徐卸牛	四二	男	5	3	1	恶性疟疾	34	8	9	
徐振华	二六	男	5	3	5	恶性疟疾	34	8	4	
徐大奶	二三	男	5	3	6	恶性疟疾	34	9	12	
徐石奶	五〇	男	5	3	7	恶性疟疾	34	9	21	
徐树尧	三〇	男	3	3	8	恶性疟疾	34	9	27	
洪树云	二三	男	3	4	1	恶性疟疾	34	8	28	
巫大奶	四六	男	3	4	2	恶性疟疾	34	9	15	
巫处州奶	三六	男	3	5	2	恶性疟疾	34	9	8	
李春荀	五四	男	3	6	1	恶性疟疾	34	9	19	
傅秋荀	三五	男	3	6	4	恶性疟疾	34	9	28	

续表

龙游县社阳乡疾病调查表 三四年度编造

姓名	年龄	性别	保	甲	户	病状	发病日期 年	月	日	何处医治
李金奶	三五	男	5	6	3	恶性疟疾	34	9	25	
李卸土	四一	男	5	6	7	恶性疟疾	34	9	8	
傅增生	二六	男	5	7	2	久病	34	7	14	
陈梓荀	三九	男	5	6	8	久病	34	8	9	
余耿芳	四七	男	5	7	10	久病	34	9	18	
李财荀	一八	男	5	7	11	久病	34	9	17	
邱荣清	二三	男	5	12	7	恶性疟疾	34	9	7	
邱华新	一九	男	5	13	3	恶性疟疾	34	8	16	
邱华林	三四	男	5	13	6	恶性疟疾	34	8	27	
邱华迁	一八	男	5	13	6	恶性疟疾	34	9	1	
邱准开	四一	男	5	14	4	恶性疟疾	34	9	26	
邱增柱	三五	男	5	14	6	恶性疟疾	34	9	6	
邱树根	二八	男	5	14	7	恶性疟疾	34	9	12	
华东友	二五	男	6	1	1	恶性疟疾	34	8		
傅梓春	二四	男	6	1	5	恶性疟疾	34	8		
曾梓弟	二〇	男	6	2	2	恶性疟疾	34	8		
曾如金	二〇	男	6	2	9	恶性疟疾	34	8		
陈小贤	二二	男	6	4	5	恶性疟疾	34	8		
余招妹	六七	女	6	4	9	恶性疟疾	34	8		
张宝林	二二	男	6	5	1	恶性疟疾	34	8		
邹树林	三二	男	6	5	3	恶性疟疾	34	7		
余炳福	二〇	男	6	5	6	恶性疟疾	34	6		
余财富	二七	男	6	5	7	恶性疟疾	34	6		
方来荀	二五	男	6	7	6	恶性疟疾	34	8		

续表

龙游县社阳乡疾病调查表　三四年度编造

姓名	年龄	性别	保	甲	户	病状	发病日期 年	月	日	何处医治
余启寿	三五	男	6	8	10	恶性疟疾	34	9	2	
余志林	二五	男	6	9	8	恶性疟疾	34	11	8	
余宝珍	三〇	男	6	11	5	恶性疟疾	34	9	8	
余梓海	二七	男	6	10	5	恶性疟疾	34	7		
盛路宝	四五	男	6	12	12	恶性疟疾	34	8		
余福影	四九	男	6	6	7	恶性疟疾	34	8		
余廷寿	二〇	男	6	10	8	恶性疟疾	34	8		
凌文焕	六九	男	7	12	6	恶性疟疾	34	7	12	希塘医治
宋银标	五九	男	7	12	7	恶性疟疾	34	8	3	希塘医治
叶曾氏	四四	女	7	13	10	恶性疟疾	34	4	4	希塘医治
曾晏氏	四〇	女	7	13	7	恶性疟疾	34	7	6	希塘医治
宋叶氏	二七	女	7	12	7	恶性疟疾	34	6	8	希塘医治
范景林	四九	男	7	11	5	久病	33	10	9	
宋文光	五四	男	7	10	5	寒热病	34	6	11	
邱梓凤	三四	男	7	5	1	寒热病	34	7	2	
周翠连	三六	女	7	5	1	寒热病	34	8	10	官赛
方邱氏	三六	女	7	2	7	寒热病	34	7	9	官赛
蓝增高	三八	男	7	9	1	寒热病	34	9	17	官赛
杨朱氏	六〇	女	7	4	6	寒热病	34	6	5	官赛
曾小兰	四五	女	7	4	7	寒热病	34	8	2	希塘
丁金连	五三	女	7	4	8	寒热病	34	8	10	希塘
吴冬兰	四八	女	7	4	11	寒热病	34	7	8	希塘
黄凤如	四六	男	7	4	10	寒热病	34	7	9	希塘
曾小兰	三二	女	7	3	4	寒热病	34	8	5	官赛

续表

龙游县社阳乡疾病调查表 三四年度编造

姓名	年龄	性别	保	甲	户	病状	发病日期 年	月	日	何处医治
吕凤美	三八	女	7	8	3	恶性疟疾	34	8	10	官赛
伊满富	一六	男	8	1	2	足疯疾	34			
劳闰泰	四八	男	8	1	7	烂脚	34	8		
曾卸如	四九	女	8	1	10	时疫法	34	6		
赵根香	四六	女	8	1	13	时疫法	34	8		
劳金球	三五	男	8	2	1	烂脚	34	9		
劳发祥	四二	男	8	2	8	寒热病	34	8		
范卸妹	七三	女	8	2	8	老疯疾	34			
傅秋如	六三	女	8	2	9	时疫病	34	9		
劳金镒	五〇	男	8	3	1	烂脚	34	7		
曾卸德	三九	男	8	3	5	烂脚	34	1		
劳福祺	七九	男	8	3	8	烂脚	34	8		
劳立源	五三	男	8	3	9	烂脚	34	2		
劳翠花	一八	女	8	3	9	烂脚	34	4		
黄梓荣	五六	男	8	4	13	肺痨病	34	2		
陆增福	一八	男	8	5	1	烂脚	34	8		
陈宝兰	三六	女	8	5	9	烂脚	34	7		
劳银余	一一	男	8	5	11	痢疾	34	8		
劳吉祥	三二	男	8	5	12	烂脚	34	2		
劳梓彩	一八	男	8	6	2	烂脚	34	7		
劳根球	三五	男	8	6	3	寒热病	34	8		
璩春凤	四〇	女	8	6	11	烂脚	34	9		
徐开存	二八	男	8	6	11	烂脚	34	6		
徐开喜	一八	男	8	6	11	烂脚	34	8		

续表

龙游县社阳乡疾病调查表　三四年度编造

姓名	年龄	性别	保	甲	户	病状	发病日期 年	月	日	何处医治
陈奶	六〇	女	8	7	2	恶性疟疾	34	6		
劳在明	四八	男	8	7	6	烂脚	34	8		
劳金新	二二	男	8	7	6	烂脚	34	2		
劳高褚	四一	男	8	8	4	烂脚	34	8		
劳梓龙	一八	男	8	8	7	寒热病	34	7		
劳金水	一四	男	8	8	7	寒热病	34	10		
劳恒弟	四四	男	8	8	9	烂脚	34	5		
刘金昌	四三	男	8	10	4	烂脚	34	9		
刘连荣	七一	男	8	11	8	烂脚	34	8		
刘招根	一七	男	8	13	9	寒热病	34	4		
赖春兰	四六	女	8	14	6	寒热病	34	10		
劳金余	二〇	男	8	5	9	烂脚	34	9		
劳玉华	五六	男	8	2	1	烂脚	34	9		
劳金铎	四四	男	8	3	2	寒热病	34	9		
劳开芝	四一	男	8	8	7	时疫病	34	10		
宋连弟	五二	男	9	2	6	寒热病	34	8	21	
金竹	一五	男	9	2	6	寒热病	34	7	16	
宋如松	三二	男	9	2	9	寒热病	34	8	13	
练春生	五五	男	9	7	2	寒热病	34	6	13	
刘先才	四九	男	9	7	4	寒热病	34	5	10	
晏招富	五三	男	9	8	7	寒热病	34	7	12	
陈文羊	五二	男	9	9	3	寒热病	34	8	16	
宋氏	四八	女	9	9	12	寒热病	34	10	7	
谢开仁	四三	男	9	9	13	寒热病	34	8	26	

续表

龙游县社阳乡疾病调查表 三四年度编造

姓名	年龄	性别	保	甲	户	病状	发病日期			何处医治
							年	月	日	
季五奶	五六	女	9	10	6	恶性疟疾	34	8	1	
张开连	三七	男	9	10	10	恶性疟疾	34	7	6	
吴梓清	四七	男	9	11	1	恶性疟疾	34	9	4	
徐招弟	四一	女	9	11	2	恶性疟疾	34	8	5	
吴永贤	六〇	男	9	11	3	恶性疟疾	34	9	22	
沈石奶	五六	男	9	11	6	恶性疟疾	34	9	10	
沈石美	五一	男	9	11	7	恶性疟疾	34	10	3	
项卸奶	四二	女	9	11	7	恶性疟疾	34	9	21	
叶锦成	五二	男	10	1	4	恶性疟疾	34	10		
叶石清	一三	男	10	1	4	久病	33	3		
叶锦秀	五五	男	10	1	5	久病	34	3		
叶庆余	六	男	10	2	3	肺病	34	11		
叶梓土	二八	男	10	2	6	寒热病	33	4		
方根英	三二	男	10	2	9	寒热病	33	5		
叶成甫	四九	男	10	2	10	寒热病	33	5		
叶梓根	四〇	男	10	3	2	寒热病	33	5		
盛兰弟	四八	女	10	3	5	久病	33	10		
叶锡章	四八	男	10	3	6	寒热病	34	4		
叶锡有	五一	男	10	4	2	久病	33			
姜连秀	五〇	女	10	4	5	久病	33			
萧梓水	四七	男	10	5	5	久病	33	8		
罗梓根	五二	男	10	6	10	久病	33			
罗黄氏	四二	女	10	6	11	久病	33			
吴梓林	四〇	男	10	7	3	久病	33			

续表

龙游县社阳乡疾病调查表　三四年度编造

姓名	年龄	性别	保	甲	户	病状	发病日期 年	月	日	何处医治
杨春秀	四九	男	10	7	5	久病	34			
罗三奶	五二	男	10	7	6	久病	34			
金仙荣	四八	女	10	7	1	寒热病	34			
俞开良	四三	男	10	8	11	寒热病	34			
俞开泉	四五	男	10	8	12	久病	33			
张梓寿	四一	男	10	8	14	寒热病	34			
胡宝善	五〇	男	10	8	15	寒热病	34			
郑学智	三五	男	10	9	2	寒热病	34			
郑梓顺	四七	男	10	9	3	寒热病	34			
郑金和	三六	男	10	9	6	寒热病	34			
郑金海	三九	男	10	9	8	寒热病	34			
郑文宝	二七	男	10	10	2	寒热病	34			
郑开福	五七	男	10	10	3	寒热病	34			
徐菊花	二五	女	10	10	8	寒热病	34			
郑天才	四八	男	10	10	9	久病	33			
詹树清	一九	男	10	10	11	寒热病	34			
郑开桃	三二	男	10	10	13	寒热病	34			
叶培林	二四	男	10	4	2	寒热病	34			

（龙游县档案馆 1－13－11）

（四）汤溪县1944年度疟疾赤痢情况报告

汤溪县1944年度疟疾赤痢防治工作报告

一、疫情简报

甲、按本县疟痢之流行始于三十一年我口流窜后，荏苒迁延数年，于兹地区之广蔓延全县。

乙、本年五月间，倭寇再度流窜以致被敌蹂躏之乡镇，如三民石狮芝猪中枢界塘循吏礼义等各乡镇，以及为民众避难之塔石区，疟疾仍继续蔓延，势甚猖獗，赤痢次之。

二、本年度县防疫行政部门措施

甲、订定三十三年度防疫工作计划以防治疟痢之传播为工作重要之对象。

乙、拟定汤溪县加紧防疫工作计划以利疟疾之防治。

丙、组织巡回卫生工作队督导乡镇保各级卫生机构改善环境卫生。

丁、设置卫生人员训练班，训练卫生人员以增加乡村卫生工作效率。

戊、编印疟疾防治实施办法，以广宣传。

三、工作

甲、充实各级卫生机构

将城北区塔石区各设卫生分院一所，又于三民乡、椿乡、汤塘乡、□大镇、界塘乡、礼仪乡、天宁乡、新殿乡、罗埠镇、洋埠镇、北源乡各设卫生所一所，并组织巡回卫生工作队，统力合作期宏成效。

乙、发动地方财力，宽筹防疫经费

本年度经全县乡镇会议通过，宽筹防疫经费壹佰万元，以资挹注，不幸倭寇再度流窜沦陷二月，致征收困难。

丙、切实办理调查及报告工作

各级卫生机构对于疟痢之发生，务须详加调查，按实报告，俾便实施防治，以防扩播。

丁、切实办理隔离

各级卫生机构倘发现有赤痢症状时，即劝送本院传染病隔离所，以杜疫势蔓延。

戊、厉行改善环境卫生

对于饮水厕所垃圾食物等均随时派卫生院视察，并指导改善方法。

己、扩大宣传

编印疟痢防方法，分发民众，并利用保民大会时派员演讲，以广宣传。

庚、充实药品以利治疗

本县除省拨药品外，并由各乡镇自筹的疑，向沦陷区抢购药材以利治疗。

汤溪县卫生院防疫宣传工作统计表

项目＼月份	四	六	七	八	九	十	合计
演讲次数	6	8	10	10	10	6	46①
听讲人数估计	300	480	500	500	300	300	2 480
家庭访问户数	61	82	73	45	95	76	432
变发宣传品	300	480	500	500	300	300	2 480
制贴标语	50	60	40				150

汤溪县卫生事业分布图

汤溪县三十三年疟痢流行情形统计表

乡镇别	保数	患病人数		死亡人数		治愈人数		备改
		疟疾	痢疾	疟疾	痢疾	疟疾	痢疾	
厚大镇	七	208	15	3	2	205	13	
汤塘乡	八	221	10	15	2	206	8	
芝猪乡	十一	271	0	17	0	254	0	

① 疑为原表填写错误，相加计算所得应为50。

续表

乡镇别	保数	患病人数		死亡人数		治愈人数		备改
		疟疾	痢疾	疟疾	痢疾	疟疾	痢疾	
泽头乡	十五	492	3	27	0	465	3	
罗江乡	十五	392	0	16	0	396	0	
礼义乡	十三	608	9	30	1	578	8	
延□乡	八	234	0	31	0	203	0	
循吏乡	十二	1 170	5	46	1	1 124	4	
洞山乡	六	148	0	8	0	140	0	
新废乡	十五	211	10	11	3	200	7	
三民乡	九	201	12	9	0	192	12	
北源乡	十二	536	0	29	6	192	12	
罗埠镇	六	98	5	7	0	91	5	
中枢镇	六	173	2	16	0	157	2	
洋埠镇	八	252	5	15	0	237	5	
□果乡	六	200	0	8	0	192	0	
润琳乡	七	215	3	20	0	195	3	
石狮乡	九	373	0	16	0	357	0	
瀫北乡	十一	354	0	18	0	336	0	
银塔乡	七	234	20	18	5	216	15	
龙井乡	八	468	0	16	0	452	0	
忠烈乡	七	136	18	7	2	129	16	
天宁乡	七	136	18	7	2	129	16	
福民乡	七	151	18	12	2	139	16	
昭利乡	六	160	0	8	0	150	0	

续表

乡镇别	保数	患病人数		死亡人数		治愈人数		备改
		疟疾	痢疾	疟疾	痢疾	疟疾	痢疾	
界塘乡	十	283	8	8	1	275	7	
共计		7 931	170	421	24	7 510	146	

汤溪县疟疾流行分类统计表

疟疾种类	人数	备改
恶性疟疾	2 450	
二日热	691	
隔日热	3 847	
病原不明者	1 943	

汤溪县赤痢流行分类统计表

赤痢种类	人数	备改
阿米巴赤痢	149	
细菌性赤痢	23	

汤溪县1944年度疟痢流行各乡镇工作按月统计表

汤溪县三十三年度疟痢流行各乡镇工作按月统计表

月份／乡镇别	一		二		三		四		五		六		七		八		九		十		十一		十二		合计			
	疟	痢	疟	痢	疟	痢	疟	痢	疟	痢	疟	痢	疟	痢	疟	痢	疟	痢	疟	痢	疟	痢	疟	痢	疟	痢	疟疾合计	痢疾合计
厚大镇	1	0	7	0	6	0	11	0	23	0	31	1	39	3	27	6	28	2	9	2	9	1	3	0	208	15	194	15
汤塘乡	3	0	8	0	7	0	16	0	29	1	34	3	35	2	29	1	21	1	18	1	19	1	4	0	221	10	223	10
芝猪乡	0	0	3	0	11	0	9	0	16	0	39	0	41	0	37	0	38	0	39	0	27	0	11	0	271	0	271	0
泽头乡	6	0	11	0	13	0	32	0	39	0	43	1	81	2	78	0	81	0	80	0	30	0	0	0	492	3	494	3
罗江乡	0	0	2	0	9	0	13	0	22	0	46	0	62	0	85	0	75	0	71	0	9	0	0	0	392	0	394	0
礼义乡	0	0	8	0	21	0	19	0	60	0	57	1	63	3	107	3	173	2	76	0	21	0	3	0	608	9	608	9
延□乡	1	0	0	0	13	0	17	0	62	0	62	0	45	0	31	0	3	0	0	0	0	0	0	0	234	0	234	0
循吏乡	7	0	13	0	26	0	71	0	84	1	123	1	234	1	367	2	183	0	60	0	1	0	1	0	1 170	5	1 170	5
洞山乡	0	0	0	0	1	0	2	0	15	0	21	0	32	0	37	0	30	0	8	0	2	0	0	0	148	0	148	0
新废乡	0	0	0	0	0	0	1	0	1	0	10	0	109	1	61	2	20	5	9	2	0	0	0	0	211	10	211	10
三民乡	1	0	1	0	2	0	4	0	3	0	16	1	24	2	50	2	70	5	26	2	4	0	0	0	201	12	201	12
北源乡	2	0	3	0	4	0	8	0	16	0	24	0	89	0	97	0	103	0	101	0	84	0	5	0	536	0	536	0
罗埠镇	0	0	0	0	0	0	0	0	6	0	12	0	20	4	35	1	21	0	4	0	0	0	0	0	98	5	98	5
中枢镇	0	0	1	0	2	0	0	0	4	0	16	0	32	1	45	1	61	0	12	0	0	0	0	0	173	2	173	2

续表

乡镇别＼月份	一		二		三		四		五		六		七		八		九		十		十一		十二		合计		疟疾合计	痢疾合计
	疟	痢	疟	痢	疟	痢	疟	痢	疟	痢	疟	痢	疟	痢	疟	痢	疟	痢	疟	痢	疟	痢	疟	痢	疟	痢		
洋埠镇	0	0	1	0	4	0	10	0	26	0	29	1	82	2	64	2	36	0	0	0	0	0	0	0	252	5	252	5
证果乡	0	0	0	0	3	0	5	0	10	0	22	0	35	0	79	0	35	0	11	0	0	0	0	0	200	0	200	0
润琳乡	0	0	1	0	1	0	3	0	5	0	9	0	18	2	78	0	60	1	36	0	4	0	0	0	215	3	215	3
石狮乡	1	0	1	0	3	0	15	0	28	0	28	0	97	0	105	0	80	0	15	0	0	0	0	0	373	0	373	0
瀔北乡	1	0	1	0	3	0	4	0	9	0	16	0	20	0	86	0	94	0	109	0	10	0	1	0	354	0	354	0
银塔乡	1	0	3	0	6	0	9	0	14	1	41	1	49	2	42	5	37	6	30	2	2	3	0	0	234	20	234	20
龙井乡	1	0	2	0	4	0	8	0	16	0	24	0	80	0	126	0	147	0	30	0	16	0	4	0	468	0	458	0
忠烈乡	0	0	0	0	2	0	7	0	20	0	20	1	23	2	21	9	28	14	21	1	0	0	0	0	142	27	142	27
天宁乡	0	0	0	0	0	0	1	0	4	0	7	0	24	3	64	12	34	2	2	1	0	0	0	0	136	18	136	18
福民乡	1	0	0	0	2	0	3	0	4	0	5	1	9	4	107	19	20	2	0	0	0	0	0	0	151	18	151	26
昭利乡	0	0	1	0	4	0	7	0	3	0	6	0	9	0	97	0	22	0	6	0	5	0	0	0	160	0	160	0
界塘乡	0	0	0	0	3	0	0	0	10	0	8	0	29	4	101	2	94	2	28	0	10	0	0	0	283	8	283	8
总计	26	0	67	0	148	0	275	0	527	3	749	12	1 381	38	2 066	59	1 594	42	815	11	251	5	32	0	7 931	170	7 931	170

（金华档案馆 L002－001－4378）

第二章　鼠疫相关统计报告

一、鼠疫疫情紧急报告

湖南、浙江两省鼠疫疫情紧急报告第2号

（1941年12月11日）

甲、湖南

疫情：

（一）据湖南省卫生处处长张维本月六日电称，常德鼠疫经陈文贵医师以荷兰猪试验证实；已成立防疫处隔离病院及留验所，各所所聘各有派来之防疫人员为防疫设计委员等语。

（二）军政部第四防疫大队第一中队长李庆杰十一月二十六日函报，称常德防疫处已办理免费诊疗，调查死亡；成立留验所、工程组、检验组、总务组等，积极办理各项防治工作。

处理情形：

（一）卫生署于十二月十日电，复湖南省卫生处处长张维，对于常德鼠疫防治机构主持，中央自当竭力协助，仰积极防治，所需鼠疫疫苗等，中央防疫处电告已于十一月十八日寄出。

（二）卫生署于十二月十日电，饬医疗防疫队总队部转饬所有暂驻常德各队，应加紧工作，如非奉准不得擅离。

（三）据第九战区兵站卫生处处长赵蟾十一月卅日电，告第九防疫大队

鼠疫苗经发 17 000 公撮，又各部队疫苗亦经呈奉司令长官薛分发，计 1 909 瓶等语。

乙、浙江

疫情：

（一）据卫生署医疗防疫队第四大队长周振电告，衢县鼠疫经商定划分防治衢县鼠疫由第四路大队负责，义乌由省卫生处负责，金华已着手组织防疫处。

（二）浙江省卫生处处长孙序裳本月八日电，称义乌鼠疫自十月八日起至十一月底止，据该现卫生院指告统计患鼠疫病人共一一三人，经治愈者八人，正在治疗中者十一人，死亡者九十四人；衢县疫情正整理中。

（三）据卫生署医疗防疫队第四路大队长周振十二月九日电称，义乌鼠疫自本月一日至三日，计有病例五人，疫鼠五只；衢县自本月一日至八日病例、疫鼠均无。

（台北“国史馆”028－040000－0240）

湖南、浙江两省鼠疫疫情紧急报告第 6 号

（1941 年 12 月 12 日）

甲、湖南

疫情：

常德方面：自十一月廿五日后无鼠疫新病例。

处理情形：

（一）据中国红十字会总会救护总队部呈卫生署称，已函请美国红会速捐赠治疗鼠疫化学药品 Sulfathiazole，并请印度方面赠送鼠疫疫苗。

（二）本月十二日，卫生署电湖南省政府，略以鼠疫多由疫鼠及鼠蚤随货运蔓延，湘省未运频繁，传播甚虞。常德防疫处对于离湘货运之交通要地，应加紧检疫工作，检疫站成立几处，请转饬注意办理见复云。

（三）十二月十二日，卫生署电饬川、黔、桂三省卫生处医疗防疫队总队部、晃县、黔江、支顺、马场坪、桐梓、毕节等公路卫生站分别饬属及注意办理对由湘转出货运检疫工作。

乙、浙江

疫情：

卫生署医疗防疫队第四路大队长周振十二月十日电告浙江义乌鼠疫自十二月四日至六日，计有病例五人，疫鼠两头。

（台北“国史馆”028－040000－0240）

湖南、浙江两省鼠疫疫情紧急报告第7号

（1941年12月15日）

甲、湖南

疫情：

卫生署医疗防治总队第二路大队长石茂年本月十二日电告常德六日至十一日无鼠疫病例。

处理情形：

（一）卫生署医疗防疫队第二路大队长石茂年十一月廿九日报告，常德十一月下旬经捕鼠二百余只，解剖检验未发现疫鼠。又前培养敌机所散之稻麦等，并取民众稻麦作对照培养，经检验均为革兰氏阳性杆菌，未能证实。

（二）又据石茂年大队长及林总队长可胜电告，陈文贵医师于本月二日返贵阳，携回敌机掷下之米麦，正继续研究中。

（三）卫生署奉谕将所需准备鼠疫苗三十万瓶之预算呈核。此外战时防疫联合办事处所拟之防制敌机散播鼠疫杆菌实施办法，已由行政院于本月十二日召开会议审查通过，即可通饬施行。

（四）据第六战区长官部卫生处处长陈立楷本月五日电略称：(1)常德鼠疫自十二月十七日至廿四日仅有疑似一名，经作各种试验。(2)染疫房屋以局部墙塞，地板、阴沟已掘开消毒。(3)公务人员及疫区民众正从事预防注射，并推行灭鼠运动及轮船检疫。

（五）军医署函请运输统制局将由湘、浙等各省间交通要道及工具等分别查示。

（六）军医署代电第三、四、五、七、九战区兵站卫生处请调查战区，至邻近各战区交通要道设置检疫站□□。

乙、浙江

疫情：

（一）衢县：自本月一日至八日病例、疫鼠均无。

（二）金华无鼠疫、病例发现。

（三）义乌无疫情送来。

（四）军政部第二防疫大队十二月六日电军医署报称金华无鼠疫发现，义乌仍有。（按：义乌自十二月四日至六日，计有病例五人，疫鼠两头。）

（五）军政部第四防疫分队十二月七日电军医署报称金华上月间发现死鼠，镜检有类似鼠疫杆菌，经动物接种则属阴性，病人亦迄未发现。

处理情形：

（一）据军政部第二防疫大队十二月六日电军医署，已令四分队派一小队协同红十字会312队刘医师等赶往义乌防治，并请转知各卫生机关禁止在报端发表无医学根据之言论，以免扰乱人心。

（台北"国史馆"028－040000－0240）

湖南、浙江、福建三省鼠疫疫情紧急报告第8号

（1941年12月17日）

甲、湖南

疫情：

卫生署医疗防疫队第二路大队长石茂年十二月十五日电报，常德于十二月十四日发现鼠疫一例，二十四小时后死亡，经显微镜检验证实（湘卫生处处长张维自常德发电报告相同）。

处理情形：

（一）湖南省卫生处处长张维于十二月十二日常德指导防治鼠疫事宜。

（二）卫生署为防止湘米运川时携带鼠疫杆菌起见，特函询粮食部关于湘米运输情形、停泊地点以及运输量等，以资办理检疫工作之参考。

乙、浙江

疫情：

（一）卫生署医疗防疫队第四路大队长周振十二月十三日报，义乌自十

二月七日至九日计有病例三人,鼠疫两只。

(二)浙江省卫生处十二月十一日电告义乌自十二月一日至十日计有患者廿三人,治愈四人,死亡五人,其余正诊治中。

丙、福建

疫情:

福建省卫生处处长陆涤寰十二月十二日电报永安自十二月二日至十二月十日发现新病人。

处理情形:

福建省卫生处处长陆涤寰电报永安十一月廿四日至十二月九日,计鼠疫预防注射九二五五人,约达成全城人口三分之一;严密封镇,疫区已消毒三六六户,熏鼠穴二四四六处,封闭鼠穴二九四一处。各项工作仍继续进行,短期内疫势似可平息。

(台北"国史馆"028-040000-0240)

湖南、浙江、福建三省鼠疫疫情紧急报告第9号

(1941年12月19日)

甲、湖南

疫情:

常德于本月十四日再发现鼠疫一例,以后报告尚未送到。

处理情形:

(一)卫生署外籍专员、鼠疫专家伯力士博士(Dr. Pollitzer)十二月十四日电告于十二月十三日抵东阳,准于十四日赴常德(湘卫生处处长张维十四日电告相同)。

(二)卫生署晃县公路卫生站十一月廿六日代电报告,本站业已策动地方当局办理预防工作。

乙、浙江

疫情:

义乌自十二月一日至十日计有患者廿三人,以后报告尚未送到。

处理情形：

（一）军医署第三处转来铁道运输司令陆福廷十二月十九日报告略称：为防止义乌鼠疫蔓延，计各次车于五日起均不在该处停靠，并于苏溪、义亭设检疫处，凡由苏溪、义亭乘火车军民均须检疫，凭证乘车，以策安全。

丙、福建

疫情：

卫生署医疗防疫队报告，以据第十八队队长张光溪报称：邵武鼠疫自九月二十三日至十一月十二日共死亡二十三人；隔离医院有患者二人，尚在治疗中。

处理情形：

卫生署医疗防疫队报告，以转据第十八大队队长张光溪十一月十七日报称：邵武方面于十一月由县政府等机关组织防疫委员会，设有总务及医务两科，下分：（一）报告登记组；（二）调查组；（三）检疫组；（四）预防注射组；（五）工程组；（六）隔离治疗组；（七）检验组。十一月间开始在公路检疫、预防注射、民房消毒及灭鼠工作等语。

（台北"国史馆"028－040000－0240）

湖南、浙江两省鼠疫疫情紧急报告第10号

（1941年12月23日）

甲、湖南

疫情：

常德于十二月十四日再发现鼠疫一例，以后无报告。

处理情形：

军医署电第六战区司令长官部卫生处陈处长立楷，请会同地方卫生机关呈请陈长官于常德至川鄂交通要道筹设检疫站。

乙、浙江

疫情：

浙江省卫生处十二月十七日电称：义乌自十二月十一日至十五日发现鼠疫新病例三人，死亡二人，其余二人在治疗中。（另据周振大队长电告义

乌十至十四日发现四人,疫鼠一只;衢县一至十七日病例、疫鼠均无。)

处理情形:

浙江省卫生处处长孙序裳电称:本处防疫队由柯技正率领全数开赴义乌,以期加紧防治。

(台北"国史馆"028－040000－0240)

湖南、浙江、福建三省鼠疫疫情紧急报告第11号

(1941年12月27日)

甲、湖南

疫情:

卫生署医疗防疫大队第二路大队长石茂年十二月二十一日电告:常德于十二月二十日又发现鼠疫一例,已死亡。经细菌培养及显微镜检查证实。

处理情形:

卫生署外籍专员、鼠疫专家伯力士博士(Dr. Pollitzer)于十二月二十一日抵常德。

乙、浙江

疫情:

(一) 卫生署医疗防疫队第四路大队长周振十二月十八日电告:衢县自本月一日至十七日病例、疫鼠均无。

(二) 周振大队长十二月二十四日电称:

(1) 义乌自十二月十五日至十八日计有鼠疫病例三人,疫鼠二二只。

(2) 衢县自十二月十七日至二十三日发现疫鼠三只。

处理情形:

(一) 周振大队长十二月十八日电告:所有派往衢县参加鼠疫防治实地见习班人员随到随收,实地参加防治鼠疫工作,实习各项技术。

(二) 军医署拟就军政部各防疫大队中队抽调二人前往浙江衢县、义乌等地参加鼠疫防治实施见习班。

(三) 第三战区顾司令长官电呈军事委员会称:为防止义乌鼠疫蔓延,计火车仍暂不停靠义乌前后两站,及水陆交通要道均设站检疫;防疫机构改组

为临时防疫处，县长兼处长，浙江省卫生处高级技术人员兼副处长。

丙、福建

疫情：

十二月二十三日福建省政府电告："准二十五集团军总部电转叙文，总队黄兼司令电称本月八日晨，敌机一架在龙溪溪北投下圆形毒弹，落地无声，变为蜘蛛网状，旋化为蚊咬人吮血，人即中毒致命，传染甚速等情，请饬属注意防范等由；除饬龙溪县政府详查具报，并分饬严防外，谨电查照。"

处理情形：

卫生署除转电军政部防毒处查照，并电饬福建省卫生处迅速查照详情具报。

（台北"国史馆"028－040000－0240）

湖南、浙江两省鼠疫疫情紧急报告第12号

（1941年12月31日）

甲、湖南

疫情：

卫生署医疗防疫队第二路大队长石茂年十二月二十六日电告：常德自十二月二十一日至二十五日无鼠疫新病例。

处理情形：

卫生署外籍专员伯力士博士(Dr. Pollitzer)正在常德指导办理防治事宜。

乙、浙江

衢县无鼠疫新病例报告；义乌自十二月十八日以后无鼠疫病例报告。

（台北"国史馆"028－040000－0240）

湖南、浙江、福建三省鼠疫疫情紧急报告第13号

（1942年1月6日）

甲、湖南

疫情：

（一）卫生署外籍专员伯力士博士(Dr. Pollitzer)上年十二月廿九日电

报:常德鼠疫最后一例,系于十二月廿日发现,以后无疫情。

(二)卫生署医疗防疫队第二路大队长石茂年电告:常德自上年十二月廿六日至三十一日无鼠疫病例。

处理情形:

卫生署外籍专员伯力士博士仍在常德继续考察指导。

乙、浙江

疫情:

(一)浙江省卫生处电报:义乌自卅年十二月廿一日至廿五日患鼠疫者七人,死亡五人。

(二)卫生署医疗防疫队第四路大队长周振电报:义乌自十二月十八日至二十六日计有鼠疫病例七人,疫鼠一只。

(三)军医署据第四防疫大队长齐树功电报:义乌三十年十月份阳性鼠疫三十一人,死二十八人,愈三人;疑似五人,均死。十一月份阳性五十八人,死五十人,愈五人;疑似十八人,死十七人,愈一人。十二月份上旬阳性九人,皆此;疑似四人,死三人,愈七人。

(四)卫生署医疗防疫队第四路大队长据报告衢县卅年十二月份,全月共有疫鼠四只,病例无。

处理情形:

有关各方仍在继续加紧防治,浙江省卫生处并订制“浙江省敌机空掷物品紧急处置办法”。

丙、福建

疫情:

福建省卫生处陆涤寰处长电告:永安自三十年十二月二日至廿四日,无鼠疫病例。迨十二月廿五日又发现一例,已死亡。十二月年九日至卅一日,未发现新病例。

处理情形:

福建省卫生处处长陆涤寰电告:永安自十一月廿四日至十二月卅一日,计预防注射一二二零零人,消毒一七五一户,熏蒸鼠穴七六五五个,封闭鼠穴一一三三一个，现仍继续防治中。

（台北“国史馆”028－040000－0240）

湖南、浙江、福建三省鼠疫疫情紧急报告第14号

甲、湖南

疫情：

常德最后一鼠疫病例系上年十二月廿日发现，以后无续发病例报告。

处理情形：

（一）卫生署外籍专员伯力士博士(Dr. Pollitzer)本月二日电告：常德无鼠疫病例即赴盐江卫生署以电饬该员在盐江候命，并经函饬研究常德鼠族有无染疫情事。

（二）卫生署呈请行政院先拨款三万元交湖南省政府作防治常德鼠疫费用。

（三）中国红十字会总会救护总队总队长林可胜函告：常德鼠疫证明确系由敌机散播染疫物品所致，卫生署已再电告省市政府及省卫生处注意防范，并开始汇编总报告，以资宣传。

乙、浙江

疫情：

（一）浙江省卫生处本月五日电告：浙江义乌自三十年十二月廿八日至三十日，计有患者六例，死亡四人。又东阳十八都蒋村桥亦发现鼠疫。

（二）衢县无报告。

处理情形：

（一）卫生署医疗防疫队第四路大队部(驻衢县)奉令开办鼠疫防治见习班，定于本月十五日开班，由有关各方派员前往实地见习参加防治鼠疫工作，以期复得各种防治鼠疫之技能。

（二）义乌鼠疫仍在继续防治中。东阳十八都蒋村桥鼠疫正由浙江省卫生处技正柯主光会同当地政府严密防治。

丙、福建

疫情：

福建本年开始后无疫情报告。

处理情形：

卫生署再电福建省卫生处迅速查明敌机前在龙溪掷下毒弹情形。

（台北“国史馆”028－040000－0240）

湖南、浙江、福建三省鼠疫疫情紧急报告第15号

（1942年1月20日）

甲、湖南

疫情：

卫生署第十四医疗防疫队一月十四日电告：常德于本年一月十三日又发现鼠疫一例，已证实患者系女性，已死亡(又湖南省卫生处报告同)。

处理情形：

卫生署代电闽、粤、赣、桂、鄂及浙各省政府注意改进防疫工作各点，以收防疫实效。卫生署电外籍专员伯力士博士留常德指导防治鼠疫事宜。

乙、浙江

疫情：

浙江省卫生处本月九日及十五日电卫生署医疗防疫队第四路大队长周振，本月八、九两日分别电告疫情为下：

(一) 义乌：一月一日至五日，有鼠疫患者一人，及疫鼠一只，无死亡。一月六日至十日，疫鼠及患者均无。中国红十字会第三一二队队长刘宗歆于上年十二月三十日在义乌，染肺鼠疫殉职。

(二) 衢县：三十年十二月全月，共有疫鼠四只，无人数鼠疫病例。三十一年一月一日至八日，疫鼠、病例均无。

(三) 东阳：巍山死亡八人，蒋村桥疫死一人，后即未蔓延。

处理情形：

卫生署电饬浙江省卫生处改进防疫工作各点，并电中国红十字会总会

江刘宗歆队长患病经过具详查报。

丙、福建

疫情：

福建省卫生处本年一月十二日电称：奉电经查明敌机在龙溪所投毒物，曾经省防空司令部将当时变成之细菌数条送处检验，发现有右旋据□□麦芽□发□两□□□□□，无动性短杆菌，现正从动物试验中□□上无变化，□系自须疫菌容续呈报。

处理情形：

卫生署电饬福建省卫生处将检验结果续报，并加紧防范，随时具报。

（台北"国史馆"028－040000－0240）

湖南、浙江、福建三省鼠疫疫情紧急报告第16号

（1942年1月26日）

甲、湖南

疫情：

常德于本月十三日后，发现鼠疫一例，以后无报告。

处理情形：

各项防治工作均在继续进行中，卫生署拨发湘省一万元，饬编具体防治实施方案，并另拨款二万元交医疗防疫总队派遣卫生工程队，前往常德协助指导灭鼠工作。

乙、浙江

疫情：

浙江省卫生处本月十六日及二十四日、卫生署医疗防疫第四路大队长周振本月廿日分别电告疫情如下：

（一）义乌：一月十一日至十五日，有患者两例，死亡一例，另一例在治疗中。一月十六日至二十日，患者三例，死亡一例，另二例在治疗中。

（二）东阳：蒋村桥于上月廿五日及本月二日，各死一例。一月十六日至二十日，死二人，后全乡死六人。

(三) 衢县:本年迄一月廿日止,无疫鼠及病例。

处理情形:

义乌及东阳防治工作留所者有浙江省卫生处技正柯主光协助,现地方继续积极进行中。

丙、福建

疫情:

第三战区兵站总监缪启贤三十年十二月十九日代电告疫情如下:龙溪鼠疫先发现于城区下田霞,继蔓延至陆安西路、大同中路等处,死亡数人,已告平息,惟距城五里十坦属乡,尚有鼠疫患者发现。

处理情形:

当地防疫机关正在积极防治。

(台北"国史馆"028-040000-0240)

湖南、浙江、福建三省鼠疫疫情紧急报告第17号

(1942年1月30日)

甲、湖南

疫情:

常德最后鼠疫一例,系本年一月十三日发现,以后无报告。

处理情形:

各项防治工作仍在继续办理中。

乙、浙江

疫情:

浙江省卫生处本月二十八日电告疫情如下:

(一) 义乌:一月二十一日至二十五日,有鼠疫患者一例,正在治疗中。

(二) 衢县及东阳两地无报告。

处理情形:

防治工作仍在加紧进行中。军政部第三防疫大队已饬第四中队长冯如林前往协助防治。

丙、福建

疫情：

（一）福建省卫生处本月廿一日电告：敌机在龙溪掷下毒品，检验情形如下：敌机在龙溪掷下物品，经作动物试验毫无变化，惟检查时间距逾月，即系含有病菌恐亦因干燥而死，就系何种细菌无法决定。

又上年十一月二十日敌机在南靖投下梧桐花瓣甚多，有五岁童子一人误食而毙，经检验亦未发现任何毒菌。

（二）奉军事委员会代电转下福建省政府刘主席一月十九日电略："以永安鼠疫去年仅于一月六日发现病者数人。自去年十一月廿四日至本年一月十二日止，共发现病者十余人，预防注射一二五八零人，消毒二六八四户，蒸熏鼠穴一零八五个，封闭鼠穴一六一四二个等语。"

处理情形：

卫生署饬福建省卫生处将三十年各县鼠疫统计最近疫情，据以凭核办。

（台北"国史馆"028－040000－0240）

湖南、浙江两省鼠疫疫情紧急报告第18号

（1942年2月6日）

甲、湖南

疫情：

常德最后鼠疫一例，系本年一月十三日发现，以后无报告。

乙、浙江

疫情：

卫生署医疗防疫队第四路大队长周振一月三十一日电告疫情如下：

（一）义乌：一月十六日至二十日，计有鼠疫病例四人。

（二）衢县：一月廿四日至卅一日，计有疫鼠三只，无鼠疫病人。

处理情形：军政部第三防疫大队第四中队长冯如林已于一月十二日抵达义乌县苏溪镇。四十九军刻与军政部妥商联防办法，疫区付炬。

（台北"国史馆"028－040000－0240）

湖南、浙江两省鼠疫疫情紧急报告第19号

(1942年2月13日)

甲、湖南

疫情:

常德最后鼠疫一例,系本年一月十三日发现,以后无病例报告。惟据卫生署医疗防疫总队第二大队大队长石茂年二月九日电转:据外籍专员伯力士称常德鼠族已染疫。

处理情形:

查卫生署前为彻底防范常德鼠疫蔓延起见,经饬外籍专员伯力士留常德研究观察常德鼠族有无染疫,并饬由医疗防疫总队派遣卫生工程队前往常德协助指导,办理灭鼠工作。兹特再通知有关机关注意防范,以免蔓延。

军政部第六防疫大队第一中队已星夜驰赴疫区防治,并指定部队协助五原及临河两县政府划线封锁、分段检查及隔离患者。

浙江省卫生处及卫生署医疗防疫队第四路大队长周振电告疫情如后:

(一)义乌:浙江省卫生处一月廿八日电告:义乌一月廿一至二十五日,有鼠疫患者一人,正在治疗中。又二月六日电告:一月二十六日至卅一日,有鼠疫患者三人,死亡一人(据周振大队长报告义乌一月二十六日至三十一日有鼠疫病例五人)。又二月九日电告:义乌二月一日至五日,有鼠疫新患者一例,旧患者治愈五人,死亡二人,余在治疗中。

(二)衢县:周振大队长二月九日电告:二月三日至九日,衢县有疫鼠一只,无患者。

(三)东阳:浙江省卫生处二月六日及九日电告:东阳除巍山有疫,已积极防治外,其余各地无患者。另据周振大队长二月九日电告:东阳巍山鼠疫流行。

处理情形:

有关各方正在协力加紧防治中。

(台北"国史馆"028-040000-0240)

湖南、浙江两省鼠疫疫情紧急报告第20号

（1942年2月20日）

甲、湖南

疫情：

常德最后鼠疫病人一例，系本年一月十三日发现。二月十日，湖南省卫生处处长张维电告：据伯力士专员检验常德关庙街死鼠十五只，其中四只经发现染疫。

处理情形：

（一）卫生署拨发鼠疫疫苗五千瓶、碳酸钡两磅交医疗防疫队第二路大队携往疫区应用。

（二）卫生署电湖南省政府请饬属注意防疫工作。

（三）卫生署代电川桂黔等省卫生处及公路卫生站，告知常德鼠族已染疫，饬注意防范。

乙、浙江

疫情：

浙江省卫生处二月十二日电告疫情如下：

（一）义乌：二月六日至十日，鼠疫患者及死亡病例均无。

（二）东阳：郭宅有鼠疫发生。

处理情形：

卫生署再拨发鼠疫疫苗三千瓶交浙江省卫生处应用。

（台北"国史馆"028－040000－0240）

湖南、浙江、福建三省鼠疫疫情紧急报告第21号

（1942年2月27日）

甲、湖南

疫情：

常德无鼠疫疫情报告。

处理情形：

有关各方仍在继续严密防范中。

乙、浙江

疫情:

浙江省卫生处二月二十一日电告疫情如下:

义乌:二月十一日至十五日,鼠疫新患者及死亡均无,旧患者治愈一人。

处理情形:

有关各方仍在继续严密防范中。

丙、福建

疫情:

福建同安县卫生院本年一月廿六日代电报告:一月十八日据该县第二区马巷分院报,称该区振尚乡彭厝发生鼠疫,死亡约二十人。

(台北"国史馆"028-040000-0240)

湖南、浙江两省鼠疫疫情紧急报告第22号

(1942年3月4日)

甲、湖南

疫情:

常德无鼠疫病例报告。据卫生署外籍专员伯力士博士(Dr. Pollitzer)二月十二日函报:自本年二月一至十五日,计检验老鼠五十四头,其中有十三头染疫。

乙、浙江

疫情:

浙江省卫生处二月二十日电告疫情如下:

义乌:二月十六日至二十日,计有鼠疫患者四人,死亡三人。

(台北"国史馆"028-040000-0240)

湖南、浙江两省鼠疫疫情紧急报告第23号

(1942年3月13日)

甲、湖南

疫情:

常德无鼠疫疫情报告。

乙、浙江

浙江卫生处电告义乌疫情如下：

二月二十八日电：二月二十一日至二十五日，鼠疫住院治疗二人，死亡无。

三月四日电：二月二十六日至二十八日，鼠疫患者治愈及在治各一。

三月九日电：三月一日至五日，患者无。

（台北"国史馆"028－040000－0240）

湖南省鼠疫疫情紧急报告第24号

（1942年3月17日）

乙、湖南

疫情：

卫生署外籍专员伯力士博士关于常德鼠族及鼠蚤检验报告如下：

（一）鼠族：检验老鼠一六八头，经查出三十二头染疫。

（台北"国史馆"028－040000－0240）

浙江、福建两省鼠疫疫情紧急报告第25号

（1942年3月23日）

乙、浙江

疫情：

浙江卫生处三月十三日电告：义乌鼠疫三月六日至十日，患者及死亡均无。

丙、福建

一、福建卫生处电告：去岁十二月间，闽南龙溪等县敌机散布蛛丝状物质，经卫生试验所检验结果，未能发现鼠疫杆菌。

二、军政部第二防疫大队二月廿八日电称：据第一中队查报，去岁敌机在龙溪、广德第四十师防地散布形似蛛网毒物，同时发现脑膜炎及回归热。兹经详细调查，实系报告之误。

（台北"国史馆"028－040000－0240）

浙江省鼠疫疫情紧急报告第26号

(1942年3月30日)

甲、浙江省

疫情:

浙江省卫生处三月十九日及二十五日电告疫情如下:

(一) 义乌:三月十一日至十五日,患者二人,死亡一,治疗一。十六日至二十日,新患死亡一人,旧患在治疗者一人。

(二) 东阳:自二月上旬迄今,无疫患。

(台北"国史馆"028-040000-0240)

湖南、浙江、福建三省鼠疫疫情紧急报告第27号

(1942年4月6日)

一、湖南

疫情:

常德鼠疫自本年一月十三日发现一例后,至三月中旬迄未发现新病例。近据卫生署医疗防疫队第十四队电称:三月廿四日及廿八日,鼠疫各死民男一。

三、浙江

疫情:

浙江义乌据该省卫生处三月廿八日电告:自三月廿一日至廿五日,新患者及旧病人在治疗者各一,死亡无。

五、福建

疫情:

(一) 福建省政府四月一日电告:本省鼠疫复萌,近来发现地点,计有龙溪、莆田、永安、金门、云霄、平潭、璋浦、南安、建阳等县,目前情况已有流行趋势。

(二) 卫生署医疗防疫队第四路大队长周振三月廿七日电,据医防第十八队电,古田县鼠疫严重。

防治经过:

闽卫生处业已分别督导,并派员携带药械前往各处防治。

(台北"国史馆"028-040000-0240)

湖南、浙江两省鼠疫疫情紧急报告第 28 号

（1942 年 4 月 13 日）

一、湖南

疫情：

卫生署第十四巡回医防队先后电告常德疫情如下：

（一）四月二日及三日，鼠疫各发现一例，男性，均死亡。

（二）四月七日及八日，鼠疫各发现一例，男性，均死亡。

防治经过：

卫生署已分电第六、九战区司令长官及湘、川省政府，并分电川、黔、桂省卫生处、卫生署医疗防疫总队及黔西、马场坪、桐梓、毕节各公路卫生站注意防治。

三、浙江

疫情：

浙江卫生处四月三日电告：义乌鼠疫三月廿六日至卅一日，新患者三，死亡二，旧患者在治疗中者一，治愈者一。

（台北“国史馆”028－040000－0240）

湖南、浙江两省鼠疫疫情紧急报告第 29 号

（1942 年 4 月 21 日）

一、湖南省

疫情：

（一）卫生署外籍专员伯力士电告：常德四月十日，发现肺鼠疫患者一例，女性。

（二）卫生署医疗防疫队第二路大队长石茂年四月十九日电告：常德鼠疫四月十三日，死女一。十四日，死民男一。十五日，死女一。十七日，死男二，病民男二、女一，内疑似肺疫一。十八日，病民男一，死女一，疫情严重。

防治情形：

（一）石茂年十九日电告：常德鼠疫严重，已电调医疗防疫队第四防疫医

院一部分,及医防第十队全队来常工作。

(二)卫生署按照第六战区司令长官陈诚四月十二日电:关于常德防疫总所已饬第二十集团军总部会同第四防疫大队派员在湘省……□□□□□□□□□

二、浙江省

疫情:

(一)义乌:浙江省卫生处电告:四月一日至五日,新患者死亡一例,旧患者治疗一例。六日至十日,新患者死亡一。

(二)衢县:卫生署医防第四路大队长周振电告:衢县鼠疫复发。四月十一日,发现患者一例。

(三)东阳:浙江省卫生处电:三月下旬,又有鼠疫患者死亡四例。四月一至六日,新患者四人,死亡二人。

(台北"国史馆"028-040000-0240)

湖南、浙江、福建三省鼠疫疫情紧急报告第30号

(1942年4月29日)

一、湖南省

疫情:

湖南省卫生处四月廿二日电告:常德四月十一日,鼠疫死民一。十二日肺型鼠疫死民一、败血型死民一。

防治情形:

(一)卫生处前以防疫处处长容启荣偕同湖南省卫生处处长张维前往常德督导防治卫生作业,于四月廿六日由渝搭机飞抵桂林,转赴该地。

(二)湖北恩施陈司令长官诚四月十二日电:关于常德鼠疫流行,已电饬第廿集团军总司令部会同军政部第四防疫大队派员在河、伏、沣县、津市、南县安乡等地分设检疫站,办理过境军民检疫工作。查常德为产米区域,关系本战区军食至巨,目前鼠疫复趋严重,若不即予扑灭为患甚虞。

(三)湖南第四战区行政督察专员兼常德防疫处处长张元祐四月二日代电:常德鼠疫流行,除日夜督饬加紧防治外,兹将各项实施办法列如下:

(1) 督饬原有防疫队及卫生院挨户按人口施行预防注射。(2) 发现疫死尸体,即行火葬。(3) 严厉施行交通检疫,凡常德城内人民非经检验确无染疫及经过预防注射后,不准外出,外来旅客非经预防注射则不准入内。(4) 输出货物,非经消毒,不予放行。(5) 价收死鼠,以绝疫源。(6) 决定每周举行清洁大扫除,彻底清疏厕所、沟渠等。(7) 举行宣传周,俾资家喻户晓。(8) 临时派军警组织、卫生警察执行防疫事务。

二、浙江省

疫情:

浙江省卫生处四月十八日电告:义乌、东阳两地四月十一日至十五日,鼠疫患者及死亡均无。

三、福建省

疫情:

福州卫生局四月廿三日电告:本市四月十六日,鼠疫死亡民众三人。

(台北"国史馆"028-040000-0240)

湖南、福建、浙江三省鼠疫疫情紧急报告第31号

(1942年5月5日)

一、湖南

疫情:

卫生署医疗防疫队大队长石茂年电:四月三十日桃源鼠族业已染疫证实,防止中。

防治情形:

(一) 卫生署前派防疫处处长容启荣已于四月三十日抵东阳,定五月赴湘潭转往常德。

三、福建

驻古田第七十军军长陈孔达四月二十二日电告:漳榕等地发现鼠疫,官兵已死数人。

四、浙江

浙江卫生处四月廿九日电告:义乌四月二十一日至二十五日,病患及死

亡均无。

(台北“国史馆”028－040000－0240)

湖南、浙江、福建三省鼠疫疫情紧急报告第32号

(1942年5月14日)

一、湖南

疫情:

卫生署医疗防疫总队第二大队长石茂年五月一日电告:常德四月十九日鼠疫死亡女一。二十日死亡女一。二十五日患者民男一,死亡女一。

防治情形:

原件模糊

二、浙江

疫情:

据浙江省卫生处五月五日电告:

(一)义乌:四月二十六日至三十日,鼠疫患者及死亡均无。

(二)东阳:四月二十六日至三十日,鼠疫患者及死亡均无。

据报,近中又有鼠疫发现,正饬加紧防治中。

三、福建

卫生署医疗防疫队第四路大队长周振四月二十九日电告:安溪、水吉两地发现鼠疫。

(台北“国史馆”028－040000－0240)

湖南、浙江、福建三省鼠疫疫情紧急报告第33号

(1942年5月27日)

一、湖南省

卫生署防疫处处长兼本处主任委员容启荣五月十五日自常德电告:常德鼠疫五月一、三、十日,各疫死一人。七日,疫死二人。五日及十一日,无新病例,恐有漏报。

二、浙江省

浙江省卫生处电告疫情如下：

（一）浦江：五月十五日电：城区发现鼠疫。

（二）义乌：五月一至五日及六至十日，鼠疫患者及死亡均无。

（三）东阳：五月六至十日，鼠疫患者及死亡均无。

四、福建省

军政部第二防疫大队第三中队吴队长五月一日电告：漳洲（龙溪县）鼠疫已稍杀，兴田驻军附近已发生肺鼠疫。

（台北"国史馆"028－040000－0240）

湖南、福建两省鼠疫疫情紧急报告第34号

（1942年6月5日）

一、湖南省

疫情：

（一）军政部第四防疫大队技正李庆杰五月廿八日电：桃源漆家河、莫林乡发现肺鼠疫，死亡十六人，现有患者十人。

（二）湖南全省防空司令部李树森六月一日电：据柳县政府四月二十九日电称："四月廿五日，敌机八架，在湘乡首善柳狗尾塘等处投下透明状物甚多，内系黑色小颗粒，并投下腐败禾草样小束，两端用纱布缭缚。"等情；已电饬航委会、第九战区司令长官部及湖南省政府派员前往检验。

疫治情形：

（一）卫生署防疫处处长容启荣及湘卫生处处长张维四月廿七日电：经会同第六、九战区司令长官部卫生处陈、冯两处长考察实际情形，并一再访问霍总司令电话请示陈司令长官，签以管辖系统与目前疫势短暂就常德已有机构加强组织，仍由霍总司令秉承陈、薛两长官就近督导，派员协助联同军民力量，加紧防治。

（二）容启荣处长六月一日电：常德鼠疫已达桃源，为免蔓延常德外围，似应制订检疫办法。湘省府即设湘溪防疫处，下辖常德、桃源办公处及各检疫所等以统一指挥，并请中央先拨防治费五十万元。

二、福建省

军政部第二防疫大队大队长何鸣九电告:据第三中队吴队长五月廿六日电,漳州先后发生肺鼠疫,五月十三日预九师辎重营士兵发生肺鼠疫一例,经检验确定,已送隔离医院。

(台北"国史馆"028-040000-0240)

湖南、福建两省鼠疫疫情紧急报告第35号

(1942年6月15日)

一、湖南省

疫情:

卫生署专员伯力士六月二日电:

(一)临沣:经详细调查后,无疫症发生。

(二)桃源:桃源莫林乡自五月十日至会,疫死十六人,第一例系由常德至此,五月十日死亡,最后一人系五月三十日死亡。

防治情形:

(一)卫生署六月六日以卅一防字9642号代电呈请核发湖南省政府临时防疫费壹佰贰拾万元,并请先以紧急命令发给四十万元,以资应急,并另呈报军事委员会鉴核。

(二)卫生署防疫处处长容启荣偕陈立楷、张维两处长于五月三十一日至桃源督导防治鼠疫病,成立桃源防疫处。

(三)桃源莫林乡第三、八、十保在严密监视中。已成立隔离病院及检验所,开始检验,并在漆家河大申乡、罗家店成立防疫委员会,注意情报及检查。

三、福建省

福建莆田县泾江医师李可信等九人六月十日电告:莆田鼠疫盛行,死亡多,恳迅派员携带药品前来救济。经卫生署转电闽卫生处查明防治具报。

(台北"国史馆"028-040000-0240)

湖南、福建两省鼠疫疫情紧急报告第36号

（1942年7月8日）

一、湖南省

疫情：

卫生署医疗防疫队第二大队长石茂年电告：

（一）常德：六月二日鼠疫死亡一例。六月十五日疫死一例。

（二）桃源：六月份无病例发现。

防治情形：

军政部第九防疫大队六月二日电告：由于常德疫势严重，奉第九战区司令长官部命已派所属第三中队于五月廿八日开赴常德，业于五月三十日抵达该地。

四、福建省

（一）建瓯：卫生署医防第十八队六月二日电：建瓯于五月廿七日同时发现鼠疫，死亡二例，业已证实。

（二）惠安：福建盐务管理局六月九日电：据报告惠安县山腰场鼠疫流行，日死数十人。

（台北“国史馆”028－040000－0240）

湖南、江西、福建三省鼠疫疫情紧急报告第37号

（1942年12月4日）

一、湖南省

疫情：

（一）卫生署医疗防疫总队第二大队代理大队长施毅轩十一月十六日电告：常德县属之新德乡石公桥，离城四十五华里，于十二月六日发现肺鼠疫，至十一月十五日已死亡二十人，曾经伯力士专员检验鼠类涂片证实（按常德鼠疫自本年一月至六月底，共发现患者三十一例。七月一日又发现一例，以后至十月底，并无新病例发现）。

（二）湘西防疫处兼处长张元祜、副处长戴九峰十一月廿六日电告：离石公桥十华里之镇德桥于廿日发现疫鼠，廿三日发现新病例情形严重。

(三) 施大队长毅轩及伯力士专员十一月廿日电告:近三日来,石公桥病四死二,镇德桥病一死八。

(四) 湖南湘西防疫处十一月十三日电告:伯力士博士据报常德城区内之鼠族最近疫鼠已由百分之十五,增至百分之廿五,情形严重,传染堪虞。

防治经过:

(一) 湘西鼠疫之防治工作,现由湘西防疫处负责办理该处,分由第四区行政督察专员张元祜兼处长、常德科长戴九峰兼副处长、卫生署专员伯力士兼技术顾问、卫生署医疗防总队第二大队代理大队长施毅轩兼技术督察长,此外,湖南省卫生处派卫生试验所所长王世补在该处负责联系,至参加该处工作之军民防疫、卫生医疗单位如下:

1. 卫生署:医疗防疫总队第二大队所属第十四巡回医疗队、第十巡回医疗队第二卫生工程队、第二细菌检验队、第四防疫医院为加强该地防疫机构,至欠严近,已电调□辰皓之第十五巡回医疗队驰往参加工作。

2. 军政部第九防疫大队第三中队及驻常德、桃源各军医队。

3. 湖南省卫生处巡回卫生工作队、常得卫生院、常德广德医院。

4. 中国红十字会总会救护总队第四中队第 111、第 731 及第 472 医疗队。

(二) 卫生署医疗防疫总队第二大队代理大队长施毅轩十一日十六日电告:新德乡鼠疫已派一队前往防治,本人即会同伯力士博士率领第二批人员,前往督导一切。

(三) 施毅轩、伯力士十一月二十八日电:石公桥正设隔离病院,积极处理该地疫区,正沟筑隔离,准备移民,惟镇德桥之棉底絮轮经湘西一带,传播堪虞,正拟管制办法。

(四) 湘西防疫处兼处长张元祜、副处长戴九峰廿六日电:石公桥、镇德桥疫势严重,除加派医务人员及隔离病院外,亦派防疫纠察兵一排,前经管制交通。

二、江西省

疫情：

（甲）江西省卫生处电告：鼠疫疫情如下：

（一）十一月八日电：广丰发现鼠疫，经第六中心卫生院涂片检验，有疑似鼠疫杆菌，但未作动物试验，疫势颇为严重。

（二）十一月十三日电：上饶十一月六日，亦发现肺鼠疫。广丰疫势仍烈，邮电梗陷详情，尚未据报。

（三）十一月十九日电：上饶、广丰鼠亦似稍杀，日来无新病例发现。

（乙）上饶第六中心卫生院院长刘经涛十一月廿九日电告：该地居民发现鼠疫多例。

（丙）军事委员会党令部转下派往第三战区联络参谋王征洋戌马辰电称："此次浙赣战役后战地人、牲畜死亡殊多。现虽届冬，今而衢州、广丰、玉山、上饶等处均有鼠疫流行，应急设法扑灭，积极防治。"（按衢州、玉山两地鼠疫，本处尚未接有疫情，正在查询中。）

（丁）浙江省卫生处九月廿一日电：庆元县之八都发现鼠疫。

防治经过：

（一）江西省卫生处十二月八日电：广丰疫势严重，城内外交通已封锁，正调第六中心卫生院院长刘经涛及省防疫总队人员前往防治。

（二）卫生署医疗防疫总队已电调第六巡回医疗队驰往上饶，第三巡回医疗队往广丰协助防治一切。

三、福建省

（一）军政部第二防疫大队十月十七日电告："建阳十月十日发现鼠疫，镜检证实。"又十月廿二日电："顺昌县画锦镇民间发现鼠疫证实。"

（二）第三战区兵站卫生处十月廿二日电告：据驻浦城十三卫生汽车组十月十三日电报该县仙阳地方发现鼠疫甚厉。

（台北"国史馆"028－040000－0240）

湖南、浙江两省鼠疫疫情紧急报告第38号

(1942年12月21日)

一、湖南省

疫情:

(一)卫生署医疗防疫总队第二大队大队长施毅轩及专员伯力士十二月十六日电告:常德县属石公桥、镇德桥两处鼠族中之疫势仍继续流行,十二月十三日石公桥发现属疫患者一例在治疗中。

(二)施毅轩大队长十二月三日电告:石公桥共发现疫死四十余人,近一周来尚无新病例发现。

防治经过:

(一)施毅轩、伯力士十六日电告:镇德桥封锁区域内,因军队突然调防无形开放,应即有士兵接防。顷已电恩施第六站区兵站卫生处处长陈立恺,请其设法补救。

(二)第六战区兵站卫生处处长陈立楷电复:常德鼠疫增剧,实深焦虑,本部已饬第四防疫大队抽调第一中队携带防疫器材前往协助,业于十一月二十一日到达石公桥开始工作。至鄂省如何周密布防,嘱斟酌疫情详为计划一节,正与鄂省卫生处卢处长研讨中。

(三)卫生署黔江公路卫生站报告:常德鼠疫既告再发,黔江地介鄂、湘、川三省临界,检疫工作至关重要,除本站已分别妥洽黔江卫生院、运输统制局检查站及地方宪警机关于必要时成立联合交通检疫站外,并分别函请龙潭公路卫生站及湖北之广丰、来凤等县卫生院随时交换疫情,俾便及时准备实施检疫工作。

二、浙江省

疫情:浙江省卫生处十一月廿五日代电如下:

(一)龙泉县:县属之小梅镇与庆元县毗连,本年五月下旬至七月下旬居民中发现疑似鼠疫,死亡六人,治愈一人。十月中旬又开始发现先后有疑似患者三例,其中死亡二例。

(二)庆元县:鼠疫自二十八年由闽省蔓延入境后,虽经过相当之防治,

但各乡间仍不断有死鼠发现。本年上半年于防疫人员严密防范之下幸无发现。七月下旬县属之安仁乡八都村居民杨某家中先有死鼠发现，继之染疫死亡。此后，该村中即有不断有染疫患者发现，至十月中旬止共有患者二十二人。此外，尚有吴某九月中旬在八都村染疫返县城后死亡。同时，黄新乡黄坛村亦发现三例，死亡二例。十月下旬竹口区曹田镇疫死三例。综计该县境内先后发现鼠疫患者三十人。

防治经过：

（一）龙泉县上年（三十年）省卫生处即已派有临时防疫队驻在该县专任龙泉、庆元一带鼠疫防治工作。本年该队改组为省医疗防疫队第二分队仍驻原地，五月间该地开始发现鼠疫后，适值省医防队因浙东事变移驻龙泉即力加防治该地鼠疫，乃暂告就戢。迄至十月份又有病例发现，时省医防队仍在该地除继续工作外，并于城区设施检疫站实行检疫工作，以杜蔓延。

（二）庆元县鼠疫较为严重，由省医防队分队协同县卫生院加紧工作，另由该县筹款设置防疫专责机关，并据呈省政府经核准拨给临时防疫费三万元，即大量鼠疫苗，俾便利工作。

（三）衢县今年敌寇窜扰县城，闻曾从事鼠疫防治工作，自经我方收复后，省卫生处乃派医防队长柯主光前往勘查，据报现为无疫患者，惟防疫工作人有继续加紧实施之必要。十一月九日据该县电报专员公署所在地曾发现死鼠，经卫生院镜检有可疑鼠疫杆菌，疫病复发至为可虑。当再电饬省医防队柯队长率该队一部分人员前往协防，并饬该县恢复临时防疫机构，加强充实卫生机关，以利防治。

（台北“国史馆”028－040000－0240）

二、浙江省三十二年度鼠疫防治工作报告（1943 年）

摘　要

疫情简报（自 1938 年至 1943 年）

甲、按本省鼠疫之流行，始于二十七年，地区为庆元一县。

乙、二十九年庆元鼠疫第二次流行，该县毗连龙泉境界之小梅镇亦有发生。同年十一月十二月鄞县衢县并先后发生鼠疫。

丙、三十年鄞县鼠疫于一月间扑灭,衢县三月间再度流行,终年不绝。春间庆元又起第三次小流行,并侵及龙泉县之查川,十一月间义乌突告疫警。

丁、三十一年衢县鼠疫扑灭,义乌疫势亦渐戢,惟波及邻县东阳。五月份起,敌人侵占该两县,以后情况即不明。秋间庆元第四次流行,其区域达五乡镇,中以小梅镇受患最重。

戊、本年度庆元仍有疫。龙泉及云和之城厢,丽水之碧湖与永嘉城区,青田之东山、章村二乡,松阳之裕溪乡,景宁之外舍村均有疫患。又宣平县之溪口乡与丽水县之城区,于十月间亦均发现疫鼠。整个瓯江流域几全为疫氛所笼罩。

本年度省防疫行政部门措施

甲、订定三十二年度防疫工作计划,以鼠疫之防治为工作之重要对象。

乙、拟订浙江省防疫设施改进计划,并附概算书呈送中央,核定拨款以利鼠疫之防治。

丙、订颁浙江省各县检疫实施暂行办理、浙江省各县检疫站设置规则暨检疫站工作报告表式、浙江省各县防疫实施通则、浙江省各机关团体工厂学校防疫设施通则、浙江省各县屋宇防鼠改善暂行规则、浙江省政府发给疫区防疫工作人员奖励金暂行办法、浙江省会各机关临时防疫队设置办法、浙江省卫生处防疫人员训练班设置办法、浙江省省会临时防疫委员会组织规程等,新增有关鼠疫防治规章。

丁、督导工作。省卫生处长出发龙泉、庆元等县督导二次,巡视瓯江沿岸各县防疫设施一次,并亲主持云和(省会)鼠疫之防治。卫生处防疫主管科长出发龙泉督导二次,庆元督导一次,丽水碧湖督导一次,十二月偕仝卫生署专员伯力士巡回督导宣平、丽水、碧湖、永嘉、青田等处防疫工作,并出席指导第八区防疫会议暨佐理省会鼠疫防治工作。

戊、设置防疫人员训练班。第一期结业人数为三十八人,第二期尚在训练中。

己、翻印鼠疫防治实施办法五十册,编印各种传单图画二万张,分发各处应用。

各鼠疫流行县疫况暨工作简述

甲、庆元县

一、流行起讫时间。全年除五、六、七、十四个月无病例发现外,其余皆为流行时期。

二、流行地区。城厢、安仁乡(八都)、黄新乡(新窑)、竹口乡、庆集乡和山乡、小梅等七处。

三、病例登记。全年为七十五人,死亡五十人。

四、防治机构。一至五月份成立该县临时防疫处主持防治。六月份起,防疫处裁撤,改设该县防疫委员会技术部门,工作由各级卫生机关负责担任。

五、工作。(另详表。)

六、经费。大部分由县地方自筹及原有县卫生及治疗支出概算中支省拨补六万元。

乙、龙泉县

一、流行起讫时间。该县查川镇仅一月份有病例发现。城区三月份起发现病例,五月份间断一月,随后流行至年终。

二、流行地区。城区及查川镇二区。

三、病例登记。全年为四百七十六人,死亡八十三人。

四、防治机构。成立该县临时防疫处,技术部分由省医疗防疫队、县卫生院分别负责。

五、工作。(另详表。)

六、经费。省拨十九万元,地方临时自筹两万元,余由县卫生及治疗支出概算中腾用。

丙、云和县(省会)

一、流行起讫时间。八月间开始于城区附廓之河上村先发现疫鼠,九月城区发现疫鼠及病例,流行至年终。

二、流行地区。城区暨附廓十里以内。

三、病例登记。以发病日期起算,计有患者一百零六人,死亡五十一人。(附表所列系以受诊日期起算,故少患者三人,死亡人数同。)

四、防治机构。设置省会临时防疫委员会,由省府指派,省级机关高级职员暨当地县级机关首长共十五人为委员,并由省卫生处处长为主任委员。担任技术工作单位有卫生署医疗防疫总队第六巡回医防队、军政部第三十兵站医院、浙江省立医院省会卫生事务所、县卫生院。各机关、各保均组织防疫队。

五、工作。(另详表。)

六、经费。由省府陆续核拨约九十万元。(在中央追加二百万元内支给。)

丁、丽水县碧暨湖镇

一、流行起讫时间。丽水县城区于十月中旬检获死鼠一只,镜检发现疑似鼠疫杆菌,嗣后继续检鼠则未有发现。碧湖亦于十月中旬检得疑似疫鼠,随即陆续有发现,并经动物接种证实。十月二十日发现第一例病人,流行至年终,疫势仍未稍。

二、流行地区。碧湖镇市区及附近村坊。

三、病例登记。碧湖镇患者六十人,死亡三十四人。

四、防治机构。丽水城区设置丽水县防疫处,由县政府、省立第六传染病院、县卫生院为该机构之主干。碧湖镇则由当地各机关成立碧湖各界防疫委员会,担任技术工作之单位为区卫生分院、省医疗防疫队暨县卫生院一部分人员。

五、工作

(一) 丽水城区

1. 自十月一日起至十二月三十一日止,检鼠工作收检死鼠三零五只,捕获活鼠四六六五只。鼠族分类:沟鼠 63%,家鼠 17%,小家鼠 14%,其他 6%。蚤分类:印度鼠蚤 13.5%,欧洲鼠蚤 39.5%,盲蚤 12%,人蚤 29%,猫蚤 6%。检鼠结果:镜检发现疑似鼠疫杆菌之死鼠一只。

2. 十二月中旬城区举行全城毒鼠。发放毒鼠饼五万一千零六十只,被鼠食二万三千一百五十四只。

3. 自十一月一日起至十二月三十一日止,鼠疫预防注射人数:注射二次者二千八百九十三人，一次者五百十四人，合计为三千四百零七人。

4. 自十一月一日至十二月卅一日止，调查病例及尸体共四十九次，病例三十八，尸体十一。鼠疫阳性无。

5. 自十月份至十二月份，举行清洁检查四次，大扫除一次，清除垃圾约一万七千余市斤。

6. 防疫训练及宣传。保长防疫训练分二期集训，于十一月中旬、十二月上旬分别举行，时间为一星期。参加保长人数合计为八十九人。防疫宣传，印发防疫各项传单三十张，标画绘制十六幅。

（二）碧湖镇

1. 自十月一日起至十二月卅一日止，检鼠工作收检死鼠数□七四只，结果鼠疫阳性者二九八只。十月一日起至十一月初旬止，捕鼠五六九只。鼠族分类：沟鼠 43%，家鼠 28%，小家鼠 29%。蚤分类：印度鼠蚤 34%，人蚤 31%，其他 36%。

2. 自十一月一日起至十二月卅一日止，鼠疫预防注射人数：注射二次以上者三千一百五十七人，一次者一千零三十三人，合计四千一百九十人。（机关部队在外。）

3. 自十月上旬起至十二月下旬止，调查病例一百零三例。腺性鼠疫阳性五十二例，尸体十四例，鼠疫阳性八例。

4. 自十一月上旬至十二月下旬，鼠疫隔离治疗人数五十二人，死亡二十六人。

5. 自十月中旬至十二月下旬，石灰、硫磺消毒户数一百二十七户。封塞鼠穴户数六百十四户。洒灭蚤剂户数三百九十四户。

6. 自十二月份起施行制发购棺证及出丧许可证，是月份计发购棺证八张。

7. 自十月份起至十二月份止，举行清洁检查五次，大扫除一次。焚烧垃圾约八千市斤。

8. 自十月中旬至十二月下旬掩埋尸体三十八具。

9. 自十月中旬至十二月下旬举行防疫演讲六次，听众约三千六百人。印发传单两千张，制贴大幅标语七十四张，图画十二幅。

六、经费。省府拨补碧湖镇十万元,余由各该地方自筹并在县级地方机关原有经费内腾支。

戊、永嘉县

一、流行起讫时间:十二月上旬疫鼠及腺性疫鼠病例同时发现后,据调查,死鼠发现远在十月下旬即已有之。

二、流行地区。城区西郊划定疫区面积,计四百七十六户。

三、病例登记。患者四人,已死亡一人。

四、防治机构。由该县各界成立防疫委员会,下再设防疫处为工作执行机构。担任技术工作单位为省立第一传染病院暨该县卫生院。

五、工作

(一)自十一月中旬至十二月下旬,检鼠工作收检死鼠数一九三只,结果鼠疫阳性者一三〇只。十一月上旬至十二月上旬,捕获活鼠数一千〇五十四只。鼠族分类:沟鼠53%,家鼠19%,小家鼠24%,其他4%。蚤分类:印度鼠蚤26%,人蚤49%,盲蚤18%,其他9%。

(二)十二月下旬,城区东南隅举行毒鼠一次,发放毒饼三万四千一百十三只,被食去一万九千〇六只。

(三)自十一月一日起至十二月卅一日止,鼠疫预防注射人数:注射二次以上者九千八百十一人,一次者一万一千四百零八人(内五千八百十九人为检疫站注射人数)。

(四)十一月份起,在瓯江上游离城区九十里之温溪设置检疫站。二个月来,每月平均检验船只,大客船九只,小客船一百〇三只,货船四百〇八只,留验九人(以发现疾病症候者为限)。预防注射人数二个月合计为五千八百十九人。

(五)十一月份上旬至十二月份下旬,共检验病例一百三十四例,腺性鼠疫阳性者四例,检验尸体二十六具,鼠疫阳性无。

(六)十二月份隔离治疗鼠疫人数四人,死亡一人。掩埋尸体鼠疫阳性者一具。

(七)十二月份石灰、硫磺消毒户数一百四十三户,封塞鼠穴户数二百〇四户，洒灭蚤剂户数二百六十八户。

（八）十二月份举行大扫除一次，清洁检查一次，清除垃圾约八万六千余市斤。

（九）十二月份中等以上学校学生防疫演讲会举行三次，听讲学生数约二千七百余人。民众防疫通俗宣传演讲十五次，听众约一万二千余人。印发防疫传单四万五千张，绘制壁画八十幅、大幅标语五十幅，印发防疫彩色图画二万张。

六、经费。地方自筹六十八万元应用。

己、青田县

一、该县县政府于十二月廿一日接获情报，谓该县毗邻丽水碧湖之东山乡，有居民三人骤然死亡，众疑为鼠疫云云。翌日当由卫生院医师一人，卫生稽查员一人前往调查，结果查悉东山乡死亡二人，附近章村乡亦死亡三人，症状上颇似肺炎性鼠疫。最初染病之一人为女性，系由碧湖亲戚家探病而归。章村乡死亡三人，系属一家，与东山乡之一死者亦有亲戚之关系。

二、该东山乡及章村乡之可疑疫户已由卫生院为消毒处置。两村居民施行预防注射计三百九十八人。十二月下旬未闻继续有死亡，亦无死鼠发现。

三、该县城区十二月份鼠疫预防注射人数达一千七百六十八人。

四、该县防疫委员会于上年度即已成立。本年度十月间重为调整，充实地方自筹防疫经费十万元储用。

庚、景宁县

一、该县离城区十里，通云和大道所经之外舍村于十一月廿一日发现一腺性鼠疫患者，由该县卫生院院长会同省立医院分院医师检诊确实。该患者男性，系自云和戚家探病，染疫而归。翌晨即死亡。疫户当经卫生院严予消毒。附近居民为施行预防注射，计注射人数为二百七十九人。

二、该县已成立防疫委员会，为防疫专责机构。城区及附近村庄普遍施行预防注射。十二月份止注射人数二次以上者已达一千八百六十九人，一次者七百十一人。据报捕鼠、检鼠及环境卫生工作均已在加紧进行，惟统计数字未据详报。防疫经费地方已自筹五万元。

申、松阳县

一、该县距离碧湖三十余里之裕溪乡，于十二月二十三日发现一肺炎性鼠疫患者，由该县卫生院长检诊确定。该患者男性，系自碧湖探亲，染疫而归。越一日即死亡。疫户经卫生院严密消毒，附近居民施行预防注射人数，计有五百十八人。

二、该县防疫专员机构早已成立。所有预防注射工作、检鼠捕鼠工作、清洁检查工作据报均已切实实施，惟统计数字报告未据呈送。防疫经费据陈已由地方自筹二十万元。

壬、宣平县

一、该县距离城区二十五里，并距敌人前线亦仅四十里之溪口乡，于十月上旬起，先在该地之省立金华师范学校民众教育馆内发生死鼠，随后村庄亦陆续有发现。本省第一巡回卫生工作队适派驻该地附近，当检获死鼠三只，自行解剖一只，镜检发现可疑鼠疫杆菌，遂再将其余二只封固，派专人送至省卫生试验所检验，并施行动物接种，断为疫鼠。后据第一巡逻卫生工作队调查报告，该地自十月上旬起至下旬止，共检获死鼠二十七只，十一月份起即无继续发现。

二、该乡居民暨省立金华师范学校教职员、学生，已由第一巡回卫生工作队普遍施行预防注射，计注射人数一千五十八人，并由该队指导发动学生协助居民封塞鼠穴、清除污物、保护食物储藏、灭蚤等工作。据报告，成绩颇佳。

三、该县防疫委员会成立已年余，城区于十二月份举行毒鼠工作一次，地方自筹防疫经费十万元。县卫生院担任城区及附近乡村防疫技术工作事务，第一巡回卫生工作队则负溪口乡暨附近地带之防疫技术责任。

其他各县鼠疫预防措施概况

甲、县疫防委员会各县均已普遍设置。

乙、各县城区隔离医院，三分之二以上县份均已设置。

丙、各县地方自筹防疫经费，最多者为三十万元，最少者为五万元，均已普遍筹储。

丁、各县乡保疫情情报网均已严密组织完成。

(浦江县档案馆 L02-4-151)

三、浙江省三十四年度鼠疫情况统计表（1945 年）

浙江省 1945 年度鼠疫病人统计表

流行日期 \ 患死人数 \ 县别		庆元		龙泉		云和		丽水				合计	
		患	死	患	死	患	死	患	死	患	死	患	死
一月份	上旬												
	中旬												
	下旬												
	小计												
二月份	上旬												
	中旬												
	下旬												
	小计												
三月份	上旬												
	中旬												
	下旬	1	1									1	1
	小计	1	1									1	1

续表

县别 / 患死人数 / 流行日期		庆元		龙泉		云和		丽水				合计	
		患	死	患	死	患	死	患	死	患	死	患	死
四月份	上旬							4	2			4	2
	中旬	1	1									1	1
	下旬	6	4					1	1			7	5
	小计	7	5					5	3			12	8
五月份	上旬							2	1			2	1
	中旬							2	2			2	2
	下旬	1										1	
	小计	1						4	3			5	3
六月份	上旬					2	1					2	1
	中旬												
	下旬												
	小计					2	1					2	1

续表

县别 / 患死人数 / 流行日期		庆元		龙泉		云和		丽水				合计	
		患	死	患	死	患	死	患	死	患	死	患	死
七月份	上旬												
	中旬												
	下旬					3	1					3	1
	小计					3	1					3	1
八月份	上旬					12	4					12	4
	中旬	1				11	3					12	3
	下旬	6	4			24	9					30	13
	小计	7	4			47	16					54	20
九月份	上旬	4				17	10					21	10
	中旬	4	1			21	7					25	8
	下旬	2	3			19	9					21	12
	小计	10	4			57	26					67	30

续表

流行日期 \ 患死人数 \ 县别		庆元		龙泉		云和		丽水				合计	
		患	死	患	死	患	死	患	死	患	死	患	死
十月份	上旬	3				24	5					27	5
	中旬	6	5			23	7					29	12
	下旬	2	2	4	3	23	6	7	4			36	15
	小计	11	7	4	3	70	18	7	4			92	32
十一月份	上旬			14	7	21	10					35	17
	中旬	2	1	14	10	13	4	1	1			30	16
	下旬	1		13	10	5	1	2	1			21	12
	小计	3	1	41	27	39	15	3	2			86	45
十二月份	上旬			9	7	3						12	7
	中旬	2	1	6	2	3	2					11	5
	下旬	2	1	5	3							7	4
	小计	4	2	20	12	6	2					30	16
全年总计		44	24	65	42	224	79	19	12			352	157
备考													

浙江省庆元县1945年度鼠疫发现病例记录表

浙江省庆元县三十四年度鼠疫发现病例记录表　第一页

病人姓名	性别	年龄	详细地址	起病日期 月	起病日期 日	治愈日期 月	治愈日期 日	死亡日期 月	死亡日期 日	临床症状	显镜检查	尸体解剖	细菌培养	动物接种试验	备考
周梅娥	女	26	城厢镇第七保六甲	3	21			3	26	高热昏迷淋巴腺肿痛	腺性鼠疫				
楼阿芝	女	13	庆元司法处看守所	4	15			4	20	高热昏迷左颈腺肿痛	腺性鼠疫				
吴传墨	男	21	城厢镇一保七甲一户	4	21	4	29			高热不退眼球充血右鼠蹊淋巴腺肿痛	腺性鼠疫				
袁君	男	18	城厢镇二保八甲	4	22			4	24	高热脉细速右颈腺肿痛	腺性鼠疫				
张小孩	男	7	城厢镇二保十甲	4	22			4	24	恶寒发热右鼠蹊淋巴腺肿痛	腺性鼠疫				
姚善成	男	35	城厢镇一保六甲	4	23			4	23	突然起病昏迷高热谵语淋巴腺肿痛	疑似败血性鼠疫				
刘阿兴	男	38	城厢镇四保四甲	4	25			4	27	寒热左鼠蹊淋巴腺肿痛	疑似腺性鼠疫				
叶松兰	女	25	庆元县警察局内	4	30	5	10			高热眼红脉细速昏迷右鼠蹊淋巴腺肿	疑似腺性鼠疫				
沈松涛	男	5	城厢镇西后街五号	5	30	6	8			高热颈腺肿痛	疑似腺性鼠疫				
吴宝姬	女	31	城厢镇第四保二甲	8	15			8	21	高热颈腺肿痛	阳性				
吴谢氏	女	38	城厢镇第六保一甲	8	23	8	29			高热颈腺肿痛	阳性				
吴友菊	女	4	城厢镇第六保一甲	8	24	8	29			高热颈腺肿痛	阳性				
吴周庭妈	女	35	城厢镇第四保一甲	8	24	8	28			高热颈腺肿痛	阳性				
吴友宜	男	18	城厢镇第六保一甲	8	25			8	27	高热颈腺肿痛	阳性				

续表

浙江省庆元县三十四年度鼠疫发现病例记录表 第二页

病人姓名	性别	年龄	详细地址	起病日期		治愈日期		死亡日期		临床症状	显镜检查	尸体解剖	细菌培养	动物接种试验	备考
				月	日	月	日	月	日						
吴友谅	男	5	城厢镇第六保一甲	8	25			8	26	高热呕吐淋巴腺肿痛	阳性				
周其目	女	13	城厢镇第六保一甲	8	25			8	26	高热头痛淋巴腺肿痛	阳性				
叶文宗	男	35	庆元城厢十一保六甲二户	9	3	9	14			高热鼠蹊淋巴腺肿痛	阳性				
徐明忠	男	27	庆元城厢六保二甲七户	9	4	9	14			高热颈部淋巴腺肿	阳性				
傅月桂	女	17	庆元城厢四保二甲四户	9	4			9	12	高热股部淋巴腺肿痛	阳性				
黄生贵	男	41	庆元城厢六保一甲八户	9	5	9	15			高热鼠蹊淋巴腺肿痛	阳性				
赵张水	男	33	庆元城厢四保七甲三户	9	13			9	30	高热颈部淋巴腺肿痛	阳性				
朱阿水	男	32	庆元城厢五保二甲六户	9	14	9	27			高热颈部淋巴腺肿痛	阳性				
周美月	女	17	庆元城厢五保二甲六户	9	18			9	24	高热颈部淋巴腺肿痛	阳性				
徐梅菊	女	16	庆元城厢四保七甲四户	9	18			9	29	高热颈部淋巴腺肿痛	阳性				
叶保兴	男	29	庆元城厢十一保五甲八户	9	22	10	6			高热颈部淋巴腺肿痛	阳性				
孙光先	男	40	庆元城厢四保七甲九户	9	29	10	8			高热颈部淋巴腺肿痛	阳性				
张珠珍	女	18	庆元城厢四保一甲六户	10	6	10	15			高热颈部淋巴腺肿痛	阳性				
王福仁	男	36	庆元水门街十二号	10	6			10	12	高热颈部淋巴腺肿痛	阳性				

续表

浙江省庆元县三十四年度鼠疫发现病例记录表 第三页

病人姓名	性别	年龄	详细地址	起病日期		治愈日期		死亡日期		临床症状	显镜检查	尸体解剖	细菌培养	动物接种试验	备考
				月	日	月	日	月	日						
吴贵子	男	16	庆元后田	10	7			10	17	高热鼠蹊淋巴腺肿痛	阳性				
沈民蕊	女	41	庆元城厢四保三甲八户	10	11			10	18	高热神志昏迷腺肿	阳性				
朱元高	男	27	庆元城厢六保六甲七户	10	12	10	22			高热股痛淋巴腺肿痛	阳性				
沈志兴	男	28	庆元城厢四保三甲八户	10	13			10	16	高热鼠蹊淋巴腺肿痛	阳性				
徐安丽	女	18	庆元咏归桥旁防空监视哨	10	15	10	25			高热鼠蹊淋巴腺肿痛	阳性				
骆鼎元	男	34	同上	10	16			10	16	高热鼠蹊淋巴腺肿痛	阳性				
徐新兴	男	29	同上	10	17			10	25	高热神志昏迷	阳性				
周鹏飞	男	8	庆元城厢西大街	10	27			10	29	高热左鼠蹊淋巴腺肿痛	阳性				
曹华卿	女	12	同上	10	29	11	16			高热右鼠蹊淋巴腺肿痛	阳性				
张一鸣	男	31	后田	11	11	11	25			左鼠蹊淋巴腺肿痛	阳性				
周重武	男	41	后田	11	13			11	18	左鼠蹊淋巴腺肿痛	阳性				
胡丘生	男	21	庆元警察局	11	22	11	28			右鼠蹊淋巴腺肿痛	阳性				
姚安信	男	53	后田	12	15			12	16	左股淋巴腺肿	阳性				
徐树梁	男	13	上仓巷	12	17	12	28			左腋窝淋巴腺肿	阳性				

续表

浙江省庆元县三十四年度鼠疫发现病例记录表 第四页

病人姓名	性别	年龄	详细地址	起病日期		治愈日期		死亡日期		临床症状	显镜检查	尸体解剖	细菌培养	动物接种试验	备考
				月	日	月	日	月	日						
张安夫	男	41	后田	12	22			12	25	左股淋巴腺肿	阳性				
施丰年	男	34	上仓巷	12	24	12	31			左鼠蹊淋巴腺肿	阳性				

浙江省龙泉县1945年度鼠疫发现病例记录表

浙江省龙泉县三十四年度鼠疫发现病例记录表　第一页

病人姓名	性别	年龄	详细地址	起病日期 月	起病日期 日	治愈日期 月	治愈日期 日	死亡日期 月	死亡日期 日	临床症状	显镜检查	尸体解剖	细菌培养	动物接种试验	备考
柳松菊	女	21	东昇镇耶苏堂	10	28			10	28	高热头痛颈部淋巴腺肿痛	阳性				
蓝银姣	女	22	东昇镇五六号	10	28			10	29	高热头痛颈部淋巴腺肿痛	阳性				
张显招	男	46	东昇街一六〇号	10	28			11	3	高热头痛颈部淋巴腺肿痛	阳性				
诸葛寅	男	17	中正街一七号	10	29			10	31	高热头痛颈部淋巴腺肿痛	阳性				
张炳寿	男	18	东昇街一六〇号	11	1			11	7	高热头痛颈部淋巴腺肿痛	阳性				
张月珠	女	36	同上	11	2	11	18			高热鼠蹊部淋巴腺肿痛	阳性				
张兰寿	女	17	东昇街三三号	11	2			11	5	高热鼠蹊部淋巴腺肿痛	阳性				
孙阿松	男	46	五显庙十五号	11	4	11	20			高热鼠蹊部淋巴腺肿痛	阳性				
叶素娥	女	11	东昇街一六一号	11	5			11	6	高热鼠蹊部淋巴腺肿痛	阳性				
叶保兴	女	11	同上	11	5			11	7	高热鼠蹊部淋巴腺肿痛	阳性				
王平寰	男	22	东昇街一五五号	11	6	11	7			高热鼠蹊部淋巴腺肿痛	阳性				
翁秀娥	女	24	朱坞距城二十五里	11	6			11	7	高热鼠蹊部淋巴腺肿痛	阳性				
郭进	男	28	石板巷二号	11	7			11	7	高热鼠蹊部淋巴腺肿痛	阳性				
李重培	男	48	东昇街一五一号	11	7			11	13	高热昏迷淋巴腺肿痛	阳性				

续表

浙江省龙泉县三十四年度鼠疫发现病例记录表 第二页

病人姓名	性别	年龄	详细地址	起病日期 月	起病日期 日	治愈日期 月	治愈日期 日	死亡日期 月	死亡日期 日	临床症状	显镜检查	尸体解剖	细菌培养	动物接种试验	备考
林永根	女	47	东昇街下林路十三号	11	8			11	13	高热昏迷淋巴腺肿痛	阳性				
周剑玉	女	6	东昇街一五九号	11	9			11	11	高热昏迷淋巴腺肿痛	阳性				
叶子祥	男	10	东昇街文泉巷九〇号	11	10			11	19	高热昏迷淋巴腺肿痛	阳性				
娄林宝	男	62	金钟巷一号	11	10			11	19	高热昏迷淋巴腺肿痛	阳性				
王显寿	男	50	东后街七号	11	11			11	12	高热昏迷淋巴腺肿痛	阳性				
方根荣	男	49	东昇镇一保一甲	11	11			11	13	高热昏迷淋巴腺肿痛	阳性				
许花英	女	2	东昇街一五二号	11	11			11	16	高热昏迷淋巴腺肿痛	阳性				
洪右堂	男	36	官仓巷五号	11	11	11	19			高热昏迷淋巴腺肿痛	阳性				
张梅君	女	13	河南街金龙巷对过	11	13			11	15	高热昏迷淋巴腺肿痛	阳性				
周水莲	女	25	东昇街藉桂坊十二号	11	13			11	18	高热昏迷淋巴腺肿痛	阳性				
娄陈寿	男	41	金钟巷一号	11	13			11	21	高热昏迷淋巴腺肿痛	阳性				
张德华	男	26	东后街八二号	11	20			11	21	高热昏迷淋巴腺肿痛	阳性				
郑美华	女	18	官仓巷七号	11	20	11	24			高热昏迷淋巴腺肿痛	阳性				
朱灿星	男	54	东昇街玉丰行	11	20	11	29			高热昏迷淋巴腺肿痛	阳性				

续表

浙江省龙泉县三十四年度鼠疫发现病例记录表　第三页

病人姓名	性别	年龄	详细地址	起病日期		治愈日期		死亡日期		临床症状	显镜检查	尸体解剖	细菌培养	动物接种试验	备考
				月	日	月	日	月	日						
毛小世	男	27	东昇街五显庙三十四号	11	20			11	26	高热昏迷淋巴腺肿痛	阳性				
傅樟松妻	女	22	金钟巷一号	11	20			11	28	高热昏迷淋巴腺肿痛	阳性				
傅樟松女	女	2	同上	11	20			11	24	高热昏迷淋巴腺肿痛	阳性				
项周氏	女	83	北河街十一号	11	20			11	27	高热昏迷淋巴腺肿痛	阳性				
叶水兰	女	15	东昇街一四二号	11	21			11	28	高热昏迷淋巴腺肿痛	阳性				
程加元	男	24	金钟巷四号	11	23	12	1			高热昏迷淋巴腺肿痛	阳性				
贝多多	男	5	中正街三号	11	23			11	24	高热昏迷淋巴腺肿痛	阳性				
陈珠娘	女	60	东昇街十二保杨巷二五号	11	23			11	27	高热昏迷淋巴腺肿痛	阳性				
王奶儿	男	19	东昇街十保五甲	11	24	12	1			高热昏迷淋巴腺肿痛	阳性				
吴维祺子	男	29	北河街十三号	11	24			11	29	高热昏迷淋巴腺肿痛	阳性				
陆爱贞	男	21	北河街十三号	11	25	11	30			高热昏迷淋巴腺肿痛	阳性				
季彩连	女	26	西平槐坡巷十一号	11	25	11	30			高热昏迷淋巴腺肿痛	阳性				
华贞永	男	17	树范中学	11	25	11	29			高热昏迷淋巴腺肿痛	阳性				
吴昌德	男	19	东昇街下林巷二十六号	11	26	12	1			高热昏迷淋巴腺肿痛	阳性				

续表

浙江省龙泉县三十四年度鼠疫发现病例记录表 第四页

病人姓名	性别	年龄	详细地址	起病日期		治愈日期		死亡日期		临床症状	显镜检查	尸体解剖	细菌培养	动物接种试验	备考
				月	日	月	日	月	日						
叶康妹	女	37	东后街六六号	11	28			12	2	高热头痛淋巴腺肿痛	阳性				
郑毛毛	男	6	东昇街一号	11	30			12	1	高热头痛淋巴腺肿痛	阳性				
关钟仁	男	54	东后街五二号	11	30					高热头痛淋巴腺肿痛	阳性				
王奶儿	女	26	西平镇石板巷五号	12	1			12	4	高热头痛淋巴腺肿痛	阳性				
叶日养	男	30	西平镇溪沿路二十三号	12	1			12	2	高热昏迷淋巴腺肿	阳性				
林松秀	女	33	东昇街一八二号	12	1			12	4	高热昏迷淋巴腺肿	阳性				
罗大妹	女	27	西平街一〇八号	12	1			12	8	高热昏迷淋巴腺肿	阳性				
柳林根	男	13	北河街十三号	12	2	12	8			高热昏迷淋巴腺肿	阳性				
叶金宝	男	40	东昇街拾保六甲	12	3	12	9			高热昏迷淋巴腺肿	阳性				
凌家伦	女	28	东昇街九十九号	12	3	12	10			高热昏迷淋巴腺肿	阳性				
周阿根	男		东昇街五显庙四〇号	12	3			12	8	高热昏迷淋巴腺肿	阳性				
瞿李氏	女	64	东昇街三十六号	12	10			12	13	高热昏迷淋巴腺肿	阳性				
朱大根	男	21	东昇街一九号	12	11	12	23			高热昏迷淋巴腺肿	阳性				
柳青娥	女	17	东昇街九一号	12	14	12	20			高热昏迷淋巴腺肿	阳性				

续表

浙江省龙泉县三十四年度鼠疫发现病例记录表　第五页

病人姓名	性别	年龄	详细地址	起病日期 月	起病日期 日	治愈日期 月	治愈日期 日	死亡日期 月	死亡日期 日	临床症状	显镜检查	尸体解剖	细菌培养	动物接种试验	备考
朱潘女	女	22	东昇街下林路一六号	12	16			12	22	高热昏迷淋巴腺肿	阳性				
李阿英	女	21	临江	12	17	12	23			高热昏迷淋巴腺肿	阳性				
吴叶氏	女	20	中正街徐益成香烟店	12	18			12	22	高热昏迷淋巴腺肿	阳性				
吴金有	男	38	中正街徐益成香烟店	12	19			12	20	高热昏迷淋巴腺肿	阳性				
洪七陈	男		东昇镇下林路一八号	12	21			12	21	高热昏迷淋巴腺肿	阳性				
林荣兴	男	32	县府自卫中队	12	21	12	24			高热昏迷淋巴腺肿	阳性				
周学强	男	20	中正街正大印刷号	12	22	12	27			高热昏迷淋巴腺肿	阳性				
王三妹	男	31	县府自卫队	12	25	12	27			高热昏迷淋巴腺肿	阳性				
张秀珍	女	32	卫生院医师	12	25	12	29			高热昏迷淋巴腺肿	阳性				

浙江省云和县1945年度鼠疫发现病例记录表

浙江省云和县三十四年度鼠疫发现病例记录表　第一页

病人姓名	性别	年龄	详细地址	起病日期 月	起病日期 日	治愈日期 月	治愈日期 日	死亡日期 月	死亡日期 日	临床症状	显镜检查	尸体解剖	细菌培养	动物接种试验	备考
倪月娥	女	8	中正街一八〇号	6	1			6	2	高热昏迷呕吐	涂片镜检(＋)			阳性	败血性鼠疫
徐康遂	男	25	云和盐务局	6	8	6	15			发冷发热右股淋巴腺肿痛	涂片镜检(＋)				同上
刘文彬	男	23	中正街一九三号	7	27	8	4			高热昏迷呕吐右股腺肿痛	淋巴腺穿刺液(＋)				腺性鼠疫
吴章文	男	8	中正街一六三号	7	27			7	31	发热呕吐淋巴腺肿痛	淋巴腺穿刺液(＋)				同上
洪贞女	女	55	中正街二〇三号	7	30			8	3	同上	淋巴腺穿刺液(＋)				败血性鼠疫
陈群花	女	48	中正街一六一号	8	1	8	8			发热呕吐神志昏迷右淋巴腺肿痛	淋巴腺穿刺液(＋)				腺性鼠疫
邵根山	男	16	中正街九芝斋	8	3	8	8			高热呕吐昏迷腺肿	淋巴腺穿刺液(＋)				败血性鼠疫
王器儿	男	4	中正街一六三号	8	3	8	12			高热颈淋巴腺肿痛	淋巴腺穿刺液(＋)				腺性鼠疫
吴勇	男	39	中正街一七七号	8	4	8	12			高热两侧鼠蹊淋巴腺肿痛	淋巴腺穿刺液(＋)				同上
李华丽	女	14	下水碓巷一四号	8	4			8	7	高热神志昏迷呕吐	淋巴腺穿刺液(＋)				败血性鼠疫
廖采菊	女	15	唯生巷三号	8	4			8	8	高热昏迷呕吐左鼠蹊淋巴腺肿痛	淋巴腺穿刺液(＋)				同上
汪秀梅	女	24	下水碓巷十号	8	4			8	16	高热昏迷发狂左股淋巴腺肿痛	淋巴腺穿刺液(＋)				败血性鼠疫
何金森	男	41	古官巷六号	8	4			8	14	同上	淋巴腺穿刺液(＋)				尸体检查
赵庆仁	男	40	下水碓巷六号	8	6			8	10	高热呕吐淋巴腺肿痛	淋巴腺穿刺液(＋)				败血性鼠疫

续表

浙江省云和县三十四年度鼠疫发现病例记录表　第二页

病人姓名	性别	年龄	详细地址	起病日期		治愈日期		死亡日期		临床症状	显镜检查	尸体解剖	细菌培养	动物接种试验	备考
				月	日	月	日	月	日						
吴桂花	女	24	中正街一六一号	8	6	8	13			高热昏迷口干淋巴腺肿痛	淋巴腺穿刺液（+）				腺性鼠疫
张有均	男	18	八德里九号	8	8	8	13			高热鼠蹊淋巴腺肿痛	淋巴腺穿刺液（+）				腺性鼠疫
谢广宇	男	7	程宅东南日报社	8	9	8	16			发热左鼠蹊腺肿痛	淋巴腺穿刺液（+）				腺性鼠疫
叶氏	女	56	抗战路四二号	8	11	8	24			发热昏迷腋下淋巴腺肿痛	淋巴腺穿刺液（+）				腺性鼠疫
魏伯喧	男	22	中正街陈诚记什货店	8	12	8	24			高热昏迷腋下淋巴腺肿痛	（+）				腺性鼠疫
王麒毓	男	31	中正街一六五号	8	12	8	18			高热淋巴腺肿痛	（+）				腺性鼠疫
王根生	男	11	赵姓巷一〇号	8	12	8	18			高热昏迷呕吐淋巴腺肿痛	（+）				腺性鼠疫
王洪氏	女	24	赵姓巷一〇号	8	12	8	25			发热呕吐股淋巴腺肿痛	淋巴液穿刺（+）				腺性鼠疫
王文华	男	28	赵姓巷一〇号	8	12			8	18	发冷发热昏迷鼠蹊淋巴腺肿痛痛	同上（+）				腺性鼠疫
王宝宝	男	4	中正街一六三号	8	13	8	18			高热不退呕吐颈淋巴腺肿痛	（+）				腺性鼠疫
鲍洪发	男	24	赵姓巷八号	8	14	8	22			发热头晕呕吐左腋下腺肿痛	（+）				腺性鼠疫
詹承祖	男	33	中正街一七〇号	8	14	8	23			高热呕吐股淋巴腺肿痛	（+）				腺性鼠疫
裘昌守	男	24	瓦窑水电厂	8	16	8	22			高热鼠蹊淋巴腺肿痛	（+）				腺性鼠疫
林凤如	女	17	瓦窑第三保七甲六户	8	19			8	21	恶寒发热头痛呕吐淋巴腺肿	肝脾（+）				尸体检查

续表

浙江省云和县三十四年度鼠疫发现病例记录表 第三页

病人姓名	性别	年龄	详细地址	起病日期 月	起病日期 日	治愈日期 月	治愈日期 日	死亡日期 月	死亡日期 日	临床症状	显镜检查	尸体解剖	细菌培养	动物接种试验	备考
邹定法	男	15	中正街二〇八号	8	21	9	9			高热鼠蹊腺肿痛	(+)				腺性鼠疫
赵松土	男	20	九节巷二号	8	21			8	22	高热神志昏迷鼠蹊淋巴腺肿痛	(+)				腺性鼠疫
陈德勤	男	31	中正街一七七号	8	23			8	24	高热昏迷股腺及鼠蹊部腺肿痛	(+)				败血性鼠疫
张庆治	男	25	司马第三号	8	23	8	26			高热股淋巴腺肿痛	(+)				腺性鼠疫
周弹秀	女	26	瓦窑十号	8	23			8	25	同上	(+)				败血性鼠疫
颜志春	男	37	中正街五号	8	24			8	27	高热昏迷股及鼠蹊淋巴腺痛	(+)				败血性鼠疫
赵竹姣	女	28	古官巷二号	8	24	8	30			高热股腺肿痛	(+)				腺性鼠疫
周王氏	女	70	周宅巷六号	8	25			8	28	发热头痛淋巴腺肿痛	肝液(+)				腺性鼠疫尸体检查
张阿凤	女	30	中正街四五号	8	25			8	28	发热左腋下腺肿痛	肝液(+)				腺性鼠疫尸体检查
郑章花	女	25	抗战路二九号	8	25			8	25	高热右股淋巴腺肿	肝液(+)				腺性鼠疫尸体检查
许启平	男	53	周宅巷八号	8	25	8	31			发热恶心左股腺肿痛	(+)				腺性鼠疫
楼新然	男	25	民政厅	8	25	8	31			高热左腋下腺肿痛	(+)				腺性鼠疫
麻翠芝	女	25	抗战路三五号	8	27	9	2			高热昏迷股腺肿痛	(+)				败血性鼠疫
鲍清喜	男	21	省府守卫分队	8	28	9	3			高热股淋巴腺肿痛	(+)				腺性鼠疫

续表

浙江省云和县三十四年度鼠疫发现病例记录表　第四页

病人姓名	性别	年龄	详细地址	起病日期 月	起病日期 日	治愈日期 月	治愈日期 日	死亡日期 月	死亡日期 日	临床症状	显镜检查	尸体解剖	细菌培养	动物接种试验	备考
邵玉新	女	40	中正街二四三号	8	27	9	6			高热呕吐鼠蹊淋巴腺肿痛	(+)				腺性鼠疫
俞云有	男	30	中正街一〇四号	8	27			9	6	高热昏迷鼠蹊腺肿痛	(+)				腺性鼠疫
徐若妹	女	23	南门巷七号	8	29	9	13			高热呕吐股腺肿痛	(+)				腺性鼠疫
韦子铮	男	43	建国路厚子里九号	8	29	9	8			高热呕吐鼠蹊腺肿痛	(+)				腺性鼠疫
季广天	男	63	抗战路十三号	8	29			9	2	高热昏迷股腺及鼠蹊腺肿痛	(+)				腺性鼠疫
诸樟树	男	2	中正街二号	8	30			8	31	高热昏语鼠蹊腺肿	(+)				败血性鼠疫
廖氏	女	35	古官巷十号	8	30	9	2			高热呕吐腋下腺肿痛	(+)				腺性鼠疫
王妈	女	54	司前巷三号	8	31			9	1	同上	(+)				败血性鼠疫
陈美兰	女	21	中正街二一二号	8	31			9	1	高热呕吐颈腺肿痛	(+)				腺性鼠疫
王宝华	男	42	浙东纺织厂	8	31			9	7	高热昏迷鼠蹊腺肿	(+)				败血性鼠疫
刘河女	女	21	瓦窑	9	1	9	15			高热昏迷颈腺肿痛	(+)				腺性鼠疫
胡国英	女	30	古坊七号	9	2	9	12			高热呕吐鼠蹊淋巴腺肿	(+)				腺性鼠疫
陈启华	男	15	中正街一四九号	9	2	9	11			高热发狂神经错乱腺肿	(+)				败血性鼠疫
叶显岩	男	26	县仓巷	9	3	9	24			高热昏迷股腺肿痛	(+)				腺性鼠疫

续表

浙江省云和县三十四年度鼠疫发现病例记录表 第五页

病人姓名	性别	年龄	详细地址	起病日期 月	起病日期 日	治愈日期 月	治愈日期 日	死亡日期 月	死亡日期 日	临床症状	显镜检查	尸体解剖	细菌培养	动物接种试验	备考
王伯然	男	12	古官巷六号	9	4			9	5	高热呕吐两侧腺肿痛	(+)				败血性鼠疫
王凤姣	女	37	抗战路三十四号	9	5	9	13			高热呕吐腋下腺肿痛	(+)				腺性鼠疫
何仲孙	男	23	建国路灵庙巷	9	5			9	6	高热昏迷股腺肿痛	(+)				败血性鼠疫
韩成桂	男	40	中正街美华洗染店	9	6			9	13	高热昏迷两侧淋巴腺肿	(+)				腺性鼠疫
毛小林	男	32	车业公会	9	6	9	20			高热呕吐腋下淋巴腺肿痛	(+)				腺性鼠疫
章禹庭	男	10	中正街一〇七号	9	7	9	10			高热呕吐股腺肿胀	(+)				腺性鼠疫
吴文杰	男	15	瓦窑十号	9	7			9	9	高热呕吐颈腺肿痛	(+)				败血性鼠疫
李氏	女	54	中正街三号	9	7			9	8	高热呕吐鼠蹊淋巴腺肿痛	(+)				腺性鼠疫
范寿林	男	34	中正街一号	9	7	9	20			同上	(+)				腺性鼠疫
陈三厚	男	45	中正街一三九号	9	10			9	10	高热发狂鼠蹊淋巴腺肿痛	(+)				败血性鼠疫
冯金发	男	51	抗战路二四号	9	10	9	17			发热头痛右股腺肿痛	(+)				腺性鼠疫
马其正	男	22	省党部	9	10	9	16			发热恶心呕吐左鼠蹊淋巴腺肿痛	(+)				腺性鼠疫
叶盛女	女	16	司前巷十号	9	10			9	13	高热昏迷鼠蹊淋巴腺肿痛	(+)				腺性鼠疫
施宝顺	男	15	关庙巷五号	9	12			9	17	高热昏迷无感觉淋巴腺肿痛	(+)				腺性鼠疫

续表

浙江省云和县三十四年度鼠疫发现病例记录表　第六页

病人姓名	性别	年龄	详细地址	起病日期 月	起病日期 日	治愈日期 月	治愈日期 日	死亡日期 月	死亡日期 日	临床症状	显镜检查	尸体解剖	细菌培养	动物接种试验	备考
富守愚	男	41	西门南田宿舍	9	13	9	17			发热神志昏迷腺肿	（+）				腺性鼠疫
李光祖	男	35	中国农民银行	9	15	9	18			高热呕吐淋巴腺肿痛	（+）				腺性鼠疫
周克纳	男	37	中正街二〇八号	9	15	10	2			高热呕吐淋巴腺肿痛	（+）				腺性鼠疫
池小毛	男	6	黄纶巷二号	9	16	9	20			高热昏迷鼠蹊淋巴腺肿痛	（+）				腺性鼠疫
李太太	女	42	古官巷九号	9	16			9	19	高热昏迷呕吐鼠蹊淋巴腺肿痛	（+）				腺性鼠疫
冯信常	男	28	省政府	9	16	9	21			高热昏迷腺肿痛	（+）				败血性鼠疫
刘太太	女	33	厚生里十一号	9	17			9	19	高热昏迷股淋巴腺肿痛	（+）				败血性鼠疫
黄桂招	女	19	司前巷柳事宋词浙保三团一大队留守处	9	17			9	20	高热昏迷发狂腺肿痛	（+）				败血性鼠疫
邵引鉴	男	45	浙江地方银行	9	17	10	3			高热乏力股腺肿痛	（+）				败血性鼠疫
陈明竹	女	35	县仓巷六号	9	17			9	22	高热昏迷呕吐颈腺肿痛	（+）				腺性鼠疫
戴宴海	男	50	中正街九十号	9	18	9	22			高热昏迷股淋巴腺肿痛	（+）				腺性鼠疫
胡梓厚	男	22	贵溪山边一号	9	18	9	20			高热昏迷股淋巴腺肿痛	（+）				腺性鼠疫
金夏氏	女	50	正谊里六号	9	19			9	20	高热昏迷鼠蹊腺肿痛	（+）				败血性鼠疫
石章树	男	12	抗战路十号	9	19			9	23	高热昏迷股淋巴腺肿	（+）				败血性鼠疫

续表

浙江省云和县三十四年度鼠疫发现病例记录表 第七页

病人姓名	性别	年龄	详细地址	起病日期 月	起病日期 日	治愈日期 月	治愈日期 日	死亡日期 月	死亡日期 日	临床症状	显镜检查	尸体解剖	细菌培养	动物接种试验	备考
孙慧敏	女	26	白洋墩合作供销处	9	19	9	30			高热昏迷股腺肿痛	(+)				败血性鼠疫
沈巧云	女	32	司前巷七号	9	19			9	23	高热呕吐咯血昏迷鼠疫淋巴腺肿痛	(+)				肺性鼠疫
王向阳	男	20	府前巷九号	9	19	9	26			高热呕吐股腺肿痛	(+)				腺鼠疫
陈细嫱	女	49	中正街四五号	9	19	10	6			高热呕吐腺肿痛	(+)				败血性鼠疫
金满堂	男	8	中正街七十七号	9	20	9	25			高热发冷股淋巴腺肿痛	(+)				腺鼠疫
田永惠	男	14	黄水碓	9	20	9	27			微热头痛腺肿	(+)				败血性鼠疫
龚小长	男	16	县合作社	9	21			9	23	高热昏迷呕吐股腺肿痛	(+)				败血性鼠疫
钱大仙	男	38	中正街五十七号	9	21			9	23	高热昏迷呕吐股腺肿痛	(+)				败血性鼠疫
叶竹天	女	20	黄水碓	9	21	10	4			高热呕吐神志昏迷	(+)				败血性鼠疫
王宋氏	女	60	贵溪五号	9	23			9	26	高热昏迷无脉搏	(+)				败血性鼠疫
张妈	女	45	黄水碓一七号	9	23	10	8			高热呕吐昏迷股淋巴腺肿痛	(+)				腺性鼠疫
马喻	男	22月	合作供销处	9	23	9	29			高热腋下淋巴腺肿痛	(+)				败血性鼠疫
徐小孩	男	20月	古竹三十二号	9	23	9	27			高热腋下淋巴腺肿痛	(+)				败血性鼠疫
魏叶氏	女	36	抗战路二十二号	9	24	9	30			高热呕吐昏迷淋巴腺肿痛	(+)				败血性鼠疫

续表

浙江省云和县三十四年度鼠疫发现病例记录表　第八页

病人姓名	性别	年龄	详细地址	起病日期 月	起病日期 日	治愈日期 月	治愈日期 日	死亡日期 月	死亡日期 日	临床症状	显镜检查	尸体解剖	细菌培养	动物接种试验	备考
王泽源	男	40	崇实里五号	9	24			9	28	高热呕吐头晕右鼠蹊淋巴腺肿	(+)				
林日桥	男	22	中正街一六三号	9	25	10	10			高热呕吐头晕右鼠蹊淋巴腺肿	(+)				
梅松鹤	女	42	中正街五五号	9	25			9	28	高热呕吐头晕右鼠蹊淋巴腺肿	(+)				
程秀钟	女	27	中正街四五号	9	25			9	30	高热呕吐头晕右鼠蹊淋巴腺肿	(+)				
汪有根	男	14	中正街四四号	9	25	10	3			高热不退神志昏迷	(+)				
陆汝雄	男		省立第二医院	9	26	10	2			高热头痛昏迷	(+)				败血性鼠疫
李剑英	女	27	中正街四九号	9	26	9	30			高热呕吐头晕右鼠蹊淋巴腺肿痛	(+)				
沈静贞	女	30	省党部	9	27	10	4			高热头晕呕吐腺肿	(+)				
杜加善	男	26	地方银行	9	29	10	10			高热鼠蹊淋巴腺肿	(+)				
潘梦仙	女	15	赤石	9	30	10	6			高热鼠蹊淋巴腺肿	(+)				
郭寿江	男	28	建国中学	9	29	10	7			高热鼠蹊淋巴腺肿	(+)				
廖爱松	女	18	中正街七十一号	10	1			10	3	高热鼠蹊淋巴腺肿	(+)				
兰王之	女	18	贵溪三保四甲	10	1	10	24			高热呕吐淋巴腺肿	(+)				
余美兰	女	18	中正街七十一号	10	2			10	3	高热呕吐淋巴腺肿	(+)				

续表

浙江省云和县三十四年度鼠疫发现病例记录表 第九页

病人姓名	性别	年龄	详细地址	起病日期 月	起病日期 日	治愈日期 月	治愈日期 日	死亡日期 月	死亡日期 日	临床症状	显镜检查	尸体解剖	细菌培养	动物接种试验	备考
柳国华	男	50	黄水碓十二号	10	2	10	7			高热呕吐头晕腺肿	阳性				
连火炎	男	29	中正街五十八号	10	2	10	17			高热呕吐头晕腺肿	阳性				
年林珠	女	26	南溪乡一保八甲	10	2	10	15			高热呕吐头晕腺肿	阳性				
徐烈忠	男	44	合作宿舍隔壁	10	2			10	4	高热胸痛咯血	阳性				
叶加源	男		中正街九号	10	2	10	5				阳性				
张远芳	男	17	云和卫生院	10	3	10	6			高热淋巴腺肿痛	阳性				
魏叶氏	女	36	抗战路二十二号	10	4	10	17			高热淋巴腺肿痛	阳性				
方照通	男	25	瓦窑药委会	10	4	10	8			高热淋巴腺肿痛	阳性				
吴彩英	女	23	教育供应所	10	5	10	26			高热淋巴腺肿痛	阳性				
廖锡珍	男	23	中正街七十一号	10	5			10	8	高热淋巴腺肿痛	阳性				
孙宝鹤	女	20	华强药房对面	10	6	10	13			高热呕吐神志昏迷腺肿	阳性				
周刘氏	女	29	象山英大	10	6			10	10	高热呕吐神志昏迷腺肿	阳性				
王群女	女	25	中正街五十四号	10	6			10	14	高热呕吐神志昏迷腺肿	阳性				
郑素贞	女	20	象山英大	10	7	10	15			高热呕吐神志昏迷腺肿	阳性				

续表

浙江省云和县三十四年度鼠疫发现病例记录表 第十页

病人姓名	性别	年龄	详细地址	起病日期 月	起病日期 日	治愈日期 月	治愈日期 日	死亡日期 月	死亡日期 日	临床症状	显镜检查	尸体解剖	细菌培养	动物接种试验	备考
徐大光	男	14	建国路八号	10	7	10	15			高热头痛咯血淋巴腺肿痛	阳性				
廖兰女	女	27	中正街七十一号	10	7	10	19			高热头痛咯血淋巴腺肿	阳性				
金敦余	男	55	古竹	10	8	10	19			高热头痛咯血淋巴腺肿	阳性				
陈岳珠	女	48	古竹	10	9	11	9			高热头痛咯血淋巴腺肿	阳性				
麻玉翠	女	27	中正街五十一号	10	9			10	11	高热呕吐咯血淋巴腺肿痛	阳性				
张宗发	男	36	合作社	10	10	10	17			高热呕吐咯血淋巴腺肿痛	阳性				
傅园氏	女	35	中正街五十号	10	10	10	26			高热呕吐咯血淋巴腺肿痛	阳性				
金淑仪	女	16	建国路十六号	10	11	10	14			高热呕吐咯血淋巴腺肿痛	阳性				
叶来云	女	23	梅姓巷二号	10	11			10	14	高热呕吐咯血淋巴腺肿痛	阳性				
杜宝珠	女	18	中正街乾源号	10	11	10	19			高热呕吐咯血淋巴腺肿痛	阳性				
顾禄山	男	23	府前街二号	10	12	10	22			高热呕吐咯血淋巴腺肿痛	阳性				
吴宝花	女	66	中正街三号	10	12			10	15	高热呕吐咯血淋巴腺肿痛	阳性				
金绍南	男	21	正谊里六号	10	12	10	15			高热呕吐咯血淋巴腺肿痛	阳性				
刘银珠	女	16	瓦窑二十八号	10	12			10	19	高热呕吐咯血淋巴腺肿痛	阳性				

续表

浙江省云和县三十四年度鼠疫发现病例记录表 第十一页

病人姓名	性别	年龄	详细地址	起病日期 月	起病日期 日	治愈日期 月	治愈日期 日	死亡日期 月	死亡日期 日	临床症状	显镜检查	尸体解剖	细菌培养	动物接种试验	备考
王魏氏	女	43	黄水碓	10	13			11	8	高热淋巴腺肿痛	阳性				
吴谈金	男	26	贵溪	10	14	10	8			高热淋巴腺肿痛	阳性				
韦程氏	女	29	建国路九号	10	14			10	19	高热淋巴腺肿痛	阳性				
韦彩雄	女	26	金德里三号	10	14	10	24			高热淋巴腺肿痛	阳性				
王学培	男	6	建国路十六号	10	15			10	18	高热淋巴腺肿痛	阳性				
林志君	女	19	古竹	10	15	11	8			高热淋巴腺肿痛	阳性				
丁有娥	女	26	金德里二号	10	16	10	19			高热淋巴腺肿痛	阳性				
金启龙	男	13	古竹	10	17	10	26			高热淋巴腺肿痛	阳性				
蓝关有	男	23	古竹	10	17			10	22	高热淋巴腺肿痛	阳性				
张邦武	男	23	中正街二七〇号	10	18	10	26			高热淋巴腺肿痛	阳性				
杜加林	男	18	金德里二号	10	19	10	23			高热淋巴腺肿痛	阳性				
任芝芳	女	30	瓦窑电报局	10	19	11	2			高热淋巴腺肿痛	阳性				
柳昌球	男	17	县政府	10	20	11	14			高热淋巴腺肿痛	阳性				
徐竹女	女	26	黄水碓十七号	10	20	10	25			高热淋巴腺肿痛	阳性				

续表

浙江省云和县三十四年度鼠疫发现病例记录表　第十二页

病人姓名	性别	年龄	详细地址	起病日期 月	起病日期 日	治愈日期 月	治愈日期 日	死亡日期 月	死亡日期 日	临床症状	显镜检查	尸体解剖	细菌培养	动物接种试验	备考
朱福根	男	15	中正街二六六号	10	20	10	25			高热淋巴腺肿痛	阳性				
柳粒儿	男	8	新民里三号	10	20			10	23	高热淋巴腺肿痛	阳性				
柳旺南	男	12	新民里三号	10	21	11	14			高热淋巴腺肿痛	阳性				
何乃星	男	20	中正街七十二号	10	21	11	2			高热淋巴腺肿痛	阳性				
蓝时勋	男	13	古竹	10	21	11	7			高热淋巴腺肿痛	阳性				
廖志君	女	15	古竹	10	21			10	25	高热淋巴腺肿痛	阳性				
黄逢昌	男	48	中正街二○号	10	22	11	2			高热淋巴腺肿痛	阳性				
毛之女	女	38	中正街二○号	10	22	11	2			高热淋巴腺肿痛	阳性				
柳应毫	男	51	本镇六保六甲	10	23	10	29			高热淋巴腺肿痛	阳性				
叶芳云	男	56	本镇七保六甲	10	23			10	26	高热淋巴腺肿痛	阳性				
叶秀林	男	28	中正街二十三号	10	23			10	25	高热淋巴腺肿痛	阳性				
蓝春茂	男	31	本镇七保六甲	10	23	11	7			高热淋巴腺肿痛	阳性				
李启坤	男	29	中正街一七号	10	24	11	2			高热淋巴腺肿痛	阳性				
李岩聪	男	38	中正街一七号	10	25	10	28			高热淋巴腺肿痛	阳性				

续表

浙江省云和县三十四年度鼠疫发现病例记录表　第十三页

病人姓名	性别	年龄	详细地址	起病日期 月	起病日期 日	治愈日期 月	治愈日期 日	死亡日期 月	死亡日期 日	临床症状	显镜检查	尸体解剖	细菌培养	动物接种试验	备考
黄马钗	女	43	贵溪	10	25	11	7			高热淋巴腺肿痛	阳性				
王绍东	男	21	贵溪二甲十户	10	25			10	28	高热淋巴腺肿痛	阳性				
徐忠摇	男	29	三溪乡一保八甲	10	25			11	2	高热淋巴腺肿痛	阳性				
张美华	女	10	黄水碓二十七号	10	29	11	9			高热淋巴腺肿痛	阳性				
李氏	女	52	中正街十五号	10	30			11	5	高热淋巴腺肿痛	阳性				
徐彩辉	女	19	小徐三十六号	10	30			11	9	高热淋巴腺肿痛	阳性				
林瑞祥	男	20	南溪乡四保四甲	10	31	11	8			高热淋巴腺肿痛	阳性				
廖董氏	女	45	古竹四十五号	10	31	11	11			高热淋巴腺肿痛	阳性				
陈寿祺	男	35	中正街二五三号	10	31	11	16			高热淋巴腺肿痛	阳性				
董养龙	男	15	古竹四十五号	10	30	11	12			高热淋巴腺肿痛	阳性				
罗苗珠	女	36	土地测量队	10	30	11	22			高热淋巴腺肿痛	阳性				
廖魏氏	女	38	古竹二甲	11	1			11	3	高热淋巴腺肿痛	阳性				
孔文英	女	14	黄桥头四十号	11	2	11	13			高热淋巴腺肿痛	阳性				
曾邑周	男	38	赤石前大街二二号	11	2	11	22			高热淋巴腺肿痛	阳性				

续表

浙江省云和县三十四年度鼠疫发现病例记录表　第十四页

病人姓名	性别	年龄	详细地址	起病日期 月	起病日期 日	治愈日期 月	治愈日期 日	死亡日期 月	死亡日期 日	临床症状	显镜检查	尸体解剖	细菌培养	动物接种试验	备考
罗小妹	女	6	土地测量队	11	1	11	19			高热淋巴腺肿痛	阳性				
徐毅	男	38	汽车站	11	2	11	20			高热淋巴腺肿痛	阳性				
叶乃霖	男	23	小徐四十号	11	3	11	6			高热淋巴腺肿痛	阳性				
顾彩英	女	42	小徐正报馆	11	3			11	7	高热淋巴腺肿痛	阳性				
饶云张	男	32	白羊墩一号	11	3	11	15			高热淋巴腺肿痛	阳性				
廖孙女	女	19	古竹四十五号	11	4			11	10	高热淋巴腺肿痛	阳性				
高柳氏	女	50	中正街二七四号	11	4			11	10	高热淋巴腺肿痛	阳性				
周世平	男	11	汽车站饭店	11	5	11	16			高热淋巴腺肿痛	阳性				
黄蓝氏	女	27	抗战路一号	11	6	11	8			高热淋巴腺肿痛	阳性				
刘启华	女	14	黄水碓二七号	11	7			11	9	高热淋巴腺肿痛	阳性				
韦叶氏	女	56	金德里一号	11	7			11	10	高热淋巴腺肿痛	阳性				
韦剑华	女	9	金德里一号	11	7	11	13			高热淋巴腺肿痛	阳性				
蓝竹妹	女	23	小徐十号	11	8	11	14			高热淋巴腺肿痛	阳性				
叶福招	女	45	小徐三十六号	11	9			11	13	高热淋巴腺肿痛	阳性				

续表

浙江省云和县三十四年度鼠疫发现病例记录表 第十五页

病人姓名	性别	年龄	详细地址	起病日期		治愈日期		死亡日期		临床症状	显镜检查	尸体解剖	细菌培养	动物接种试验	备考
				月	日	月	日	月	日						
詹世益	男	23	汽车站	11	9	11	18			高热呕吐淋巴腺肿痛	阳性				
任张珠	女	19	卫生院	11	9	11	15			高热呕吐淋巴腺肿痛	阳性				
郭王邦	男	38	黄水碓一号	11	9	11	18			高热呕吐淋巴腺肿痛	阳性				
张忠勋	男	27	赤石	11	10	12	7			高热呕吐淋巴腺肿痛	阳性				
郭迪清	男	18	黄水碓四号	11	11	12	1			高热呕吐淋巴腺肿痛	阳性				
黄群弟	女	45	赤石警察分所	11	12			11	15	高热呕吐淋巴腺肿痛	阳性				
张星如	女	21	八德里八号	11	13	11	22			高热呕吐淋巴腺肿痛	阳性				
张秋华	女	8	黄水碓二十八号	11	14	11	20			高热呕吐淋巴腺肿痛	阳性				
姜马元	男	29	中正街八十二号	11	14	11	22			高热呕吐淋巴腺肿痛	阳性				
陈升坤	男	26	东山下一甲一户	11	14	11	25			高热呕吐淋巴腺肿痛	阳性				
兰竹鹤	女	28	石竹	11	14	12	4			高热呕吐淋巴腺肿痛	阳性				
王陈氏	女	46	贵溪	11	15			11	19	高热呕吐淋巴腺肿痛	阳性				
刘庭鹤	女	47	黄水碓三号	11	16			11	19	高热呕吐淋巴腺肿痛	阳性				
廖竹鹤	女	39	前巷二甲	11	16	12	5			高热呕吐淋巴腺肿痛	阳性				

续表

浙江省云和县三十四年度鼠疫发现病例记录表 第十六页

病人姓名	性别	年龄	详细地址	起病日期 月	起病日期 日	治愈日期 月	治愈日期 日	死亡日期 月	死亡日期 日	临床症状	显镜检查	尸体解剖	细菌培养	动物接种试验	备考
叶朝臣	男	20	黄水碓二十六号	11	18			11	12	高热淋巴腺肿痛	阳性				
宋有叔	女	15	湖岱杨三甲	11	19	12	6			高热淋巴腺肿痛	阳性				
刘兰根	男	40	黄水碓四号	11	19	12	7			高热淋巴腺肿痛	阳性				
叶凯水	男	8	前巷二甲	11	22	12	1			高热淋巴腺肿痛	阳性				
纪秀英	女	25	隔溪疗九号	11	23	12	16			高热淋巴腺肿痛	阳性				
廖柳生	男	47	古竹四十四号	11	24	12	24			高热呕吐淋巴腺肿痛	阳性				
刘明鹤	女	25	隔溪疗八号	11	26	12	9			高热呕吐淋巴腺肿痛	阳性				
丁俊臣	男	13	小徐二号	11	27	12	11			高热呕吐淋巴腺肿痛	阳性				
陈润琏	男	23	木坪盐务转运站	12	1	12	21			高热呕吐淋巴腺肿痛	阳性				
刘大富	男	40	小徐十号	12	3			12	14	高热呕吐淋巴腺肿痛	阳性				
柳学明	男		建国路八号	12	7			12	14	高热呕吐淋巴腺肿痛	阳性				
柳兰均	男	15	局村十四号	12	13	12	30			高热呕吐淋巴腺肿痛	阳性				
王尔仁	男	15	局村十三号	12	18	12	30			高热呕吐淋巴腺肿痛	阳性				
谢福女	女	22	局村十二保	12	20	1 35 年	2			高热呕吐淋巴腺肿痛	阳性				

浙江省丽水县1945年度鼠疫发现病例记录表

浙江省丽水县三十四年度鼠疫发现病例记录表 第一页

病人姓名	性别	年龄	详细地址	起病日期 月	起病日期 日	治愈日期 月	治愈日期 日	死亡日期 月	死亡日期 日	临床症状	显镜检查	尸体解剖	细菌培养	动物接种试验	备考
汤进贵	男	31	碧湖第六保	4	3			4	8	高热右鼠蹊淋巴腺肿痛					
魏以德	男	27	碧湖八保一甲三户	4	6			4	7	高热呕吐右鼠蹊腺肿大					
鲁作者	男	18	碧湖知识青年军	4	8	4	10			高热呕吐左淋巴腺肿大					
毛周氏	女	19	碧湖三峰	4	8			4	27	高热头痛右淋巴腺肿痛					
陈氏	女	29	碧湖沙溪	4	27	5	2			高热头痛淋巴腺肿痛					
汤洪然	男	12	碧湖定和乡三保八甲五户	5	3	5	8			高热恶心呕吐右腿鼠蹊淋巴腺肿					
魏周氏	女	56	碧湖定和乡三保六甲	5	3			5	9	发热呕吐头痛右腋腺肿大					
魏氏	女	36	碧湖概头三保六甲	5	11			5	13	发热呕吐恶心右腿腺肿大					
何品秀	女	25	碧湖定和乡十保七甲	5	16			5	20	高热呕吐神志不清腺肿痛					
曾德喜	男	40	大港头	10	21			10	30	高热左腿鼠蹊淋巴腺肿					
吴祖清	男	40	大港头	10	22	10	28			高热左腿鼠蹊淋巴腺肿					
章焕根	男	24	大港头	10	24	10	29			高热右鼠蹊淋巴腺肿痛					
吴祖清女儿	女	13	大港头	10	24			10	25	高热右鼠蹊淋巴腺肿痛					
王家友小女	女	16	大港头	10	25			10	30	高热右鼠蹊淋巴腺肿痛					

续表

浙江省丽水县三十四年度鼠疫发现病例记录表　第二页

病人姓名	性别	年龄	详细地址	起病日期 月	起病日期 日	治愈日期 月	治愈日期 日	死亡日期 月	死亡日期 日	临床症状	显镜检查	尸体解剖	细菌培养	动物接种试验	备考
叶春水小儿	男	10	大港头	10	25	11	7			高热右鼠蹊淋巴腺肿					
陈妻	女	25	大港头电话局职员眷属	10	26			10	28	高热颈部淋巴腺肿痛					
陈王氏	女	30	大港头铁工厂工人陈烦辛妻	11	11			11	14	高热右鼠蹊淋巴腺肿痛					
江小娟	女	8	大港头中□	11	29	11	6			高热右鼠蹊淋巴腺肿痛					
奚厚如	女	13	大港头亚光药房对面	11	29			11	30	高热右鼠蹊淋巴腺肿痛					

（浙江省档案馆 L029－004－260）

四、其他

东南鼠疫防治处处长左吉关于福建林森县发现鼠疫并防治情形致卫生部部长电

(1947年7月28日)

南京卫生部部长周钧鉴:

察福建林森县马江镇及君竹保发现鼠疫一案,经于(三十六)防第777号代电呈报并函知福州海感检疫所在卷。兹查马江鼠疫发现之初,本处据报即饬员工前往办理挨户灭鼠、灭蚤及普遍预防注射,并与马江望教医院合作办理收容治疗。一面在福州市举办水陆交通检疫,对于马江来往车船概行D. D. T. 消毒用防鼠疫向市内侵入,经此加紧防治后,截至七月中旬即告平息,计共患者十六例内,死亡四例。本处除将派处马将员工撤回,目前仍密切注意疫情外,理合将防治经过情形检同患者统计表一份,电请鉴核备案。

(卫生部东南鼠疫防治处处长左吉)

(台北"国史馆"028-040000-0243)

马江鼠疫患者治疗统计表

患者姓名	性别	年龄	患病日期	死亡日期	检验结果	治疗		
						住院	在家	未治
周美哥	男	17		05.25	可疑		在家	未治
郑依禄	男	10		06.05	可疑		在家	未治
任光钗	男	11	06.15		阳性	住院		
任扬志	男	11	06.15	06.20	阳性		在家	未治
任吓兴	女	2		06.20	阳性	住院		
任正铿	男	37	06.24		阳性		在家	未治
任东培	男	24	06.26		阳性	住院		
任育官	男	12	06.27		阳性	住院		
任礼信	〃	19	06.24		〃 〃	〃 〃		
林开士	〃	22	〃 〃		〃 〃	〃 〃		
任必兴	〃	34	06.29		〃 〃	〃 〃		
任善旺	〃	14	〃 〃		〃 〃	〃 〃		

续表

患者姓名	性别	年龄	患病日期	死亡日期	检验结果	治疗		
						住院	在家	未治
任惠卿	女	9	07.02		〃〃	〃〃		
任金泉	男	12	07.03		〃〃	〃〃		
任蔡氏	女	23	07.05		〃〃	〃〃		
任林氏	〃		07.06		〃〃	〃〃		

（台北“国史馆”028－040000－0243）

广东省政府卫生处处长朱润深关于廉江县发现鼠疫及上报疫情旬报表案致卫生部部长电

（1947年12月12日）

卫生部部长周钧鉴：

奉钧部本年十月廿五日防(36)字第11966号代电:“饬查廉江县鼠疫发现地点及分旬患死数字详为具报。”等因。遵经饬据该县电称系在安铺镇发现，并将病例数字分旬列表呈报前来。除抽存更正外,理合检同该表电复察核。

（广东省政府卫生处处长朱润深）

附呈廉将县卫生院疫情旬报表八份：

疫情旬报表

疾病发现地点:安铺镇　广东省廉江县　旬别:36年4月10日上旬　报告机关:廉江县院生院

日期	1		2		3		4		5		6		7		8		9		10	
	患	死	患	死	患	死	患	死	患	死	患	死	患	死	患	死	患	死	患	死
鼠疫	1			1															4	

疫情旬报表

疾病发现地点:安铺镇　广东省廉江县　旬别:36年4月20日中旬　报告机关:廉江县院生院

日期	11		12		13		14		15		16		17		18		19		20	
	患	死	患	死	患	死	患	死	患	死	患	死	患	死	患	死	患	死	患	死
鼠疫	2		1			1		2	1	4	3			2	1		1	1		1

疫情旬报表

疾病发现地点:安铺镇　广东省廉江县　旬别:36 年 4 月 30 日下旬　报告机关:廉江县院生院

日期	21		22		23		24		25		26		27		28		29		30	
	患	死	患	死	患	死	患	死	患	死	患	死	患	死	患	死	患	死	患	死
鼠疫				1	1			1		1	1				1		3			1

疫情旬报表

疾病发现地点:安铺镇　广东省廉江县　旬别:36 年 5 月 10 日上旬　报告机关:廉江县院生院

日期	1		2		3		4		5		6		7		8		9		10	
	患	死	患	死	患	死	患	死	患	死	患	死	患	死	患	死	患	死	患	死
鼠疫	1		2	1	3	1	1	2	1			1	3	2	3	1	1	1		2

疫情旬报表

疾病发现地点:安铺镇　广东省廉江县　旬别:36 年 5 月 20 日中旬　报告机关:廉江县院生院

日期	11		12		13		14		15		16		17		18		19		20	
	患	死	患	死	患	死	患	死	患	死	患	死	患	死	患	死	患	死	患	死
鼠疫	2	2	2	2	1				3	1		3	1	1	3	3	1	2	2	

疫情旬报表

疾病发现地点:安铺镇　广东省廉江县　旬别:36 年 5 月 31 日下旬　报告机关:廉江县院生院

日期	21		22		23		24		25		26		27		28		29		30		31	
	患	死	患	死	患	死	患	死	患	死	患	死	患	死	患	死	患	死	患	死	患	死
鼠疫	1	1		2		1	1	1	1		3	1	1	1	1	1	1		3	1		2

疫情旬报表

疾病发现地点:安铺镇　广东省廉江县　旬别:36 年 6 月 10 日上旬　报告机关:廉江县院生院

日期	1		2		3		4		5		6		7		8		9		10	
	患	死	患	死	患	死	患	死	患	死	患	死	患	死	患	死	患	死	患	死
鼠疫	1		2	1	7	1	5	1	1	1	1	4	1	1	1	2		1		

疫情旬报表

疾病发现地点:安铺镇 广东省廉江县 旬别:36年6月20日中旬 报告机关:廉江县院生院

日期	11		12		13		14		15		16		17		18		19		20	
	患	死	患	死	患	死	患	死	患	死	患	死	患	死	患	死	患	死	患	死
鼠疫	1			1																

(台北"国史馆"028-040000-0243)

浙江省关于兰溪县发生鼠疫案致卫生部呈

(1947年12月23日)

查本省兰溪县于本三十六年十一月中旬发生鼠疫一案,即经本队派员积极防治,并经职亲往督导协防,后现该处疫势业已戢止,除将防治经过情形呈报浙江省卫生处外,理合检具防治工作报告一份(附工作统计报告一份)备文呈送仰祈鉴赐核备。谨呈

卫生部

(台北"国史馆"028-040000-0242)

兰溪鼠疫防治工作统计报告

(1947年11月20日至12月15日)

一、鼠疫患者总数三十六例:经住隔离病院二十七人,计镜检腺鼠疫二十例,类似鼠疫七例。治愈二十四人,死亡三人。本队为开到前尚有死亡者九例。

二、病理检验三十一人:阳性二十人、阴性十一人。

三、收集鼠数六百五十二头:抽验四百十二头,阳性一百二十五头。

四、注射人数:计二万七千三百五十次。

五、消毒户数:六百二十二户,计二千二百四十八间。

(台北"国史馆"028-040000-0242)

兰溪收集鼠类检验统计表

日期	收集鼠数	抽检	检验结果		百分率	
			阳性	阴性	阳性	阴性
20	1	1	1	0	100	0
21	4	4	4	0	100	0
22	5	5	5	0	100	0
23	37	37	31	6	84	16
24	32	32	29	3	93.7	6.3
25	17	17	15	2	88.2	11.8
26	31	10	8	2	80	20
27	29	7	6	1	85.7	14.3
28	24	6	4	2	66.7	33.3
29	31	8	5	3	62.5	37.5
30	27	4	2	2	50	50
1	39	6	5	1	83	17
2	23	23	3	20	13	87
3	52	52	2	50	4	96
4	40	40	2	38	5	95
5	36	36	0	36	0	100
6	44	44	3	41	7	92
7	31	31	0	31	0	100
8	21	21	0	21	0	100
9	34	8	0	8	0	100
10	34	3	0	3	0	100
11	13	4	0	4	0	100
12	12	2	0	2	0	100
13	11	3	0	3	0	100
14	20	4	0	4	0	100
15	4	4	0	4	0	100
统计	652	412	125	287	30.3	69.7

(台北"国史馆"028－040000－0242)

兰溪未经隔离医院治疗之鼠疫患者死亡人数调查表

次序姓名	性别	年龄	住址	症状摘要	起病日期	死亡日期	治疗情形	家内死鼠发现数	备考
1. 朱俞氏	女	41	自由路177号	鼠蹊腺肿、高热	11.03	11.07	玉芳医院治疗	5只	
2. 汪贵贤	男	43	保安埠1号	高热	11.04	11.06	经中医治疗	无	疑似
3. 王家洪	〃	25	自由路175号	左鼠蹊腺肿及高热	11.08	11.14	仝	〃	
4. 赵爱琴	女	18	后园塘7号	高热	11.09	11.13	仝	〃	疑似
5. 蔡培根	男	40	南门码头	高热	11.16	11.18	仝	〃	疑似
6. 贾根香	女	12	自由路195号	右鼠蹊腺肿、大高热	11.18	11.21	未经医师治疗	3只	
7. 卢妹妹	〃	22	自由路185号		11.30	12.02			亲属他迁无从调查
8. 姚根海	男	21	保安埠1号						疑似
9. 王阿南	〃	33	驿前码头	鼠蹊腺肿痛及高热	11.23	11.24	未经医师治疗	10只	

（台北“国史馆”028－040000－0242）

兰溪鼠疫隔离病院收容人数表

HO：姓名	性别	年龄	籍贯	住址	诊断	症状摘要	起病日期	入院日期	出院日期	归转	备考
10. 许金氏	女	36	东阳	自由路194号	鼠疫	初寒发热、神志不清呕吐、右股腺肿胀	11.14	11.21	12.01	治愈	
11. 许顺田	男	47	〃	仝	鼠疫	初寒发热、左股腺肿痛、呕吐、痰中带血	11.21	11.24		〃	

续表

HO：姓名	性别	年龄	籍贯	住址	诊断	症状摘要	起病日期	入院日期	出院日期	归转	备考
12. 许玉琪	〃	19	〃	仝	〃	恶寒高热、头痛恶心、右鼠蹊淋巴腺肿胀、人事不省	11.14	〃	12.03	〃	
13. 许树新	〃	15	〃	仝 193号	〃	恶寒发热、神志不清、右腹股沟淋巴腺肿痛	11.19	〃	11.24	〃	
14. 黄子义	〃	16	玉山	仝 194号	〃	发热恶寒、心头痛、右腹肿胀、不省人事	11.14	〃	11.29	〃	
15. 黄子汝	〃	15	〃	仝 194号	〃	高热昏聩、右股淋巴腺肿胀	11.19	〃	12.01	〃	
16. 余莲丰	〃	40	温州	仝 191号	〃	突发热、右侧股淋巴腺肿痛	〃	〃	12.02	〃	
17. 姚张氏	女	21	玉山	塔岭背	〃	发热呕吐恶心、右鼠蹊腺肿痛、精神不济	11.17	11.21	12.04	〃	
18. 叶郑氏	女	45	徽州	后元塘16号	鼠疫	发热头痛、恶心呕吐、右鼠蹊腺肿大	11.19	11.21	12.01	治愈	
19. 王胡氏	〃	31	义乌	驿前码头	〃	高热呕吐、结膜充血、右腋下窝腺肿	11.21	11.22	11.25	〃	
20. 王凤香	〃	24	东阳	自由路193号	〃	寒热并作右鼠蹊腺肿疼痛	11.22	11.24	〃	死亡	
21. 王妹妹	〃	13	〃	溪下街	〃	寒热、鼠蹊腺肿疼痛	〃	11.23	12.01	治愈	
22. 陈恒弟	男	52	兰溪	自由路233号	〃	发热呕吐、右鼠蹊腺肿胀疼痛	11.25	11.27	11.28	〃	
23. 吴樟茂	〃	34	〃	县立中学	类似鼠疫	发热咳嗽、全身浮肿	11.26	〃	〃	〃	
24. 徐可寿	〃	17	〃	〃	〃	右腹股沟淋巴腺肿痛、发热、头痛	11.27	11.28	11.29	〃	

续表

HO：姓名	性别	年龄	籍贯	住址	诊断	症状摘要	起病日期	入院日期	出院日期	归转	备考
25. 周樟汝	〃	8	永康	溪下街33号	鼠疫	发热、头痛、左鼠蹊腺肿	11.26	〃	12.07	〃	
26. 蔡海林	〃	43	兰溪	溪下街	〃	头痛口渴、左侧股腺肿痛、发热	11.27	11.29	12.03	〃	
27. 李荣华	〃	19	〃	溪下街25号	〃	高热、神志不清、结膜充血、左腋下肿痛	11.27	〃	12.01	死亡	
28. 程干欢	男	16	兰溪	桃园巷7号	鼠疫	高热昏聩、神志不清、右鼠蹊腺肿刺痛	11.27	11.30	12.01	死亡	
29. 章以球	〃	23	〃	洞源乡十二保七甲	类似鼠疫	发热头晕、右鼠蹊腺肿胀	11.30	11.30	〃	治愈	
30. 王毛奶	女	10	〃	南门周法生皂厂	〃	咳嗽胸痛、呼吸困难、口渴恶心	11.28	12.01	12.02	〃	
31. 吴惠珍	〃	15	〃	世德路8号	鼠疫	高热、头痛、右股腺肿、结膜充血	11.30	〃	12.05	〃	
32. 王锦如	男	42	〃	自由路51号	〃	发热、右鼠蹊腺肿痛	11.29	12.02	12.07	〃	
33. 谢阿娥	女	35	宁波	状元第9号	类似鼠疫	高热呕吐、口渴、头晕、腰背痛	12.01	〃	12.05	〃	
34. 冯仙金	〃	9	兰溪	上徐巷4号	鼠疫	发热晕肿腺细速不整、右鼠蹊腺肿胀	11.30	〃	12.08	〃	
35. 叶素兰	〃	19	〃	南门春林茶社	类似鼠疫	寒热呕吐、结膜充血、咳嗽	12.01	12.04	12.07	〃	
36. 楼秀清	〃	12	〃	金家巷	〃	发热、右侧股腺肿痛、呕吐	12.06	12.07	12.08	〃	

（台北"国史馆"028－040000－0242）

江西省卫生处熊悛关于呈送上饶县汽车站及沙溪镇发现鼠疫病人死亡情形调查表致卫生部部长呈

(1947 年 12 月 29 日)

案据上饶卫生院本年十二月十三日饶卫字第四零四号:"呈送上饶县汽车站及沙溪镇发现鼠疫病人死亡情形调查表,请鉴核等情。"到处。除准予备查外,理合缮具该项调查表一份备文呈送钧部鉴核。谨呈

卫生部部长周

(江西省卫生处熊悛)

(台北"国史馆"028-040000-0243)

上饶县防疫委员会鼠疫病人及死亡人口登记调查表

(1947 年 11 月)

民国三十六年十一月　疫情组编制　上饶县卫生院疫情组制

发病日期	发病地点	姓名	性别	年龄	已否注射	有无外出或接触病人	有无死鼠	症状	治疗	死亡日期	籍贯	户主姓名	商店或住户	备考
11.05	火车站	陈阿香	女	9	未	未	有	高烧、蹊肿	未	11.08	浙江	陈阿发	摊贩	
11.07	五桂山	占金桂	男	16	〃	〃	〃	〃 〃	省院	11.08	广丰	占金龙	运输行	
11.08	火车站	陈阿花	女	14	〃	触	〃	无鼠蹊肿	未	11.09	浙江	陈阿发	摊贩	
11.08	〃 〃	陈崽根	男	17	〃	〃	〃	〃 〃	〃	11.09	浙江	〃 〃	〃	
11.09	〃 〃	杨仙花	女	36	〃	〃	〃	高热、昏、右	〃	11.14	上饶	程大道	小贩	
11.09	五桂山	官达姬	男	13	〃	〃	未	右鼠蹊肿	〃	11.14	广丰	官春友	摊贩	
11.12	五桂山	璩鲁奴	女	40	注 1	未	〃	高热(无)	〃		〃 〃	韩南阳	居户	已痊
11.14	火车站	官小孩	男	12	未	〃	有	〃(右)	省未院	11.15	上饶	官显云	〃	

续表

发病日期	发病地点	姓名	性别	年龄	已否注射	有无外出或接触病人	有无死鼠	症状	治疗	死亡日期	籍贯	户主姓名	商店或住户	备考
11.18	〃 〃	余素真	女	5	〃	〃	〃	高热昏（右）	〃	11.20				
11.18	〃 〃	李金全	男	15	〃	〃	〃	仝上	〃		上饶	李永生	居户	
11.20	〃 〃	刘桂仙	女	13	〃	〃	〃	左〃	〃		玉山	刘东波	运输行	已痊
11.20	〃 〃	李关发	男	15	〃	〃	〃	左〃	〃		安徽	孙崽生	〃 〃	已痊
11.19	〃 〃	郑摩登	男	22	〃	〃	〃	右〃	未	11.22	上饶	郑运魁	〃 〃	
11.23	〃 〃	章阿宝之母	女	51	〃	〃	〃	右〃	〃	11.25	绍兴	章阿宝	居户	
11.19	〃 〃	官刘氏	女	32	〃	触	〃	高烧、左、右	〃	11.24	广丰	官春友	摊贩	
11.24	火车站之勤记饭店	徐姚氏	女	34	〃	〃	〃	肿（右）	〃	11.26	铅山	徐景春	饭店	
11.25	火车站之华北饭店	汪营长之妻	女	25	未	未	有	有肿	未		上饶	汪警长	警所	已愈
11.20	嘉宾饭店	曹大香	女	30	〃	〃	〃	发高热、鼠蹊肿	〃	11.25	浮梁		旅社	旅客
11.22	南北饭店	毛莲香	女	19	〃	〃	〃	〃 〃	〃	11.26	广丰	余大唐	饭店	
11.25	中正路粤丰补胎行	戴冠华	男	21	〃	〃	〃	〃 〃	省院	11.28	梅县	本人	补胎行	
11.25	火车站	陈元鼎	男	31	〃	〃	〃	右鼠蹊肿	未	11.26				

续表

发病日期	发病地点	姓名	性别	年龄	已否注射	有无外出或接触病人	有无死鼠	症状	治疗	死亡日期	籍贯	户主姓名	商店或住户	备考
11.18	五桂山	官逆泉	男	9	〃	〃	〃	高热、右肿	〃	11.19				
11.27	火车站	马金兰	女	39	〃	〃	〃	无	〃	11.28				
11.27	火车站(盘石渡)	李文声	男	38	〃	〃	〃	4/12 破溃退热	〃		河南			
11.28	火车站	程道炎	男	21	〃	〃	未	有鼠蹊肿大	〃					
11.24	〃 〃	王达利	男	55	〃	〃	〃	〃 〃	〃	11.26				
11.30	五桂山	官春香	女	17	〃	〃	有	发热、蹊肿	省院		上饶	徐氏	碓户	
12.03	五桂山	官达滨	男	31	注	触	〃	腺肿	〃		上饶	官显云	居户	已痊
12.07	五桂山	官春花	女	48	〃	〃	〃	发热、腺肿	未		上饶		碓户	
11.20	沙溪中正街	江杨氏	女	64	未	未	有	高热、腺肿	未	11.24	上饶	姜景光	纸户	
11.22	〃 〃	汪叶秀花	女	53		〃	〃	〃 〃	〃		〃 〃	汪炳章	住户	母子关系
11.23	祝家侧	徐金梅	女	34		〃	〃	〃	〃	11.25	〃 〃	李炳兴	〃 〃	
11.27	曹家	余于清	男	57		〃	〃	〃	〃	11.29	〃 〃	本人	〃 〃	
11.24	下街	汪吴氏	女	56		〃	〃	〃	〃	11.29	〃 〃	汪炳章	〃 〃	
11.25	曹家	顾祝东梅	女	42		〃	〃	〃	〃	11.27	〃 〃	本人	〃 〃	

续表

发病日期	发病地点	姓名	性别	年龄	已否注射	有无外出或接触病人	有无死鼠	症状	治疗	死亡日期	籍贯	户主姓名	商店或住户	备考
11.28	中正街	李云行	男	21		〃	〃	〃	〃		〃 〃		米店	伙计
12.06	中正街	谢锡钧妻	女	38		〃	〃	〃	〃	12.08	〃 〃	谢锡钧	〃 〃	
12.08	〃 〃	郑松茂妻	女	26		〃	〃	〃	〃		〃 〃	郑松茂	豆腐店	
12.04	汪家大屋	汪翠花	女	15		〃	〃	〃	〃	12.06	〃 〃		住户	
10.27	沙溪牌坊底	郑良记	男	52	未	未	有	高热、腺肿		10.29	上饶	本人	漆匠	
10.28	沙溪中正街	郑淑兮	女	20	〃	〃	〃	〃 〃	未	10.30	〃	郑绍卿	米店	
10.29	〃 〃	祝满花	〃	32	〃	〃	〃	〃 〃	〃	10.31	〃	叶希宝	〃	
11.01	〃 〃	郑绍卿	男	48	〃	触	〃	〃 〃	〃	11.03	〃	本人	〃	
11.02	〃 〃	盛泉水	〃	22	〃	未	〃	〃 〃	〃	11.03	〃	李开文	蜡烛坊	伙计
11.01	〃 〃	朱金福	〃	20	〃	〃	〃	〃 〃	〃	11.03	〃	朱浆	豆腐店	
11.07	上新街	朱春香	女	70	〃	〃	〃	〃 〃	〃	11.10	〃		住户	
11.08	中正街	郑茂禄	男	18	〃	〃	〃	〃 〃	〃	11.10	〃	森泰秋	糕饼店	伙计
11.10	〃 〃	郑小孩	〃	1	〃	触	〃	〃 〃	〃	11.12	〃	郑绍卿	米店	
11.10	〃 〃	赵桂莲	女	38	〃	〃	〃	〃 〃	〃	11.11	〃	〃 〃	〃	
11.11	上新街	徐桂凤	〃	32	〃	未	〃	〃 〃	〃	11.12	〃		住户	
11.09	〃 〃	朱树海妻	〃	29	〃	〃	〃	〃 〃	〃	11.10	〃	朱树梅	〃	
11.06	中正街	姜定海	男	19	〃	〃	〃	〃 〃	〃	11.08	〃	姜景先	纸坊	伙计

续表

发病日期	发病地点	姓名	性别	年龄	已否注射	有无外出或接触病人	有无死鼠	症状	治疗	死亡日期	籍贯	户主姓名	商店或住户	备考
11.13	〃 〃	杨冬香	女	36	〃	〃	〃	〃 〃	〃		〃	森泰秋	糕饼店	
11.14	〃 〃	汪炳林妻	〃	39	〃	〃	〃	〃 〃	〃		〃	汪炳林	住户	
11.14	郑家底	郑家梗妻	〃	25	〃	〃	〃	〃 〃	〃	11.23	〃	郑家梗	〃	
11.17	沙漠中正街	陈志发	男	32	未	未	有	高热、腺肿	未	11.19	上饶	本人	酱坊	
11.18	〃 〃	李锡湾	女	38	〃	〃	〃	〃 〃	〃	11.19	〃	〃 〃	纸店	
11.18	祝家街	李锡甫	男	32	〃	〃	〃	〃 〃	〃	11.19	〃 〃	〃 〃	住户	
11.16	包家	郑桂孙之妻	女	58	〃	〃	〃	〃 〃	〃	11.17	〃 〃	郑海林	〃 〃	
11.17	上新街	曹焕水	男	53	〃	〃	〃	〃 〃	〃	11.19	〃 〃	本人	〃 〃	
11.19	〃	顾大帮	男	17	〃	〃	〃	〃 〃	〃		〃 〃		〃 〃	
11.14	祝家	顾清香	女	28	〃	〃	〃	〃 〃	〃	11.15	〃 〃	祝具全	石匠	
11.17	中正街	万学徒	男	19	〃	〃	〃	〃 〃	〃	11.19	〃 〃	万春堂	药店	
11.20	〃	赵太旺	〃	16	〃	〃	〃	〃 〃	〃		〃 〃	姜景先	纸店	
11.22	〃	李茂才	男	35	〃	〃	〃	〃 〃	〃		〃 〃	李茂源	盐店	
11.24	上新街	郑如媗	男	24	〃	〃	〃	〃 〃	〃		〃 〃	吴寿宜	住户	
11.14	郑家底	郑家梗	男	30		触〃	〃	〃 〃	〃		〃 〃	本人	〃 〃	

(台北“国史馆”028-040000-0243)

浙江省卫生处处长徐世纶关于本省部分县汇编鼠疫发现病例纪录表及鼠疫人数统计表案致卫生部部长呈

(1948 年 4 月 8 日)

卫生部部长周钧鉴：

查本省三十六年度发现鼠疫县份，计永嘉、瑞安、衢县、丽水、乐清、兰溪等六县，业经分别汇编鼠疫发现病例纪录表及鼠疫人数统计表各一份。理合电呈鉴核备查。

(浙江省卫生处处长徐世纶)

(台北"国史馆"028－040000－0242)

浙江省 1947 年度鼠疫人数统计表

县别 / 流行日期 / 旬别 / 患死人数	旬别	永嘉		瑞安		衢县		丽水		乐清		兰溪		总计	
		患	死	患	死	患	死	患	死	患	死	患	死	患	死
一月份	上旬	10	2	2										12	2
	中旬	4	1	4	2			1	1					9	4
	下旬	2		7	6	2	1	1						12	7
	小计	16	3	13	8	2	1	2	1					33	13
二月份	上旬	2	1	2	2									4	3
	中旬	4	1											4	1
	下旬	3												3	
	小计	9	2	2	2									11	4
三月份	上旬	2	2	3	2									5	4
	中旬	3	3	1				1						5	4
	下旬	4	1	1				1	1					6	1
	小计	9	6	5	2			2	1					16	9
四月份	上旬	12	4	3		1								16	4
	中旬	13	5	8	4	3	1							24	10
	下旬	17	2	9	8		2							16	12
	小计	32	11	20	12	4	3							56	26

续表

县别 流行日期 旬别 患死人数	旬别	永嘉		瑞安		衢县		丽水		乐清		兰溪		总计	
		患	死	患	死	患	死	患	死	患	死	患	死	患	死
五月份	上旬	10	3	2		1	1	1	1					14	5
	中旬	11	4	4	1									15	5
	下旬	5	2	1										6	2
	小计	26	9	7	1	1	1	1	1					35	12
六月份	上旬	5	4	2	1									7	5
	中旬	1		2	1									3	1
	下旬	14	6											14	6
	小计	20	10	4	2									24	12
七月份	上旬	1												1	
	中旬													1	
	下旬														
	小计	1												2	
八月份	上旬				1					1	1			2	1
	中旬	1			2									3	
	下旬														
	小计	1			3					1	1			5	1
九月份	上旬														
	中旬														
	下旬														
	小计														
十月份	上旬														
	中旬														
	下旬														
	小计														

续表

县别／流行日期／旬别／患死人数	旬别	永嘉		瑞安		衢县		丽水		乐清		兰溪		总计	
		患	死	患	死	患	死	患	死	患	死	患	死	患	死
十一月份	上旬											4	4	4	4
	中旬	1										13	4	14	4
	下旬	1	1									16	4	17	5
	小计	2	1									33	12	35	13
十二月份	上旬											3		3	
	中旬														
	下旬														
	小计											3		3	
全年统计		116	42	55	27	7	5	5	3	1	1	56	12	220	90
备考															

（台北“国史馆”028－040000－0242）

卫生部关于永嘉等县病例数字经核应行更修案致浙江省卫生处电

浙省卫生处：

卫三(卅七)字第56885号寅有代电暨附表钧悉。查表列永嘉等县病例数字各项经核有应行更修各点。兹随电检发审核表一份，仰即遵办。

卫生部防(37)卯齐印

附发审核表一份。

地名	表列数字	应修正	数据源	叙述事实	备注
永嘉	十一月中旬患一例	十一月中旬患二例	另一例系东南鼠疫防治处第三检疫站所报	患者施黄氏，女性，廿岁，住康乐坊捣十四号，十一月十五日发病，十七日因腺鼠疫死亡	
瑞安	七月中旬患一例	七月上旬患一例	病例记录表	患者吴阿娟七月十日起病，治疗日期为七月十三日	该表均以起病日期为标准，而不以治疗日期计算，惟本例独否

续表

地名	表列数字	应修正	数据源	叙述事实	备注
乐清	缺	六月下旬患一例	此一例系东南鼠疫防治处第三检疫站所报	患者计郑氏,女性,五十岁,住虹桥镇七门第十一号,六月廿五日报告染腺鼠疫死亡	
兰溪	十一月上旬、中旬及下旬各死四人	十一月上旬死二人,中寻死六人,下旬死二人,十二月上旬死二人	病例纪录表	十一月六日、七日、十三日、十四日、十六日各死一人;十七日死二人;廿四日、廿七日各死一人;十二月一日死二人。此外于十一月中旬尚死亡一人,因亲属他迁无从调查	死亡人数应照疫情旬报表填表须知第四项之规定填入于死亡日期之旬内,而不应填入于其患病日期之旬内

(台北"国史馆"028－040000－0242)

浙江省乐清县卫生院范先敬关于本县发现鼠疫案致卫生部电

(1948年5月26日)

南京卫生部钧鉴:

县属东联乡于辰(冬)发现鼠疫,受染民众八例,死亡六例,均已报省。特电鉴核。

(浙江省乐清县卫生院范先敬)

(台北"国史馆"028－040000－0242)

浙江省乐清县1948年度5月上、中旬鼠疫发现病例记录表

病人姓名	性别	年龄	详细地址	起病日期	治愈日期	死亡日期	临床症状	显微镜检查	备考
吴康荣	男	29	东联乡小东洋村	05.02		05.04	腺鼠疫	证实鼠疫杆菌	剖验死鼠镜检证实
黄贤钱	〃	25	东联乡连桥村	05.04		05.07	〃	〃	
黄钦弟	女	19	〃	05.04		05.06	〃	〃	

续表

病人姓名	性别	年龄	详细地址	起病日期	治愈日期	死亡日期	临床症状	显微镜检查	备考
黄廷新妻	〃	24	〃	05.06		05.10	〃	〃	
吕江民	男	34	东联乡小东洋村	05.05		05.09	〃	〃	
吴则定	〃	48	仝上	05.12		05.15	〃	〃	
吴乃娒	女	32	龙门乡邬家桥	05.12	05.15		〃		
黄荷英	〃	22	东联乡小东洋村	05.11	05.14		〃		

（台北"国史馆" 028－040000－0242）

江西省卫生处处长熊惨关于黎川县疫情呈报事项致卫生部部长呈

（1948年7月16日）

卫生部部长周钧鉴：

案据本省黎川县卫生院及省防疫大队等先后电报："黎川宏村自巳巧起至巳寝止，先后发现鼠疫病例五人，死一人。"等情；附呈疫情报告表一份。据此，查本案因各机关所报疫情不一，经令饬详查填报，致延时间。兹据详报前来，理合抄同原疫情报告表电请鉴核。

（江西省卫生处处长熊惨午）

（台北"国史馆"028－040000－0241）

黎川县疫情报告表

（1948年度6月份）

姓名性别年龄籍贯	发病日期	病状	已否经过细菌检验	已否送入医院	死亡日期	办理情形	报告人	报告日期	备考
杨徐氏女53黎川	6月18日	左鼠蹊部肿大体温1040面呈灰白色	无	无	6月23日		宏村乡公所	6月18日	

续表

姓名 性别 年龄 籍贯	发病 日期	病状	已否经 过细菌 检验	已否送 入医院	死亡 日期	办理 情形	报告人	报告 日期	备考
杨四仂 男 23 黎川	6 月 21 日	左股腺肿 神识不清 体温 1020	〃	〃			〃	6 月 21 日	已愈
简徐氏 女 40 福建	6 月 22 日	右股腺肿 脉搏频速 体温 1030	〃	〃			〃	6 月 22 日	〃
崔炳光 男 29 黎川	6 月 26 日	左股腺肿 昏迷面灰 白 体 温 1030	〃	〃			〃	6 月 26 日	治疗中
崔朱氏 女 26 黎川	6 月 26 日	左股腺肿 体温 1020 神识不清	〃	〃			〃	6 月 26 日	〃

报告机关:江西省卫生处第四科

(台北"国史馆" 028－040000－0241)

后　记

《中国藏细菌战与防疫卫生档案》是国家社会科学基金抗日战争研究专项工程项目“日本细菌战海内外史料整理与研究”成果之一。近年来中外学界聚焦日本细菌战研究，已整理、编辑出版相当品种和数量的档案资料，其中中方资料的作用愈加凸显。作为“抗日战争时期细菌战与防疫战文献集”的开篇卷，《中国藏细菌战与防疫卫生档案》内容丰富、翔实有据，依托两岸相关机构丰富典藏史料，特加以整理分类编排，惠及学界。

在收集、编书的过程中，得到了中国第二历史档案馆马振犊、杨智友、管辉等专家的诸多帮助；此外，南京市档案馆夏蓓研究馆员对全书框架结构、史料甄选等方面，给予了细致指导。向他们表示深深的谢意！

由于课题需要到访档案馆众多、查阅档案历时较长，因此召集了相当多的同学参与其中的工作，具体名单如下，感谢他们的辛苦付出！

搜集整理：熊慧林、彭　茜、孙　锐、陈腾宇、白纪洋、梁　哲、朱昊楠、潘建建、陈　是、贺海霞、冯　翠、马建凯、王　晨、郑池慧

录入校对：

南京大学　韩新艺、夏琅俊、龚颖成、宋政烨、涂诗曼、闵宣良、刘思柏、卓　越、胡琛婧、胡敏盈、李德政、赵雨萌、郭健音、桂语琪、金　怡、孙亚楠、于小双、朱　淼

浙江大学　邹郑寅、姚　瑶、马竹青、孙傲雪、樊世豪、简睿明、赵心仪、齐馨仪、黄昊天、胡宇宗、吴　萍、蓝寅梦、

陈　怡、鲍炜刚

南开大学　杨雅丽

华中师范大学　何沐阳

南京师范大学　刘克剑、吴妙研

编辑翻译：汪　沛、刘诗纯、刘昊阳、杨雅琴、韦方宁、刘锦豪、沈斌清、李若凡

编　者

2024 年 10 月